le Collège-Lycée Honoré de Balzac

Boulevard Berthier

Parc Clichy-Ba
Martin Luther

l'Espace jeunes le 27

le parc Clichy-Batignolles

la piscine Champerret

Square
Claude
Débussy

Place Levis

le Centre la Jonquière

Rue de la Jonquière

Cité des fleurs

Avenue de Clichy

Rue Guy Moquet

Rue Cardinet

Rue Brochant

re desBatignolles

Rue Legendre

Rue de Rome

une librairie

Lola, 12 ans

Max, le frère de Lola, 17 ans

Jules, 11 ans

Zoé, la sœur de Jules, 11 ans

Tom, 13 ans

Découvertes
Band 1

Zusatzmaterialien für Schülerinnen und Schüler zu diesem Band

Cahier d'activités mit Mediensammlung und Vokabeltrainer, *Klett-Nr. 624015*
Cahier d'activités mit Mediensammlung, *Klett-Nr. 624016*
Grammatisches Beiheft, *Klett-Nr. 624018*
Fit für Tests und Klassenarbeiten, *Klett-Nr. 624010*
Trainingsbuch mit Audiomaterial, *Klett-Nr. 624081*
99 grammatische Übungen, *Klett-Nr. 624085*
Vokabellernheft / Verbenlernheft, *Klett-Nr. 624066*

Lektüren zu diesem Band

Bonjour Arthur! Mit Mediensammlung, während des 1. Lernjahres, *Klett-Nr. 624071*
Le garçon sans voix. Theaterstück mit Mediensammlung zu Unité 5, *Klett-Nr. 624072*
Sous le soleil de Nice. Mit Mediensammlung, kann Unité 6 komplett ersetzen, *Klett-Nr. 624073*

Am Ende von Découvertes 1 erreichen die Schülerinnen und Schüler das Niveau A1 des Gemeinsamen europäischen Referenzrahmens. Die Kenntnis der im Inhaltsverzeichnis grün ausgezeichneten fakultativen Inhalte wird in den anschließenden Einheiten nicht vorausgesetzt. Das Lehrbuch versteht sich als Gesamtangebot. Die Schwerpunkte des schulinternen Curriculums legen fest, welche Texte und Aufgaben in Découvertes 1 verpflichtend sind.

1. Auflage   1   9   8   7   6   5 | 29   28   27   26   25

Alle Drucke dieser Auflage sind unverändert und können im Unterricht nebeneinander verwendet werden.
Die letzte Zahl bezeichnet das Jahr des Druckes.
Das Werk und seine Teile sind urheberrechtlich geschützt. Jede Nutzung in anderen als den gesetzlich zugelassenen Fällen bedarf der vorherigen schriftlichen Einwilligung des Verlages. Hinweis § 60a UrhG: Weder das Werk noch seine Teile dürfen ohne eine solche Einwilligung eingescannt und in ein Netzwerk eingestellt werden. Dies gilt auch für Intranets von Schulen und sonstigen Bildungseinrichtungen. Fotomechanische oder andere Wiedergabeverfahren nur mit Genehmigung des Verlages.

© Ernst Klett Verlag GmbH, Stuttgart 2020. Alle Rechte vorbehalten. www.klett.de
Das vorliegende Material dient ausschließlich gemäß § 60b UrhG dem Einsatz im Unterricht an Schulen.

Autorinnen und Autoren: Simone Bernklau, Oberhinkofen; Laure Boivin, Saint-Lambert la Potherie ; Isabelle Darras, Clamart; Grégoire Fischer, Bremen; Ulrike C. Lange, Bochum; Professor Christopher Mischke, Waiblingen; Andreas Nieweler, Horn - Bad Meinberg; Steffen Obeling, Köln; Marceline Putnai, Maulévrier-Sainte-Gertrude
Beratung: Claudia Agethen, Braunschweig; Barbara Allwermann, Essen; Rolf Beck, Apolda; Bettina Cadir, Hamburg; Professor Philipp Huber, Wien; Jakob Jung, Giengen/Brenz; apl. Prof. Dr. Christophe Losfeld, Halle; Grit Mothes, Leipzig; Adelheid Nodop-Gillman, Reinbek; Dr. Colette Sarrey, Berlin; Wilrun Schellinger, St. Ingbert; Dr. Angelika Schenk-Hoefsloot; Wittenberg; Nicole Skall, Frankfurt am Main; Birgit Wilmes, Edewecht

Entstanden in Zusammenarbeit mit dem Projektteam des Verlages.

Layout & Umschlaggestaltung: Siegel Konzeption | Gestaltung, Stuttgart
Gestaltung: Susanne Hörner, Staufen i.Br.
Illustrationen: Manboou, La Louvière (Belgien); Christian Dekelver, Weinstadt; Katja Rau, Berglen; Yuio, Wépion (Belgien); Gilles Bonotaux, Paris
Satz: Satzkiste GmbH, Stuttgart
Druck: Mohn Media Mohndruck GmbH, Gütersloh

Printed in Germany
ISBN 978-3-12-624012-3

Découvertes 1

für den schulischen
Französischunterricht

von
Simone Bernklau
Laure Boivin
Isabelle Darras
Grégoire Fischer
Ulrike C. Lange
Christopher Mischke
Andreas Nieweler
Steffen Obeling
Marceline Putnai

Ernst Klett Verlag
Stuttgart · Leipzig

Inhalt

PAGE		KOMPETENZEN / MEDIENKOMPETENZ	SPRACHLICHE MITTEL
	Au début		
10	**Bienvenue**	**PARLER** Jemanden begrüßen; sich verabschieden 🇫🇷 **VIS-À-VIS** Französisch in der Welt	**VOCABULAIRE THÉMATIQUE** Bonjour! / Je m'appelle … / Au revoir! **PRONONCIATION** Vornamen
	1 Bonjour Paris! **TÂCHE** — **PARLER** Ein Kennenlerngespräch führen		
14	**Découvertes**	**ÉCOUTER** Verstehen, wer spricht 🇫🇷 **VIS-À-VIS** In Paris	**VOCABULAIRE THÉMATIQUE** Orte in der Stadt
16	**Atelier A** **Un quartier cool** *Max und Lola entdecken ihren neuen Wohnort.*	**PARLER** Sich vorstellen; sagen, woher man kommt	**PRONONCIATION** die Satzmelodie; die **Liaison** **GRAMMAIRE G1** *un/une:* der unbestimmte Artikel
20	**Atelier B** **Le copain, la copine et le perroquet** *Sie lernen neue Freunde kennen.*	**PARLER** Sagen, wie alt man ist **ÉCOUTER** Informationen über eine Person verstehen **ÉCRIRE** Einen Steckbrief schreiben / Sich vorstellen **MK** Mit Tonaufnahmen lernen	**PRONONCIATION** *bien, non:* Nasale [ɔ̃] und [ɛ̃] **VOCABULAIRE THÉMATIQUE** Zahlen 1–14 **GRAMMAIRE G2** Das Verb *être*; **G3** *le/la:* der bestimmte Artikel
25	**Sur place** 🇫🇷 **À Paris**	**ÉCOUTER ET REGARDER** Ein Spaziergang in Paris **TÂCHE** Ein Kennenlerngespräch **MK** Mit dem Video arbeiten	
27	**Bilan**	Test zur Selbstkontrolle	
28	**Grammaire G1–G3**	Grammatikübersicht	
	2 Les copains et les activités **TÂCHE** — **ÉCOUTER ET PARLER** Einen Chat-Partner finden		
29	**Découvertes**	🇫🇷 **VIS-À-VIS** Freizeitangebote in der Schule	
30	**Atelier A** **Chez les Bertucat** *Familie Bertucat schaut Fußball.*	**PARLER** Sagen, was man gerne macht **MÉDIATION** Informationen über einen Star weitergeben **LIRE / STRATÉGIE** Wörter erschließen **ÉCRIRE** Satzstellung	**VOCABULAIRE THÉMATIQUE** Freizeitaktivitäten **GRAMMAIRE G4** der Plural der Nomen; **G5** *les*: bestimmter Artikel Plural; **G6** Verben auf *-er* **PRONONCIATION** Stumme und klingende Endung

Inhalt

PAGE		KOMPETENZEN / MEDIENKOMPETENZ	SPRACHLICHE MITTEL
35	**Atelier B** **Une activité pour Jules** *Die Freunde suchen Freizeitaktivitäten aus.*	PARLER / STRATÉGIE Frei nachsprechen ÉCOUTER Informationen heraushören ÉCRIRE Eine Person vorstellen	VOCABULAIRE THÉMATIQUE Schule GRAMMAIRE G7 *des*: der unbestimmte Artikel Plural PRONONCIATION [e] / [ə]
39	**Sur place** 🇫🇷 **En France, on aime …**	VIS-À-VIS Freizeitaktivitäten in Frankreich ÉCOUTER ET REGARDER Im Collège Balzac Mit Videos arbeiten TÂCHE Einen Chat-Partner finden MK Videos aufnehmen	
41	**Bilan**	Test zur Selbstkontrolle	
42	**Grammaire G4–G7**	Grammatikübersicht	

Facultatif

44 45 47	**Plateau 1**	MK LE COIN MÉDIAS Recherches sur Internet: la musique en ligne RÉVISIONS Wiederholungsübungen EN ROUTE VERS LE DELF Vorbereitung für den **DELF**-Test

3 L'anniversaire de Jules

TÂCHE — **ÉCRIRE**
Ein Fest vorbereiten

PAGE		KOMPETENZEN / MEDIENKOMPETENZ	SPRACHLICHE MITTEL
48	**Découvertes**	🇫🇷 VIS-À-VIS Geburtstag in Frankreich	VOCABULAIRE THÉMATIQUE Geburtstag
49	**Atelier A** **Jour de fête** *Jules und seine Familie fahren zu den Großeltern.*	PARLER Über die Familie und den Geburtstag sprechen LIRE Kurzmitteilungen verstehen MK Sprache in Kurzmitteilungen ÉCOUTER Eine Personenvorstellung verstehen MK Mit digitalen Werkzeugen arbeiten	VOCABULAIRE THÉMATIQUE Familie; Monatsnamen; Zahlen 15–39 GRAMMAIRE G8 *mon / ton / son*: Possessivbegleiter PRONONCIATION die Liaison
53	**Atelier B** **Super, c'est la fête!** *Jules feiert seinen Geburtstag.*	PARLER Über den Geburtstag und Geschenke sprechen MÉDIATION Einen Prospekt erklären ÉCRIRE / STRATÉGIE / MK Eine E-Mail schreiben	GRAMMAIRE G8 *notre / votre / leur*: Possessivbegleiter; G9 das Verb *avoir*
58	**Sur place** 🇫🇷 **Les fêtes en France**	VIS-À-VIS Feste in Frankreich ÉCOUTER ET REGARDER Les fêtes TÂCHE Ein Fest vorbereiten MK Musik im Internet finden	
60	**Bilan**	Test zur Selbstkontrolle	
62	**Grammaire G8–G9**	Grammatikübersicht	

Inhalt

PAGE		KOMPETENZEN / MEDIENKOMPETENZ	SPRACHLICHE MITTEL
	4 **Une journée de surprises**	TÂCHE — PARLER Ein Wochenende planen	
63	Découvertes	VIS-À-VIS Schule und Freizeit in Frankreich	
64	Atelier A **On va aux Halles?** *Die Freunde gehen zu einer Veranstaltung.*	PARLER Sich verabreden ÉCOUTER Eine Verabredung verstehen MÉDIATION Einen Post verstehen und erklären MK Youtube-Stars in Frankreich	VOCABULAIRE THÉMATIQUE Tageszeit / Uhrzeit GRAMMAIRE G10 *à* und der bestimmte Artikel; G11 das Verb *aller*; G12 die Verneinung *ne … pas*
70	Atelier B **Un mercredi pas comme les autres** *Eine Begegnung.*	ÉCOUTER Das Ende einer Geschichte verstehen ÉCRIRE Einen Tagesablauf beschreiben MK Eine Umfrage in der Klasse	PRONONCIATION der Laut [R] GRAMMAIRE G13 das Verb *faire*; G14 *de* und der bestimmte Artikel VOCABULAIRE THÉMATIQUE Wochentage
74	Sur place **Les activités dans le quartier**	VIS-À-VIS Freizeit im Quartier ÉCOUTER ET REGARDER L'art du graffiti: Les frères Toqué TÂCHE Ein Wochenende planen MK Mit dem Video arbeiten	
76	Bilan	Test zur Selbstkontrolle	
77	Grammaire G10–G14	Grammatikübersicht	

Facultatif

79 81 82	**Plateau 2**	RÉVISIONS Wiederholungsübungen EN ROUTE VERS LE DELF Vorbereitung für den **DELF**-Test MK PLAISIR DE LIRE Le voisin	
	5 **Le spectacle va commencer!**	TÂCHE Selbstständig üben	
84	Découvertes	VIS-À-VIS Theater in Frankreich	
85	Atelier A **Au théâtre, l'heure, c'est l'heure!** *Die Theater-AG hat ein Problem.*	PARLER Über ein Vorhaben sprechen LIRE Fragen zum Text stellen PARLER Ein Interview	GRAMMAIRE G15 *aller faire* das Futur composé; G16 *est-ce que …* Fragen stellen

Inhalt

PAGE		KOMPETENZEN / MEDIENKOMPETENZ	SPRACHLICHE MITTEL
89	**Atelier B** **Sur scène!** *Eine Theateraufführung.*	LIRE / STRATÉGIE Schlüsselwörter MK Mit einem digitalen Text arbeiten ÉCOUTER Preise verstehen PARLER Eintrittskarten kaufen	VOCABULAIRE THÉMATIQUE Theater GRAMMAIRE G17 *Écoute …* der Imperativ; G18 das Verb *prendre* VOCABULAIRE THÉMATIQUE Zahlen bis 100
Facultatif 93	**Activités au choix**	Selbstständiges Arbeiten im Übungszirkel MK Informationen im Internet beurteilen	
97	**Bilan**	Test zur Selbstkontrolle	
98	**Grammaire G15–G18**	Grammatikübersicht	

6 Trois jours à Nice!

TÂCHE — **PARLER**
Seine Stadt oder Region vorstellen

100	**Découvertes**	🇫🇷 VIS-À-VIS Nizza	
101	**Atelier A** **Bonjour de Nice** *Max berichtet aus Nizza.*	ÉCOUTER Informationen über eine Stadt verstehen PARLER Informationen geben LIRE Einen Prospekt verstehen	VOCABULAIRE THÉMATIQUE Wetter GRAMMAIRE G19 *montrer qc à qn* Verben mit direktem und indirektem Objekt
107	**Atelier B** **Une journée avec la grande bleue** *Erlebnisse am Meer*	PARLER Eine Stadt beschreiben	VOCABULAIRE THÉMATIQUE Farben; Präpositionen GRAMMAIRE G20 *bleu / bleue*: Adjektive; G21 das Verb *voir*
112	**Sur place** 🇫🇷 **Promenades à Nice**	VIS-À-VIS Nizza und Umgebung ÉCOUTER ET REGARDER À Nice TÂCHE Seine Stadt oder Region vorstellen STRATÉGIE Arbeitsteilig vorgehen MK Mit Tonaufnahmen lernen	
114	**Bilan**	Test zur Selbstkontrolle	
115	**Grammaire G19–G21**	Grammatikübersicht	

Inhalt

	PAGE		KOMPETENZEN / MEDIENKOMPETENZ	SPRACHLICHE MITTEL
Facultatif		**M MODULE** *À la découverte de Paris*		
	117	**Atelier** Clément à Paris *Lola zeigt ihrem Cousin Paris.*	**MK PARLER** Eine Stadt beschreiben, Den Weg beschreiben **MK TÂCHE** Eine Präsentation zu Paris gestalten	**VOCABULAIRE THÉMATIQUE** Wegbeschreibung **GRAMMAIRE G22** das Verb *lire* **GRAMMAIRE G23** das Verb *écrire*
		Atelier numérique	**MK** Mit interaktiven Übungen arbeiten	
	122	**Grammaire G22–G23**	Grammatikübersicht	
Facultatif	123 124 126	**Plateau 3**	**MK LE COIN MÉDIAS** Mes journées connectées **RÉVISIONS** Wiederholungsübungen **EN ROUTE VERS LE DELF** Vorbereitung für den **DELF**-Test	
Facultatif	127	**En plus / Différenciation**	Zusatzübungen und differenzierende Parallelübungen	
	147	**Stratégies**	**Erfolgreich Fremdsprachen lernen** **Vokabeln lernen** **Hörverstehen** **Hörsehverstehen** **Leseverstehen** **Sprechen** **Schreiben** **MK Mit dem Computer schreiben** **Sprachmittlung** **MK Informationen im Internet finden**	
	156	**Vocabulaire**	**Vocabulaire** (Lernwortschatz, nach Unités geordnet) mit Schulung der Lautzeichen, Aussprachetraining und Tipps zum Wortschatzlernen **Liste des mots** (alphabetische Wortliste französisch-deutsch) **Wortliste** (alphabetische Wortliste deutsch-französisch) **En classe** (Übungsanweisungen und Klassenraumvokabular)	
	213	**En France**	Informationen zur Landeskunde	
	217	**Solutions**	Lösungen zu Bilan- und Révisions-Seiten	
	225	**Umschlag Innenseiten**	Frankreich-Landkarte und Paris-Stadtpläne	

Übersicht über Online-Materialien

Audios und Videos zum Anhören und Sehen, mehr Übungen

 Verweis auf Dokumente

 Verweis auf Video

 Verweis auf Audio

Videos

Lola und ihre Clique

Un tour dans le quartier
Unité 1, S. 17

Tu aimes le sport? Unité 2, S. 30

Chez les Bertucat Unité 2, S. 31

L'anniversaire de Jules
Unité 3, S. 54

Un mercredi matin avant les cours
Unité 4, S. 64

Dans la librairie de Safia
Unité 5, S. 86

L'interview des actrices
Unité 5, S. 88

Un week-end à Nice
Unité 6, S. 108

Freies Sprechen trainieren

Toi et moi Unité 1, S. 26

Sagen, was man gerne oder nicht so gerne macht. Unité 2, S. 34

Nach dem Alter fragen
Unité 3, S. 52

Nach der Uhrzeit fragen
Unité 4, S. 65

Sich verabreden Unité 4, S. 69

Organiser un week-end avec un(e) ami(e) Unité 4, S. 75

Eintrittskarten kaufen
Unité 5, S. 92

Demander des informations à qn Unité 6, S. 106

Reportagen

J'aime Paris! Unité 1, S. 26

Les activités au collège
Unité 2, S. 40

Les fêtes en France
Unité 3, S. 59

Dans le quartier
Unité 4, S. 75

Une journée à Nice
Unité 6, S. 113

Erklärfilme zur Grammatik

Einige wichtige Grammatik-Kapitel werden in kurzen Filmen erklärt.

 KAP'S

**Capsules:
Erklärfilme zur Landeskunde**

in Zusammenarbeit mit dem deutsch-französischen Institut (Erlangen)

sept

So lernst du mit Découvertes

Lernen und üben

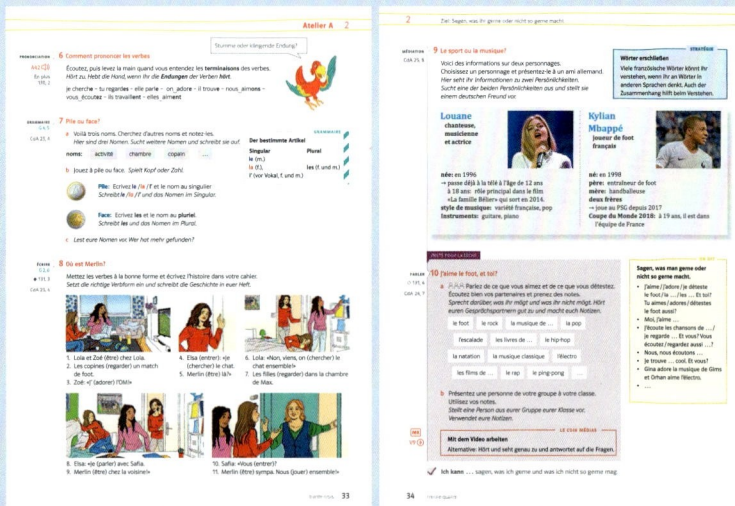

Zu Beginn jeder **Unité** erfährst du, was du lernen wirst. Die Abschlussaufgabe der Unité heißt **Tâche**. Sie ist das Ziel der Unité.

Atelier
Auf diesen Seiten findest du ganz oben in der Kopfzeile das Lernziel. Die Texte und Übungen darunter führen dich dahin. Wichtige Grammatik steht in den Kästen mit blau-weißen Streifen.

In „**Prêts pour la tâche**" wendest du an, was du im Atelier gelernt hast. Zugleich bereitest du dich auf die Abschlussaufgabe (Tâche) der Unité vor.

Plateau

Hier findest du Texte, **Wiederholungsübungen** und kleine Tests zum Vorbereiten auf die internationale **DELF**-Prüfung.

En plus – Différenciation

Zu wichtigen Aufgaben im Atelier gibt es hier **zusätzliche, einfachere und anspruchsvollere Übungen**.

Stratégies

Wie kannst du das Hörverstehen üben? Wie gehst du am besten an Schreibaufgaben heran? Hier werden **Lern- und Arbeitsmethoden** erklärt.

Lerne dein Französischbuch mit einem kleinen Quiz kennen! Du findest es im Dokument.
D1

Erleben und anwenden

Sur place
Hier erfährst du in Aufgaben, Bildern und Video-Reportagen noch mehr über **Land und Leute**. In der **Tâche** wendest du schließlich an, was du in der Unité gelernt hast.

Testen und wiederholen

Bilan
Hier kannst du dich selbst **testen**: Vergleiche deine Lösungen mit denen im Buch. Das ist eine gute Vorbereitung auf **Klassenarbeiten**. Wenn dein Test noch nicht so gut war, kannst du den Stoff wiederholen.

Nachschlagen

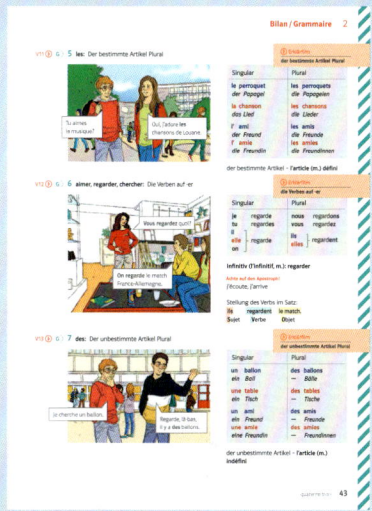

Grammaire
Auf den Seiten mit den blau-weißen Streifen findest du einen kurzen **Überblick über die Grammatik** der Unité. Mehr dazu gibt es im Grammatischen Beiheft.

Vokabeln lernen und nachschlagen

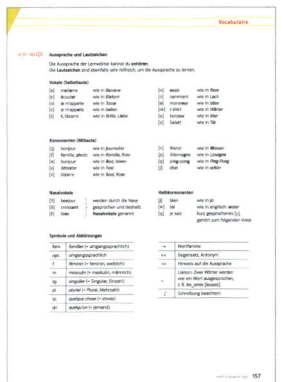

Mit dem **Vocabulaire** kannst du die Wörter der Reihe nach im Zusammenhang **lernen**. In der alphabetischen **Liste** kannst du Wörter **nachschlagen**.

Symbole im Buch

⚇	Partnerarbeit		CdA 6, 3	Passende Übung im Arbeitsheft (Cahier d'activités)
⚇⚇	Gruppenarbeit			
	Bewegungslernen		A1 🔊	Verweis auf Audio Nummer 1
✏	Schriftlich bearbeiten		V1 ▶	Verweis auf Video Nummer 1
En plus 127, 2	Zusatzübung Seite 127, Übung 2		D1	Verweis auf Dokument Nummer 1
○ 127, 3	einfachere Parallelübung Seite 127, Übung 3		I1	Verweis auf interaktive Übung Nummer 1
● 127, 1	anspruchsvollere Parallelübung Seite 127, Übung 1			Den Zugang zu den Audios, Videos, Dokumenten und interaktiven Übungen findest du in deinem Découvertes-eBook sowie im Cahier d'activités.
MK	Medienkompetenz			
✶	Sprachbewusstheit, Sprachlernkompetenz			
G 12	Die Nummern verweisen auf die Grammatik-Kapitel			

Ziel: Sich begrüßen und sich verabschieden

Bienvenue!

1 Bonjour! 🇫🇷 Vis-à-vis

LIRE PARLER
A1

a *In zahlreichen Ländern der Welt spricht man Französisch. Mit Französischkenntnissen könnt ihr euch mit vielen Leuten auf allen Kontinenten unterhalten. Schaut euch die Beispiele an und hört die Sätze.*

Bonjour, je m'appelle Célia. — Laval, Canada

Moi, c'est Hugo! — Paris, France

Bonjour, je m'appelle Grégoire! — Liège, Belgique

Moi, c'est Fatou. — Dakar, Sénégal

Je m'appelle Cédric. — Genève, Suisse

Salut, je m'appelle Liane. — Fort-de-France, Martinique

Salut, je m'appelle Thuy. Et toi, tu t'appelles comment? — Hanoï, Vietnam

Bonjour, je m'appelle Arona! — Nouméa, Nouvelle-Calédonie

b *Geht in der Klasse umher. Begrüßt euch auf Französisch, stellt euch vor und fragt eure Partner nach ihren Namen.*

Au début

ÉCOUTER
PRONONCIATION

A2

2 Rap

Bonjour, ça va?

Bonjour, ça va?
Bonjour, salut!
Bisous, ça va?
Ça va, merci!

a Hört den Rap an und klatscht dabei rhythmisch in die Hände.

b Teilt die Klasse in zwei Gruppen auf. Singt den Rap und wechselt euch bei den Versen ab.

ÉCOUTER
PRONONCIATION

A3, 4

3 Schlangen-s und Bienen-s

a Hört die folgenden Wörter an.

Wenn ihr ein zischendes, stimmloses „S" hört, macht mit den Armen Schlangenlinien und zischt wie eine Schlange.

Wenn ihr ein summendes stimmhaftes „S" hört, breitet die Arme aus und summt wie eine Biene.

b Sprecht die folgenden Reime im Chor.

Salut Elise,
voilà une bise.

Salut Lucie,
pour toi aussi.

Quoi, une bise?
Je pique une crise!

Vite, Maurice
appelle la police!

Pas de dessert
dans le désert!

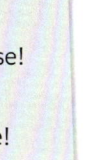 

onze 11

Ziel: Sich begrüßen und sich verabschieden

PRONONCIATION

A5, 6

4 Les noms[1] et les sons[2]

a *Wie spricht man die Namen in Frankreich aus? Hört zu und sprecht sie nach.*

b *Welche weiteren französischen Namen kennt ihr?*

c *Die Namen können euch bei der Aussprache anderer Wörter helfen. Findet die Paare.*

Exemple: Mer**ci**, Mar**ce**au!

mer**ci**	Tér**ence**
bis**ou**	Man**on**
au rev**oir**	Mar**ce**au
pard**on**	**É**l**ise**
sil**ence**	F**a**t**ou**
surpr**ise**	Gr**é**g**oir**e

1 un nom – ein Name; 2 un son – ein Laut

Élise
Fatou
Fleur
Joséphine
Léa
Magali
Manon
Pauline
Solène

Albin
Antoine
Clément
Corentin
Grégoire
Issa
Marceau
Romain
Térence

TIPP

Ihr könnt euren Lehrer / eure Lehrerin fragen, wie man euren Namen auf Französisch ausspricht, und ob es dazu eine französische Entsprechung gibt.

LIRE
PARLER

A7–10

5 Salut, à bientôt!

1

Bonjour Lola!

Salut Zoé!

Bonjour Jules!

Salut Tom!

12 douze

2

3

4 Et voilà Arthur!

> **Vis-à-vis**
>
> Wie begrüßen und verabschieden sich die Kinder auf den Fotos?
> Wie begrüßt ihr euch?

Setzt euch in einen Doppelkreis.
Begrüßt euer Gegenüber auf Französisch, fragt wie es ihm geht und verabschiedet euch.
Dann dreht sich der Innenkreis um zwei Stellen weiter.
Führt das Gespräch mit eurem neuen Gegenüber und fahrt auf diese Weise fort.

1 Bonjour Paris!

TÂCHE

Am Ende dieser Unité kannst du ein Kennenlerngespräch auf Französisch führen.

Dafür lernt ihr in den Ateliers Folgendes:

A Euch und andere vorstellen
- den unbestimmten Artikel Singular *un* / *une*
- das Verb *être* (Singular)

B Sagen, wie alt ihr seid und wer eure Freunde sind
- J'ai 12 ans.
- das Verb *être* (Plural)
- Zahlen
- den bestimmten Artikel Singular *le* / *l'* / *la*

a Seht euch die Bilder genau an. Was fällt euch auf? Was ist anders als in eurer Stadt? Was kennt ihr schon, welche Wörter versteht ihr?

b Hört zu. Wo spielen die Szenen? Findet die Bilder.

une place: la place de la République

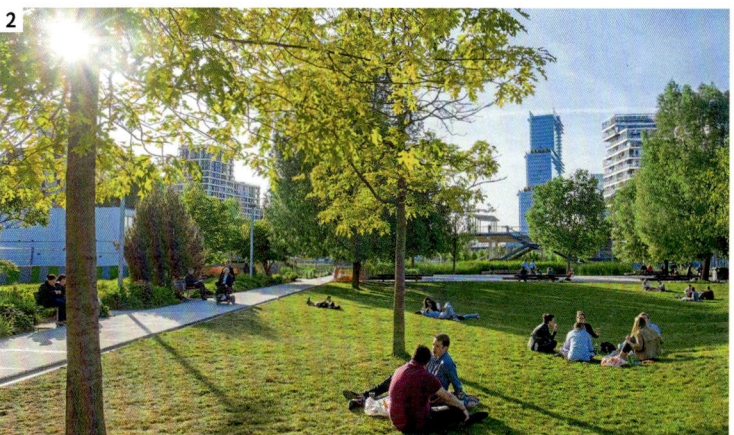
un parc: le parc des Batignolles

une rue

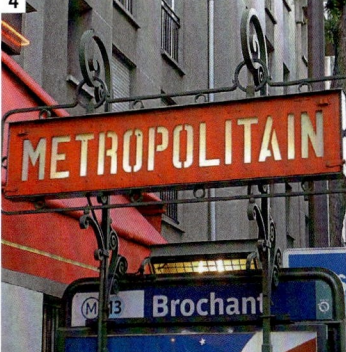
une station de métro

Les Batignolles, un quartier à Paris

Atelier A

1 Un quartier cool

Une rue de Paris …

1.
Elsa: Bonjour Safia! Ça va?
Safia: Bonjour Elsa! Oui, ça va bien! Et toi, Elsa?
Elsa: Ça va, merci! Mais où est Max? … Où est Lola?

2.
Lola: On est là, maman. Bonjour madame!
Max: Attention, Lola.
Lola: Oh, pardon!
Safia: Bonjour! Je m'appelle Safia. Je suis une amie d'Elsa et une voisine.

3.
Lola: Tu es où, Merlin? Ah, tu es là!

4.
Lola: Voilà Merlin.
Safia: Oh, un chat! Il est sympa!

Atelier A   1

5.
Max: On fait un tour, Lola? Viens! Au revoir madame.
Lola: D'accord! Au revoir madame. Papa, maman, à plus!
Safia, Damien et Elsa: Au revoir!

6.
Max: Regarde, c'est bien ici, non?
Lola: Oui, c'est un quartier cool!

V1
D2

Ihr könnt das Quartier auch im Video ansehen!

LIRE
CdA 6, 2–3

2 Comprendre le texte

a De quoi est-il question dans le texte?
Worum geht es im Text?

b Que disent les personnes? Complétez les phrases.
Was sagen die Personen? Vervollständigt die Sätze.

Exemple: 1. **Elsa:** Bonjour Safia! Ça va?

1. **Elsa:** Bonjour Safia! …
2. **Safia:** Bonjour Elsa! …
3. **Lola:** On est …
4. **Safia:** Je suis une …

5. **Lola:** Tu es où, Merlin? Ah, …
6. **Safia:** Oh, un chat! …
7. **Max:** On fait …?
8. **Max:** Regarde, c'est …?

c Comment dire cela en français? Cherchez les expressions dans le texte.
Wie sagt man das auf Französisch? Sucht die Ausdrücke im Text.

1. Du fragst jemanden, wo er ist.
2. Du fragst, ob ihr eine Runde dreht.
3. Du bist einverstanden.

4. Du findest, dass es hier schön ist.
5. Du bittest jemanden um Entschuldigung.

dix-sept   17

1 Ziel: Sich vorstellen

PRONONCIATION
A22
CdA 7, 4

3 C'est une question?

a Schließt die Augen und hört gut zu. Wenn ihr eine **Frage** hört, legt die Hand an euer Ohr. Wenn ihr eine **Aufforderung** hört, hebt den Zeigefinger.

 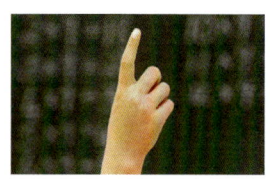

b Hier geht es um die **Betonung** und die **Melodie** des Satzes. Arbeitet zu zweit. Lest euch die Sätze rechts als Frage oder als Aussage vor. Wenn es eine Aussage war, antwortet euer Partner/eure Partnerin mit demselben Satz als Frage, oder umgekehrt. Ihr könnt mit dem Tonfall ruhig übertreiben!

ça va   elle est là
c'est un quartier cool   c'est d'accord
il est sympa   c'est une copine
on fait un tour   c'est Merlin   pardon

Exemple: – Ça va?   – Ça va.

PRONONCIATION
A23
● 127, 1
CdA 7, 5

4 Rap

Écoutez le rap, puis chantez ensemble et faites des gestes.
Hört den Rap an und singt dann gemeinsam und macht Gesten dazu.

Bonjour Paris!

1. Voilà une fille,
   c'est‿une copine.
   Voilà une dame,
   c'est‿une voisine.

   Refrain:
   Bonjour monsieur!
   C'est cool ici!
   On fait un tour?
   D'accord, merci!

2. Regarde, ici:
   c'est‿un‿ami.
   Comment ça va?
   Ça va, merci!
   Refrain

3. Attention!
   C'est‿un garçon!
   Allez, viens!
   c'est‿un copain!

C'est‿une liaison!

GRAMMAIRE
G 1
CdA 8, 7
9, 9

5 C'est un garçon?

Posez des questions et répondez.
Stellt Fragen und antwortet.

Exemple: – C'est‿un garçon?
– Non, c'est‿un monsieur.

GRAMMAIRE	
un	masculin (m.)
une	féminin (f.)

1. – C'est **une** dame?
   – Non, c'est …

2. – … garçon?
   – Non, c'est …

3. – … voisin?
   – Non, …

4. – … rue?
   – …

Atelier A   1

GRAMMAIRE
G 2

A24
CdA 9, 8

6 Il et elle

a Écoutez, puis lisez les phrases.
Hört zu und lest dann die Sätze.

> Wo sind diese Städte?
> Schaut auf die Karte hinten im Buch.

1. Je suis de Nice.
2. Je suis de Paris.
3. Je suis de Lyon.
4. Je suis de Lausanne.
5. Je suis de Liège.
6. Je suis de Toulouse.

En plus
127, 2

b Présentez les enfants. *Stellt die Kinder vor.*

Lola, Nice   Max, Nice   Zoé, Paris   Jules, Paris

GRAMMAIRE
il (m.)
elle (f.)

Exemples:

1. Voilà Lola. **Elle** est de Nice.
2. Voilà Max. **Il** est de Nice.

Continuez. *Macht weiter.*

3. Zoé, Paris
4. Jules, Paris
5. Clara, Lyon
6. Driss, Liège
7. Marie, Lausanne
8. Yann, Toulouse

PRÊTS POUR LA TÂCHE

PARLER
127, 3
CdA 10, 11

7 Bonjour! Je suis …

a Dites bonjour et présentez-vous. Vous pouvez choisir un nom français et une ville.
Begrüßt euch gegenseitig und stellt euch vor. Ihr könnt euch einen französischen Namen und eine Stadt aussuchen.

— **ON DIT** —

Sich vorstellen

Bonjour! Je m'appelle …
Je suis de …

Fragen, woher jemand kommt

Tu es de …?

Sich verabschieden

Au revoir! / À bientôt! / Salut! / À plus!

Jemand anderen vorstellen

C'est … / Voilà …
C'est un ami / une amie (de …).
C'est un voisin / une voisine.
Il / Elle est de …

b Présentez votre partenaire à vos camarades.
Stellt eurer Klasse euren Partner / eure Partnerin vor.

 Ich kann … mich und andere vorstellen.

Atelier B

1 Le copain, la copine … et le perroquet

Lola est avec Max dans le parc.

1
– Rhhhô, bonjour, Rhhhô!
– Tiens …

2
– Rhhhô, bonjour, c'est Arthur! Rhhhô!
– C'est quoi, ça?
– C'est le portable!
– Mais Arthur, c'est qui? Un copain?
– Oui et non. C'est l'ami de Jules. Mais … c'est un perroquet!

3
Regarde, voilà Arthur. Il est super, non? C'est le perroquet de mamie. Ils sont à la Martinique[1].

4
– Je m'appelle Zoé.
– Et moi: Lola. J'ai douze ans. Et voilà Max.
– Salut Max. Tu es le copain de Lola?
– Non, nous sommes frère et sœur.
– Moi, je suis la sœur de Jules. Il a onze ans et moi aussi.

1 la Martinique – Insel in der Karibik, gehört zu Frankreich

Atelier B   1

LIRE
CdA 11, 12

2 Comprendre le texte

Dites qui c'est. *Sagt, wer es ist.*

GRAMMAIRE
c'est — Singular
ce sont — Plural

Exemple: 1. C'est un perroquet. → C'est Arthur.
2. Ils sont cool. → Ce sont Zoé et Jules.

1. C'est un perroquet.
2. Ils sont cool.
3. C'est la sœur de Jules.
4. C'est le frère de Lola.
5. Il a onze ans.
6. Ils sont dans le parc.
7. Il est d'accord.
8. Ce sont déjà un copain et une copine pour Lola.

VOCABULAIRE
○ 128, 4
En plus
128, 5

3 Arthur est un perroquet.

Complétez les phrases. Puis écrivez les mots qui manquent avec les articles.
Vervollständigt die Sätze. Schreibt dann die fehlenden Wörter mit ihren Artikeln auf.

Exemple: 1. Arthur est **un perroquet**.

1. Arthur est un ▨.
2. Lola est avec Max dans le ▨.
3. «Rhhô!» C'est quoi? C'est le ▨ de Jules.
4. Elsa, c'est la ▨ de Max et Lola.
5. Safia est l'▨ d'Elsa.
6. Elle est aussi une ▨ d'Elsa.
7. Jules est un ▨ sympa.
8. Zoé est une ▨ cool.
9. Max est le ▨ de Lola.

vingt-et-un   21

1 Ziel: Sagen wie alt ihr seid und wessen Freunde ihr seid

PRONONCIATION
A31, 32

4 C'est bien!

a *Schließt die Augen und hört zu.*

*Wenn ihr ein Wort hört, das wie **bien** klingt, hebt den Daumen.*

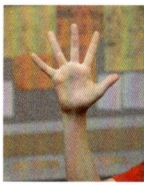

*Wenn ihr ein Wort hört, das wie **non** klingt, hebt die Hand.*

b *Schließt die Augen und hört zu.*

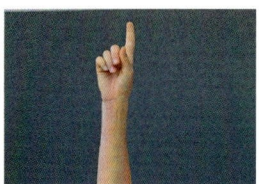

*Wenn ihr ein Wort hört, das wie **maman** klingt, meldet euch.*

c *Hört noch einmal alles an und sprecht nach.*

--- **LE COIN MÉDIAS** ---

MK
A131–180

Mit Tonaufnahmen lernen

Alle Lernwörter könnt ihr im Internet anhören. Sprecht die Wörter nach, macht Tonaufnahmen von eurer Aussprache und vergleicht sie.

GRAMMAIRE
G 2
En plus
129, 6
CdA 12, 14

5 Voilà un copain.

a Cherchez les formes du verbe **être** dans le texte et notez-les. Puis complétez les phrases.
*Sucht die Formen des Verbs **être** im Text und schreibt sie auf. Vervollständigt dann die Sätze.*

1. Je ▮ la sœur de Jules.
2. Tu ▮ le copain de Lola?
3. Arthur ▮ sympa.
4. Nous ▮ frère et sœur.
5. Ils ▮ super, Zoé et Jules.
6. Vous ▮ d'accord?

b Complétez les phrases avec les bonnes formes du verbe **être**.
*Vervollständigt die Sätze mit den richtigen Formen des Verbs **être**.*

Questions

1. Comment ça va?
2. C' ▮ qui?
3. Bonjour Yann. Tu ▮ de Paris?
4. On fait un tour dans le quartier?
5. Où ▮ Driss et Marie?
6. «Bip! Bip! Bip!» Tiens, c' ▮ quoi, ça?
7. Salut. Vous ▮ où?

Réponses

a D'accord.
b C' ▮ le portable.
c Ils ▮ dans le parc.
d C' ▮ Yann. C' ▮ un ami / une amie.
e Nous ▮ à la station de métro.
f Ça va bien, merci!
g Non, je ▮ de Toulouse.

PARLER

c Lisez les questions et cherchez les réponses. Jouez le dialogue.
Lest die Fragen und sucht die Antworten. Spielt den Dialog.

Atelier B 1

VOCABULAIRE 161

A33

CdA 12, 15
13, 16, 17

6 Comptine: Un, deux, trois, …

a Écoutez et répétez. *Hört zu und sprecht nach.*

b Notez la comptine. *Schreibt den Abzählvers auf.*

Exemple: 1, 2, 3, coucou c'est moi.

| Un, deux, trois, | avec Candice. | Voilà Edith. | Treize, c'est qui? |

| Quatre, cinq, six, | Bonjour Toulouse. | Coucou, c'est moi. | Sept et huit, |

| Onze et douze, | Je suis de Nice. | Quatorze, c'est Marie. | Neuf et dix, |

c Lisez la comptine. *Lest den Abzählvers vor. Klatscht dabei den Rhythmus.*

PARLER

CdA 12, 14

7 Elle a 11 ans. Et vous?

a Dites quel âge ont les enfants. *Sagt, wie alt die Kinder sind.*

Exemple: 1. Lola a douze ans.

1. Lola, 12   2. Jules, 11   3. Zoé, 11   4. Yann, 10
5. Driss, 13   6. Clara, 11   7. Marie, 14

b Dites quel âge vous avez et quel âge a votre voisin / votre voisine.
Sagt, wie alt ihr seid und wie alt euer Nachbar / eure Nachbarin ist.

--- ON DIT ---
Sagen, wie alt jemand ist
J'ai … ans.
Voilà Lola. Elle a … ans.

ÉCOUTER

A34

○ 129, 7

8 Il est comment, Tom?

a *Zoé schickt eine Nachricht an Lola.
Hört die Nachricht an und antwortet:
Ist es …*

1. … eine Bitte um Hilfe?
2. … eine Einladung?
3. … eine Absage?

b *Lola erzählt ihrem Bruder Max von der Nachricht. Lest die Sätze und hört den Text
noch einmal an. Sucht die richtigen Informationen zu Tom.*

1. Tom est de …
   a Lyon.
   b Paris.
   c Nice.

2. Il a …
   a 12 ans.
   b 13 ans.
   c 14 ans.

3. Pour Zoé, il est …
   a sympa.
   b cool.
   c super.

4. Tom est …
   a le copain de Clara.
   b le frère de Clara.
   c le voisin de Clara.

Vor dem Hören: Sprecht die Antwortmöglichkeiten leise vor euch hin. Hört dann zu. Konzentriert euch beim Hören auf die Informationen zu Tom.

vingt-trois 23

1 Ziel: Sagen wie alt ihr seid und wessen Freunde ihr seid

GRAMMAIRE
G 3
CdA 11, 13

9 La sœur de Max? Une fille sympa!

👥 Travaillez à deux. Posez des questions et répondez.
Arbeitet zu zweit. Stellt Fragen und antwortet.

Exemple: – C'est **une** fille sympa. C'est qui?
– C'est Lola. C'est **la** sœur de Max.

GRAMMAIRE

	unbestimmt	bestimmt
m.	un	le
f.	une	la

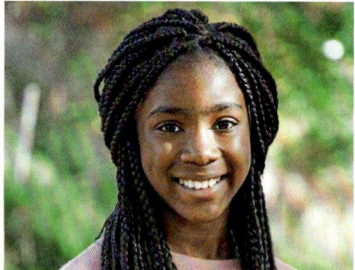

1. fille sympa – qui?
Lola – sœur – Max

2. chat sympa – qui?
Merlin – chat – Lola

3. fille cool – qui?
Zoé – copine – Lola

4. dame sympa – qui?
Safia – amie – Elsa

5. garçon sympa – qui?
Jules – frère – Zoé

6. perroquet sympa – qui?
Arthur – perroquet – mamie

PRÊTS POUR LA TÂCHE

ÉCRIRE
○ 129, 8

10 C'est moi!

✏️ Faites une fiche personnelle.
Puis écrivez un petit texte pour vous présenter à
un correspondant / une correspondante francophone.
*Macht einen „Steckbrief".
Schreibt dann einen kleinen Text, mit dem ihr euch
einem französischsprachigen Austauschpartner /
einer Austauschpartnerin vorstellt.
Ihr könnt auch Bilder zu eurem Text gestalten.*

Beginne so: Bonjour! Je m'appelle …

FICHE PERSONNELLE

Nom: Jonas Becker
Ville: Düsseldorf
Âge: 12 ans
Amis/Amies: Leon, Moritz, Emilie

✓ **Ich kann …** sagen, wie alt ich bin und wessen Freund ich bin.

Ein Spaziergang in Paris Sur place 1

Sur place

À Paris 🇫🇷 Vis-à-vis

Ihr fangt erst an, Französisch zu lernen. Trotzdem könnt ihr schon einiges auf Französisch verstehen und sagen. Seht die Bilder genau an.

1 a Du möchtest um 9 Uhr mit dem Aufzug auf den Eiffelturm fahren. Geht das?

La tour Eiffel

b Du möchtest für 45 Minuten ein Fahrrad (Vélib) ausleihen. Was kostet das?

Une station de vélib

c Du musst in Richtung La Courneuve umsteigen. Welche Métro-Linie musst du nehmen?

Une station de métro

vingt-cinq 25

1 Ein Kennenlerngespräch

ÉCOUTER
REGARDER

V3 ▶

CdA 15, 19

Découvertes Mag[1]

2 J'aime Paris!

Avant[2] le visionnage[3]
Quels endroits ou quels monuments de Paris est-ce que vous connaissez déjà?
Welche Orte oder Sehenswürdigkeiten in Paris kennt ihr schon?

Pendant[4] le visionnage

a Cherchez les paires. *Sucht die Paare.*

| les Champs-Élysées | la Seine | un bateau-mouche | la tour |
| la tour Eiffel | Montmartre | Le Sacré-Cœur | les cafés |

b *Erklärt euren Partnern, warum ihr die Begriffe so zugeordnet habt.*

Après[5] le visionnage
Qu'est-ce que vous aimez, à Paris? Marchez dans la classe et parlez avec vos camarades.
Was mögt ihr in Paris? Geht in der Klasse umher und sprecht mit euren Mitschülern.

Exemple: – Moi, à Paris, j'aime le métro. Et toi? …

---

1 Mag (= Magazine) – Magazin; 2 avant – vor; 3 le visionnage – das Anschauen; 4 pendant – während; 5 après – danach

---

TÂCHE

PARLER
VOCABULAIRE
162

CdA 16, 20

3 Toi et moi

👥 *Ihr seid mit einem Freund oder einer Freundin in Paris. Sucht euch einen Ort von S. 25 aus. Stellt euch vor, ihr trefft dort zwei Jugendliche aus Paris. Arbeitet zu viert. Bereitet ein Rollenspiel vor.*
Am Ende des Rollenspiels
- *kennt ihr die Namen eurer Gesprächspartner,*
- *wisst ihr jeweils, woher ihr kommt,*
- *wisst ihr, wie alt die anderen sind.*
Ihr könnt Notizen machen. Übt die Szene ein und achtet dabei auch auf Gesten und Mimik.

Mon dico personnel
Lerne die Länder- und Städtenamen, die für dich wichtig sind.

🇩🇪 Allemagne: Cologne, Dresde, Francfort, Hambourg

🇨🇭 Suisse: Bâle, Genève, Zurich

🇦🇹 Autriche: Salzbourg, Vienne

LE COIN MÉDIAS

Mit dem Video arbeiten
Alternative: Reagiert darauf, was die Personen im Video sagen.

MK

V4 ▶

✓ **Ich kann …** ein Kennenlerngespräch auf Französisch führen.

Bilan / Grammaire 1

Bilan

Überprüft, was ihr könnt.
Vergleicht eure Lösungen mit den Lösungen auf Seite 217.
Gebt euch für jede Aufgabe einen farbigen Punkt. Klappt es noch nicht so gut? Im Internet findet ihr weitere Übungen zum Bilan-Teil.

● Klappt noch nicht!
● Geht so!
● Prima!

1 Parler

Du kannst jetzt schon …

1. … sagen, wie du heißt.
2. … sagen, woher du kommst.
3. … sagen, wie alt du bist.
4. … jemanden um Entschuldigung bitten.
5. … jemanden vorstellen (einen Freund).
6. … fragen, wer das ist.
7. … fragen, was das ist.
8. … fragen, ob ihr eine Runde drehen wollt.

Und so kannst du den Satz anfangen:

Je …
Je suis …
J'ai …
P…!
Voilà … C'est …
C'est …?
C'est …?
On fait …?

2 Écouter

Lisez les phrases, puis écoutez. Dites qui c'est.
Lest die Sätze und hört dann zu. Sagt, wer es ist.

1. C'est un ami de Lucie.
2. C'est la sœur de Jérémy.
3. Il a 11 ans.
4. Elle est de Nice.

Lucie   Mathis   Manon   Jérémy

3 Grammaire

Zoé envoie des photos à sa mamie. Complétez les phrases dans votre cahier.
Zoé schickt ihrer Oma Fotos. Vervollständigt die Sätze in euren Heften.

le   la   l'
un   une   il   elle

1. C'est Lola! C'est ▮ fille super cool.
2. ▮ a 12 ans.
3. ▮ est de Nice.
4. Et voilà Max, ▮ frère de Lola.
5. ▮ est sympa! C'est ▮ garçon super.
6. Et ici, c'est ▮ maman et ▮ papa de Max et Lola.
7. Voilà Safia. C'est ▮ amie de la maman de Lola.
8. C'est ▮ dame sympa.

4 Grammaire

✏ Dans votre cahier, complétez les phrases par la bonne forme du verbe **être**.
Vervollständigt die Sätze in euren Heften mit der richtigen Form des Verbs être.

1. **Safia:** Bonjour! Je ▮ Safia. Toi, tu ▮ Zoé et toi, tu ▮ Jules, c'est ça?
2. **Zoé:** Oui, et nous ▮ des copains de Max et Lola.
3. **Jules:** On fait un tour dans le parc? Il ▮ cool. Vous ▮ d'accord?
4. **Max et Lola:** Oui. Mais où ▮ papa et maman?
5. **Safia:** Ils ▮ à la tour Eiffel, avec un ami. Allez, à bientôt!

vingt-sept 27

Grammaire

G 1 un, une: Der unbestimmte Artikel Singular

V5

maskulin (m.)	un ami	ein Freund
feminin (f.)	une amie	eine Freundin

der unbestimmte Artikel: **l'article indéfini**

> ▶ Erklärfilm
> **der unbestimmte Artikel**

G 2 je suis, tu es ...: Das Verb être und die Personalpronomen

je	suis	ich bin
tu	es	du bist
il		er ist
elle	est	sie ist
on		man ist
nous	sommes	wir sind
vous	êtes	ihr seid / Sie sind
ils	sont	sie sind
elles		

On (man) wird in der Umgangssprache oft anstelle von **nous** (wir) verwendet.

das Verb: **le verbe**
das Personalpronomen: **le pronom personnel**
der Singular: **le singulier**
der Plural: **le pluriel**

G 3 le, la: Der bestimmte Artikel Singular

V6

maskulin (m.)	le garçon	der Junge
	l'ami	der Freund
feminin (f.)	la fille	das Mädchen
	l'amie	die Freundin

der bestimmte Artikel: **l'article défini**

> ▶ Erklärfilm
> **der bestimmte Artikel**

2 Les copains et les activités

TÂCHE

Am Ende dieser Unité stellt ihr euch einem möglichen Chat-Partner vor.

Dafür lernt ihr in den Ateliers Folgendes:

A Sagen, was ihr gerne oder nicht so gerne macht

- Wortschatz für Aktivitäten
- Verben
- den Plural (die Mehrzahl): *les*

B Eine Person und ihre Interessen vorstellen

- weiteren Wortschatz
- den Plural (die Mehrzahl): *des*

In **Sur place** seht ihr, womit man sich in Frankreich gerne beschäftigt.

« J'adore le foot et la danse. Et toi? »

🇫🇷 Vis-à-vis

In Frankreich sind die Freizeitaktivitäten der Jugendlichen häufig mit der Schule verbunden. Die Schulen machen viele Angebote, vom Sport über Kunst bis zur Astronomie. Zu Beginn des Schuljahres entscheiden sich die Schülerinnen und Schüler, an welchen „Clubs" sie teilnehmen wollen.

Wie ist das bei euch?

Atelier A

VOCABULAIRE GRAMMAIRE
G 4, 5

A37 🔊

1 APPROCHE Tu aimes le sport?

a 👥 Écoutez et lisez le texte. *Hört den Text und lest ihn dann.*

- Tu aimes le sport, Lola?
- Oh, oui! Et j'aime aussi la danse et les chansons de Louane.
- Et toi, Jules?
- Moi, j'adore le sport et les jeux vidéo, mais je déteste la natation. C'est nul!

CdA 21, 1
22, 3

b Et vous? Regardez d'abord les photos et cherchez les activités.
Seht zuerst die Fotos an und sucht die Aktivitäten.

Exemples: 1, c'est le ping-pong. 2, ce sont les chansons.

les chansons (f. pl.)
les livres (m. pl.)
le foot
le théâtre
le ping-pong
l'escalade (f.)
la natation
les jeux vidéo (m. pl.)
la danse

V7 ▶
D4 📄

c Posez des questions et répondez. *Stellt Fragen und antwortet.*

Exemple:
– Tu aimes les chansons de Louane?
– Oui, j'aime les chansons de Louane./
  Non je déteste les chansons de Louane.

j'adore	**le** foot
j'aime	**la** musique
tu aimes	**l'**escalade
je déteste	**les** livres

TIPP
Im Video könnt ihr die Freunde bei ihren Aktivitäten erleben.

 d Seht euch die Ausdrücke im Kasten noch einmal an. Was ist der Unterschied zum Deutschen?

2 Chez les Bertucat

1. Lola écoute une chanson. Elle adore les chansons! Max entre.

Max: Lola, silence, s'il te plaît! Je travaille!
Lola: Et moi, je danse. Regarde. C'est cool, non?
5 **Max:** D'accord, tu danses, … mais en silence!
Lola: Quoi?! Et la musique, alors?
Max: Tiens, voilà le casque.
Lola: Danser avec le casque, c'est nul!

2. Plus tard … Lola entre dans la chambre
10 de Max.

Lola: Max? Euh … tu travailles?
Max: Non, je joue.
Lola: On regarde le match OM[1] – PSG[2]?
Max: Ah bon, tu aimes le foot, toi?
15 **Lola:** Mais oui, et j'adore le PSG. Allez, viens! On regarde ensemble!

3. Elsa: Lola, Max, nous regardons le match, papa et moi. Vous regardez avec nous?
Damien: Ils jouent bien, à l'OM!
20 **Max:** Papa, on est pour le PSG, nous!
Damien: Ils jouent bien aussi, alors le match est cool!
Elsa: Silence! … Ouiii!! Alleeeez! … But! Buuuuut!

> **TIPP**
> Im Video erfahrt ihr mehr über die Familie Bertucat.

---

1 OM – Olympique de Marseille; **2 PSG** – Paris Saint-Germain (L'OM et le PSG sont des clubs français de football.)

3 Comprendre le texte

a Faites six phrases qui vont avec le texte.
Bildet sechs Sätze, die zum Text passen.

b Faites pour chaque personne une autre phrase.
Bildet für jede Person einen weiteren Satz.

c Jouez les dialogues du texte.
Spielt die Dialoge aus dem Text.

Lola	aime le PSG.
Max	regardent le match.
Elsa et Damien	joue et travaille.
Lola et Max	écoute une chanson.
	adore danser.
	sont pour le PSG.

2 Ziel: Sagen, was ihr gerne oder nicht so gerne macht

VOCABULAIRE

4 Les verbes en rythme

Écoutez, puis mimez les verbes que vous entendez.
Hört zu und stellt die Verben, die ihr hört, pantomimisch dar.

je cherche

je trouve

j'écoute

je parle

je chante

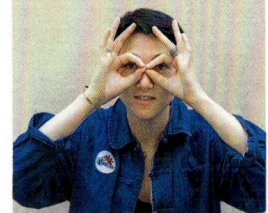
je regarde

je travaille

je danse

GRAMMAIRE
G 6

5 Tu joues avec moi?

a Cherchez dans le texte page 31 les verbes qui vont avec **les pronoms personnels** et notez-les.
Sucht im Text S. 31 die Verben, die zu den Personalpronomen passen, und schreibt sie auf.

> **GRAMMAIRE**
> **les pronoms personnels**
> je   nous
> tu   vous
> il / elle / on   ils / elles

b Complétez le dialogue. *Vervollständigt den Dialog.*

Max: Lola, on ▢ une chanson?
Lola: Oui, une chanson de Louane, et on ▢ !
Max: Oh, non! Je ▢ ça!
Lola: Alors, on ▢ ! Voilà un jeu vidéo.
Max: D'accord.
M. Bertucat: Bonjour. Vous ▢ ou vous ▢ ?
Max: Nous ▢ papa.
Lola: Tu ▢ avec nous?

M. Bertucat: Non, je ▢ le match de foot avec maman et la voisine.
Max: Elles ▢ le PSG?
M. Bertucat: Mais oui.
Lola: Viens, Max, on ▢ le match aussi.
Max: D'accord, et on ▢ plus tard.

joue   travaillez
aiment   joue
danse   regarde
regarde   joues
jouez   déteste
jouons   écoute

PARLER

c Jouez la scène. *Spielt die Szene.*

Denkt an die Satzmelodie und unterstützt euer Spiel mit der passenden Mimik und Gestik.

Atelier A 2

Stumme oder klingende Endung?

PRONONCIATION
A42
En plus
130, 2

6 Comment prononcer les verbes

Écoutez, puis levez la main quand vous entendez les **terminaisons** des verbes.
*Hört zu. Hebt die Hand, wenn Ihr die **Endungen** der Verben **hört**.*

je cherch**e** – tu regard**es** – elle parl**e** – on‿ador**e** – il trouv**e** – nous‿aim**ons** – vous‿écout**ez** – ils travaill**ent** – elles‿aim**ent**

GRAMMAIRE
G 4, 5
CdA 23, 4

7 Pile ou face?

a Voilà trois noms. Cherchez d'autres noms et notez-les.
Hier sind drei Nomen. Sucht weitere Nomen und schreibt sie auf.

noms: activité   chambre   copain   …

GRAMMAIRE	
Der bestimmte Artikel	
Singular	**Plural**
le (m.)	
la (f.),	**les** (f. und m.)
l' (vor Vokal, f. und m.)	

b Jouez à pile ou face. *Spielt Kopf oder Zahl.*

Pile: Écrivez **le**/**la**/**l'** et le nom au singulier
*Schreibt **le**/**la**/**l'** und das Nomen im Singular.*

Face: Écrivez **les** et le nom au **pluriel**.
*Schreibt **les** und das Nomen im Plural.*

c *Lest eure Nomen vor. Wer hat mehr gefunden?*

ÉCRIRE
G 2, 6
● 131, 3
CdA 23, 6

8 Où est Merlin?

Mettez les verbes à la bonne forme et écrivez l'histoire dans votre cahier.
Setzt die richtige Verbform ein und schreibt die Geschichte in euer Heft.

1. Lola et Zoé (être) chez Lola.
2. Les copines (regarder) un match de foot.
3. Zoé: «J' (adorer) l'OM!»
4. Elsa (entrer): «Je (chercher) le chat.
5. Merlin (être) là?»
6. Lola: «Non, viens, on (chercher) le chat ensemble!»
7. Les filles (regarder) dans la chambre de Max.

8. Elsa: «Je (parler) avec Safia.
9. Merlin (être) chez la voisine!»
10. Safia: «Vous (entrer)?
11. Merlin (être) sympa. Nous (jouer) ensemble!»

trente-trois **33**

2 Ziel: Sagen, was ihr gerne oder nicht so gerne macht

MÉDIATION
CdA 25, 8

9 Le sport ou la musique?

Voici des informations sur deux personnages.
Choisissez un personnage et présentez-le à un ami allemand.
*Hier seht ihr Informationen zu zwei Persönlichkeiten.
Sucht eine der beiden Persönlichkeiten aus und stellt sie einem deutschen Freund vor.*

> **STRATÉGIE**
> **Wörter erschließen**
> Viele französische Wörter könnt ihr verstehen, wenn ihr an Wörter in anderen Sprachen denkt. Auch der Zusammenhang hilft beim Verstehen.

Louane
chanteuse, musicienne et actrice

née: en 1996
→ passe déjà à la télé à l'âge de 12 ans
  à 18 ans: rôle principal dans le film
  « La famille Bélier » qui sort en 2014.
style de musique: variété française, pop
Instruments: guitare, piano

Kylian Mbappé
joueur de foot français

né: en 1998
père: entraîneur de foot
mère: handballeuse
deux frères
→ joue au PSG depuis 2017
Coupe du Monde 2018: à 19 ans, il est dans
  l'équipe de France

PRÊTS POUR LA TÂCHE

PARLER
○ 131, 4
CdA 24, 7

10 J'aime le foot, et toi?

a 👥 Parlez de ce que vous aimez et de ce que vous détestez. Écoutez bien vos partenaires et prenez des notes.
Sprecht darüber, was ihr mögt und was ihr nicht mögt. Hört euren Gesprächspartnern gut zu und macht euch Notizen.

le foot	le rock	la musique de …	la pop
l'escalade	les livres de …	le hip-hop	
la natation	la musique classique	l'électro	
les films de …	le rap	le ping-pong	…

> **ON DIT**
> **Sagen, was man gerne oder nicht so gerne macht.**
> - J'aime / j'adore / je déteste le foot / la … / les … Et toi? Tu aimes / adores / détestes le foot aussi?
> - Moi, j'aime …
> - J'écoute les chansons de … / je regarde … Et vous? Vous écoutez / regardez aussi …?
> - Nous, nous écoutons …
> - Je trouve … cool. Et vous?
> - Gina adore la musique de Gims et Orhan aime l'électro.
> - …

b Présentez une personne de votre groupe à votre classe.
Utilisez vos notes.
*Stellt eine Person aus eurer Gruppe eurer Klasse vor.
Verwendet eure Notizen.*

MK
V9 ▶

LE COIN MÉDIAS
Mit dem Video arbeiten
Alternative: Hört und seht genau zu und antwortet auf die Fragen.

✓ **Ich kann …** sagen, was ich gerne und was ich nicht so gerne mag.

Atelier B

VOCABULAIRE GRAMMAIRE
G 7
CdA 26, 9

1 APPROCHE Qu'est-ce qu'il y a au collège?

Lola, Zoé, Jules et Tom sont au collège. Dans la cour, des élèves jouent.

un ballon   la cour   un élève / une élève   une table de ping-pong

Lola et Zoé sont là aussi. Elles regardent une affiche.

un stylo   un cahier   un sac   une affiche

a Qu'est-ce qu'il y a, au collège? Répondez. *Was gibt es im Collège? Antwortet.*

Exemple: Au collège, il y a une cour. Il y a aussi des élèves.

Continuez à tour de rôle. *Macht abwechselnd weiter.*

En plus, 132, 5

b Quel est le pluriel de **un** et **une**? Comparez avec l'allemand.
*Wie lautet der Plural von **un** und **une**? Vergleicht mit dem Deutschen.*

2 Une activité pour Jules

Au collège, Jules retrouve Tom et les autres.
Ils regardent les affiches avec les activités.
Ils cherchent des idées.

Jules: Alors, qu'est-ce qu'il y a, comme activités?
Tom: Il y a le théâtre, la natation, le foot … Le foot? Super! Tu aimes ça aussi, Jules, non?
Jules: Ouais … Euh … Je ne sais pas.

Lola et Zoé arrivent. Elles sont avec Mme Garnier, la professeure de théâtre. Le théâtre, elles adorent ça!

Mme Garnier: Alors, nous ici, nous jouons des scènes et nous préparons une pièce.
Lola: Cool! On adore le théâtre!
Zoé: Oui! Le théâtre, les livres et les BD aussi.
Mme Garnier: Et toi, Jules, qu'est-ce que tu fais?
Zoé: Viens, Jules, le théâtre, c'est super!
Jules: Le théâtre? … Je ne sais pas.

Voilà le professeur de sport. Jules arrive. Des élèves jouent déjà. Tom est là aussi.

Le professeur: Bonjour Jules … Désolé mais tu arrives trop tard. Nous sommes déjà trop.

Oh non! Que fait Jules alors? Il regarde encore les affiches. Tiens, l'escalade! Pourquoi pas?

3 Comprendre le texte

a Dans la liste, choisissez un titre pour chaque partie du texte.
Wählt aus der Liste für jeden Teil des Textes eine Überschrift aus.

b Répondez aux questions suivantes.
Beantwortet die folgenden Fragen.

1. Qu'est-ce que les copains regardent au collège?
2. Qu'est-ce qu'il y a comme activités?
3. Avec qui sont les filles? C'est qui?
4. Qu'est-ce que la professeure prépare avec les élèves?
5. Qu'est-ce que Jules trouve comme activité?

- Les affiches avec les activités
- Le foot, c'est super!
- Une activité pour Jules
- L'escalade, pourquoi pas?
- Le théâtre, c'est cool!
- Une idée de Lola

Atelier B 2

PARLER

4 Tu cherches des idées avec moi?

a Qu'est-ce que vous dites dans ces situations? Vous trouvez la réponse dans le texte.
Was sagt ihr in diesen Situationen? Die Antwort findet ihr im Text.

1. *Du fragst, welche Aktivitäten angeboten werden.*
2. *Du fragst jemanden, ob er etwas auch gerne mag.*
3. *Du kannst eine Frage nicht beantworten.*
4. *Du erzählst, dass ihr ein Theaterstück vorbereitet.*
5. *Du fragst jemanden, was er oder sie macht.*
6. *Du sagst zu jemandem, dass er oder sie leider zu spät kommt.*

Exemple:

1. Qu'est-ce qu'il y a, comme activités?

STRATÉGIE
150

b *Wie seid ihr beim Lesen vorgegangen, um die Antworten im Text zu finden?*

VOCABULAIRE
GRAMMAIRE
G 4, 5, 7
En plus, 132, 6
CdA 29, 13

5 Les cahiers de Jules

Travaillez à deux. Lisez l'exemple, puis continuez.
Arbeitet zu zweit. Lest das Beispiel vor, macht dann weiter.

Exemple: – Voilà **des** cahiers .
– Ah, ce sont **les** cahiers de Jules!

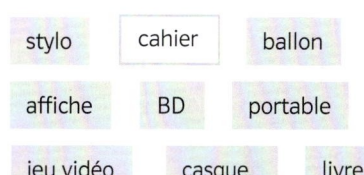

stylo | cahier | ballon
affiche | BD | portable
jeu vidéo | casque | livre

1

Jules

2

Zoé

3

Tom

4

Jules

5

Lola et Max

6

Lola et Max

7

Zoé

8

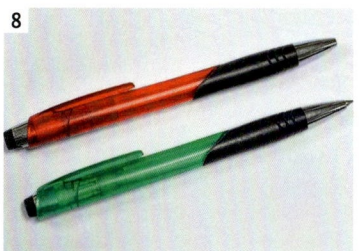

Zoé

9

Jules et Tom

trente-sept 37

2 Ziel: Eine Person und ihre Interessen vorstellen

PRONONCIATION
A47, 48

6 [e] ou [ə]

a Écoutez les textes. Vous entendez **des** ou **de**?
*Hört die Texte an. Hört ihr **des** oder **de**?*

b Écoutez les textes. Vous entendez **les** ou **le**?
*Hört die Texte an. Hört ihr **les** oder **le**?*

LIRE PARLER

c 👥 Travaillez à deux.
Lisez les phrases à tour de rôle.
*Arbeitet zu zweit.
Lest reihum die Sätze.*

Les Bertucat sont de Nice.
Mais ils aiment bien les Batignolles.
Ils trouvent le quartier sympa.
Les voisins sont super.
Max et Lola trouvent bientôt des copains.
Merlin, le chat de Lola, aime aussi
le quartier, les rues et … le parc.
Les tours dans le parc des Batignolles,
c'est cool!

STRATÉGIE

Sätze verstehen und sprechen

Nimm dein Buch und setze dich deinem Partner gegenüber. Lies nun einen Satz leise, bis du ihn auswendig kannst. Blicke dann deinem Partner in die Augen. Sprich den Satz laut, aber ohne dabei ins Buch zu sehen. Wechselt euch ab, bis der ganze Text gelesen ist.

ÉCOUTER
A49–51
CdA 30, 14

7 C'est qui?

a Écoutez les textes. Qui parle?
Hört die Texte an. Wer spricht?

b Écoutez les textes, puis notez deux choses que ces personnages aiment et deux qu'ils détestent.
Hört die Texte an. Schreibt zwei Dinge auf, die diese Personen mögen, und zwei, die sie nicht mögen.

c Qu'est-ce que vous avez compris encore?
Was habt ihr außerdem noch verstanden?

STRATÉGIE

Bestimmte Informationen heraushören

Wenn ihr einem Hörtext bestimmte Informationen entnehmen wollt, müsst ihr nicht jedes Wort verstehen. Achtet auf **Schlüsselwörter**. Möchtet ihr z. B. herausfinden, was jemand mag oder nicht mag, achtet darauf, was nach den Schlüsselwörtern *j'aime …* bzw. *je déteste …* folgt.

PRÊTS POUR LA TÂCHE

ÉCRIRE
○ 132, 7
CdA 28, 11

8 Voilà Lola, Max et Jules.

✏️ À l'aide des mots suivants, écrivez un texte pour présenter Lola, Max ou Jules.
Schreibt mit Hilfe folgender Wörter einen Text, in dem ihr Lola, Max oder Jules vorstellt.

Commencez comme ça:
Fangt so an: Voilà Lola. Elle …

foot	sport	quartier	escalade	match de foot
PSG	jeux vidéo	jouer	danser	Arthur	chat
natation	Louane	théâtre	perroquet	chanter

✓ **Ich kann …** eine Person und ihre Interessen vorstellen.

Sur place

En France, on aime ... 🇫🇷 Vis-à-vis

1 a Regardez les photos et les phrases et trouvez le sens des mots **en gras**. Qu'est-ce qui vous aide à les comprendre?
*Seht euch die Fotos und die Sätze an und findet die Bedeutungen der **fettgedruckten** Wörter heraus. Was hilft euch dabei, sie zu verstehen?*

> **STRATÉGIE**
> Beim **Verstehen von unbekannten Wörtern** helfen euch
> - Bilder,
> - der Zusammenhang,
> - Wörter aus anderen Sprachen.

b Lesquelles de ces activités est-ce que vous aimez?
Welche dieser Aktivitäten mögt ihr?

1 … le football et **l'équipe nationale** de France: «Allez les Bleus!»

2 … le **cinéma**: le cinéma est une activité très **populaire** en France.

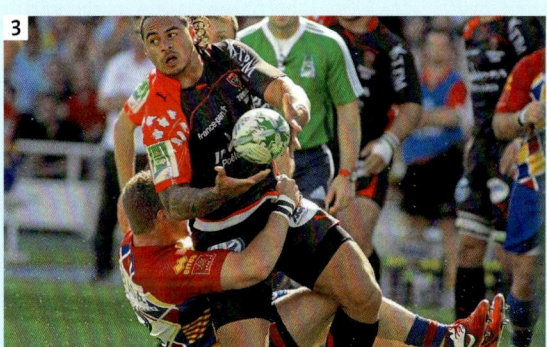

3 … le rugby: le rugby est un **sport d'équipe**, comme le foot.

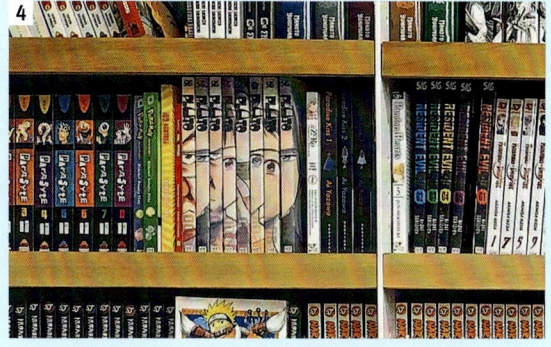

4 … le manga: dans les **librairies**, on trouve des livres, des BD et aussi des mangas.

5 … le rap: les Français adorent les **rappeurs** et les **rappeuses** comme Keny Arkana.

6 … le parkour: on trouve ce sport dans les **métropoles** comme Paris.

2 Einen Chat-Partner finden

ÉCOUTER REGARDER

V10
D6
CdA 31, 16

Découvertes Mag

2 Les activités au collège

Avant le visionnage
*Was seht ihr auf dem Foto? Was machen die Personen vermutlich?
Benennt möglichst viele Dinge auf Französisch.*

Il y a un / une / des …; Les élèves …/ Les …

Pendant le visionnage
a Lest das Arbeitsblatt und seht euch das Video zuerst ohne Ton an. Was sieht man und was tun die Personen? Notiert die Antworten auf euer Arbeitsblatt.

b Seht euch das Video ein zweites Mal mit Ton an. Ergänzt eure Antworten auf dem Arbeitsblatt.

Après le visionnage
Könnt ihr euch vorstellen, auf eine Schule wie das Collège Balzac zu gehen? Warum (nicht)? Diskutiert.

TÂCHE

ÉCOUTER PARLER

A52–55
CdA 33, 19

3 Tu cherches un / une partenaire pour discuter en ligne.

Ihr möchtet eine(n) französische(n) Chatpartner(in) finden. Hier stellen sich vier Jugendliche vor.

 Yanis    Rose    Nathan   Louna

1. Arbeitet zu viert. Jeder von euch hört eine der vier Vorstellungen an. Stellt dann eure(n) Jugendliche(n) den anderen vor.

2. Wählt unter den vier Jugendlichen die Person aus, die für euch als Chatpartner(in) in Frage käme. Stellt euch mit euren Interessen euren Partnern / Partnerinnen so vor, wie ihr euch auch der gewählten Person vorstellen würdet. Hört genau zu und sprecht darüber, was zu einer guten Vorstellung gehört.

STRATÉGIE 152

MK

LE COIN MÉDIAS

Videos aufnehmen
Ihr könnt euch auch in einem Video vorstellen. Sprecht zuvor darüber, ob ihr einverstanden seid, euch gegenseitig zu filmen, und zu welchem Zweck die Videos eingesetzt werden.

Mon dico personnel

Lernt die Vokabeln, die **wichtig** sind, um **eure persönlichen Interessen** auszudrücken, z.B.:

 l'athlétisme *(m.)*    la technique

 le skate    un chien

Mehr Vorschläge → S. 168
(oder schlage im Wörterbuch nach).

 Ich kann … mich einem Chat-Partner vorstellen.

Bilan / Grammaire 2

D7

Bilan

- Überprüft, was ihr könnt.
- Vergleicht eure Lösungen mit den Lösungen auf Seite 217.

1 Parler

Du kannst jetzt schon …

1. … jemanden fragen, was er/sie mag.	Qu'est-ce que …?
2. … sagen, dass du die Lieder von Louane sehr gerne magst.	… de Louane.
3. … sagen, dass du die Lieder von Tal überhaupt nicht magst.	… de Tal.
4. … einen guten Bekannten um Ruhe bitten.	…, s'il te plaît!
5. … jemandem vorschlagen, gemeinsam etwas zu tun (ein Fußballspiel anschauen).	Allez viens, … de foot.
6. … jemanden fragen, was es dort gibt.	Qu'est- …?
7. … jemandem antworten, dass du es nicht weißt.	Je …
8. … sagen, dass es dir Leid tut.	D …!

2 Vocabulaire

Regardez le dessin et notez dix mots. Soulignez les noms féminins en rouge et les noms masculins en bleu.
Schaut euch die Zeichnung an und notiert zehn Wörter. Unterstreicht die femininen Nomen rot und die maskulinen Nomen blau.

Commencez comme ça:

Au collège, il y a …

quarante-et-un 41

2

3 Écouter

A56

Écoutez le texte. Vrai ou faux? *Hört den Text. Richtig oder falsch?*

1. Théo regarde un match de foot.
2. Lucie travaille.
3. Lucie chante et danse.
4. Théo adore Louane.
5. Lucie et Théo aiment le rap.
6. Sur le programme des activités, il y a l'escalade.
7. Théo aime le rugby.

Gims

4 Grammaire

G 6

Complétez le texte avec les bonnes formes des verbes.
Vervollständigt den Text mit den passenden Verbformen.

1. **Zoé:** Écoute, Luc! C'est Gims, tu ☐?
2. **Jules:** Non, je ☐. Mais j'☐ le rock. Zoé, tu ☐ une musique cool?
3. **Zoé:** Oui, je ☐… Ah, voilà une chanson super!
4. **Lola:** Eh, les garçons, vous ☐ danser … Alors vous ☐?
5. **Tom:** Pourquoi pas? D'accord, nous ☐. Vous ☐ avec nous, les filles?
6. **Zoé:** Non, nous, on ☐!
7. **Jules:** Les filles ☐, je ☐ ça nul!

dansez	adorez	dansons
aimes	regardent	dansez
adore	regarde	cherches
trouve	déteste	cherche

5 Grammaire

G 5,7

Complétez les phrases avec **les** ou **des**. Écrivez-les dans votre cahier.
*Vervollständigt die Sätze mit **les** oder **des**. Schreibt sie in euer Heft.*

1. Zoé est dans la chambre de Lola. ☐ deux filles écoutent ☐ chansons ensemble.
2. Zoé regarde aussi ☐ livres et ☐ affiches de Lola.
3. Zoé aime ☐ affiches de la chambre.
4. Elle trouve aussi ☐ livres super: ici, il y a aussi ☐ BD.
5. Tiens, le chat Merlin arrive. Zoé adore ☐ chats.
6. Plus tard. Les filles cherchent ☐ idées pour l'activité théâtre.
7. Pour chercher ☐ idées, c'est cool, ici!

Grammaire

G **4 un livre, trois livres:** Der Plural der Nomen

Voilà trois livre**s** d'Anne Bondoux!

Singular		Plural	
un	livre	**trois**	livre**s**
une	chanson	**trois**	chanson**s**
un	jeu	**trois**	jeu**x**
une	BD	**trois**	BD

der Singular (die Einzahl) – **le singulier**
der Plural (die Mehrzahl) – **le pluriel**
das Nomen, das Substantiv – **le nom**

Bilan / Grammaire 2

V11 ▶ G ▶ **5 les:** Der bestimmte Artikel Plural

▶ Erklärfilm
der bestimmte Artikel Plural

Singular	Plural
le perroquet *der Papagei*	**les** perroquets *die Papageien*
la chanson *das Lied*	**les** chansons *die Lieder*
l' ami *der Freund*	**les** amis *die Freunde*
l' amie *die Freundin*	**les** amies *die Freundinnen*

der bestimmte Artikel – **l'article (m.) défini**

V12 ▶ G ▶ **6 aimer, regarder, chercher:** Die Verben auf -er

▶ Erklärfilm
die Verben auf -er

Singular	Plural
je regard**e** **tu** regard**es** **il** **elle** ⎱ regard**e** **on** ⎰	**nous** regard**ons** **vous** regard**ez** **ils** **elles** ⎱ regard**ent**

Infinitiv (l'infinitif, m.): regarder

Achte auf den Apostroph!
j'écoute, j'arrive

Stellung des Verbs im Satz:

Ils	regardent	le match.
Sujet	**V**erbe	**O**bjet

V13 ▶ G ▶ **7 des:** Der unbestimmte Artikel Plural

▶ Erklärfilm
der unbestimmte Artikel Plural

Singular	Plural
un ballon *ein Ball*	**des** ballons — *Bälle*
une table *ein Tisch*	**des** tables — *Tische*
un ami *ein Freund*	**des** amis — *Freunde*
une amie *eine Freundin*	**des** amies — *Freundinnen*

der unbestimmte Artikel – **l'article (m.) indéfini**

quarante-trois 43

Plateau 1

Le coin médias

1 La musique en ligne

Quel est «ton style» de musique? Moi, j'adore le hip-hop français mais j'aime aussi le rock. La musique française, ça t'intéresse? Voilà comment faire pour trouver des chansons actuelles:

Dans un moteur de recherche sur Internet, tu tapes des mots-clés, par exemple:
- «hip-hop français»
- «variété française[1]»
- «rock français»
- «électro français»
- …

Tape aussi «playlist actuelle».

«variété française» «playlist actuelle»

Wie tippt man cédille und accents? Sieh nach auf Seite 154.

[1] la variété française – Chansons, Schlagermusik

A
1. Quel style de musique est-ce que vous aimez? Cherchez des chansons françaises.
2. Qui est le numéro 1 sur la playlist actuelle?
3. Quelle chanson française est-ce que vous aimez? Présentez-la à votre classe:
   - Comment s'appelle la chanson?
   - Comment s'appelle le chanteur / la chanteuse?

B
Was bedeuten diese Wörter auf Deutsch?

un moteur de recherche   taper

en ligne   un mot-clé

2 Les médias

a Quels médias est-ce que vous utilisez pour …

- écouter des chansons?
- regarder des films?
- jouer?
- trouver des informations sur les stars, sur le sport, sur …?
- trouver des informations pour la classe, pour le travail, pour …?

b Posez les mêmes questions à vos amis, à votre famille, à des voisins (dans votre langue). Présentez les réponses en classe (en français).

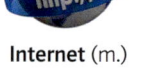
Internet (m.)

journal (m.)

télévision (f.)

livres (m. pl.)

jeux (m. pl.)

CD / DVD (m.)

radio (f.)

Plateau 1

Révisions

Die Lösungen findet ihr auf S. 217–218.

VOCABULAIRE / ÉCRIRE

1 Un cahier, un stylo et … quoi encore?

a 🖉 Cherchez les mots qui vont avec les mots en gras. Ajoutez les articles là où c'est possible.
Sucht die Wörter, die zu den fett gedruckten Wörtern passen. Fügt die Artikel hinzu, wo es möglich ist.

Exemple: le collège: un élève, une élève, un professeur, une professeure, une cour

collège	Toulouse	sac	théâtre	sport
foot	cour	pièce	Nice	stylo	Paris	scène	cahier
élève	escalade	livre	natation	professeur	ping-pong	Lyon

b 🖉 Faites 4 phrases. Utilisez le plus de mots possible de la partie **a**.
Bildet vier Sätze. Verwendet so viele Wörter vom a-Teil wie möglich.

GRAMMAIRE
G 2, 6

2 On cherche Damien.

🖉 Mettez les verbes à la bonne forme.
Setzt die Verben in die richtige Form.

1. Lola et Max ▨ (être) dans la chambre de Lola.
2. Ils ▨ (écouter) une chanson.
3. Mme Bertucat ▨ (entrer).
4. **Mme Bertucat:** Je ▨ (chercher) Damien. Il ▨ (être) où?
5. Oh, qu'est-ce que vous ▨ (écouter)?
6. **Max:** On ▨ (écouter) une chanson de Soprano. Tu ▨ (aimer)?
7. **Mme Bertucat:** Oui. Allez, nous ▨ (préparer) le sac.
8. On fait un tour ensemble. Vous ▨ (être) d'accord?
9. **Lola:** Nous ▨ (être) d'accord. Tu ▨ (être) super, maman!

LIRE / ÉCRIRE

3 Bonjour. Je m'appelle Jules.

🖉 Complétez les phrases avec les mots donnés.
Vervollständigt die Sätze mit den vorgegebenen Wörtern.

1. Bonjour! Moi, c'est Jules. Et toi, tu t'appelles ▨?
2. Tu es de Paris? Moi ▨!
3. Et ▨ Zoé? Nous sommes frère et sœur.
4. On fait un tour ▨ le quartier?
5. Je cherche un jeu vidéo ▨ un copain.
6. Tu cherches ▨ moi? Non?
7. ▨ à bientôt!

voilà
dans
alors
pour
aussi
avec
comment

quarante-cinq 45

Plateau 1

ÉCOUTER PARLER
A58

4 Questions et réponses

a Mme Bertucat parle avec Zoé. Écoutez les questions, puis cherchez les bonnes réponses.
Hört euch die Fragen an und sucht die richtigen Antworten.

a. Elle joue avec Jules .
b. Bonjour! Je m'appelle Zoé .
c. Je regarde une BD .
d. Oui, elle est dans la cour .
e. D'accord . Merci!
f. Là-bas, il y a une table de ping-pong .

b Écoutez les questions encore une fois. Cherchez d'autres réponses.
Hört die Fragen noch einmal an. Sucht andere Antworten.

Exemple:
– 1 Bonjour. Moi, c'est Elsa. Et toi, tu t'appelles comment? – Bonjour! Je m'appelle Valentin .

GRAMMAIRE ÉCRIRE

5 Des activités pour les copains

Es gibt manchmal mehrere Möglichkeiten.

a Cherchez les mots qui vont ensemble.
Sucht die Wörter, die zusammenpassen.

entrer   chanter   une chanson

Exemple: entrer   dans la chambre de

avec la professeure   regarder

retrouver   dans la chambre de   les autres   parler

chercher   un match de foot   des idées

b ✍ Écrivez un petit texte. Utilisez les expressions de la partie **5 a**.
Schreibt einen kleinen Text. Benutzt die Ausdrücke von Teil 5 a.

MÉDIATION

6 Dans un camping

✍ Du bist mit deinem französischen Bekannten Romain in den Ferien auf einem Campingplatz in Frankreich. Dort spricht Romain einen deutschen Jungen an. Der spricht aber nicht Französisch. Du hilfst beim Gespräch. Spielt die Szene.

Exemples: 1. (zu Jan) Er fragt, wie du heißt.
2. (zu Romain) C'est Jan.

Romain:
1. Tu t'appelles comment?
3. Moi, je suis Romain! Jan aime le foot?
6. Moi, j'aime le ping-pong.
7. Il est de Berlin?
9. Je suis de Nice.
11. Tu es sympa. Salut!

Jan:
2. Ich bin Jan.
4. Nö. Aber ich mag Schwimmen!
5. Und er? Frag ihn, was er mag.
8. Ich bin aus Leipzig. Ist er aus Paris?
10. Nizza? Very nice!
12. Sag ihm, er ist auch nett. Tschüss.

Plateau 1

En route vers le DELF

ÉCOUTER
A59–62

1 Compréhension de l'oral

Écoutez, puis trouvez la bonne image pour chaque document.

Document 1 → image ☐   Document 2 → image ☐   Document 3 → image ☐   Document 4 → image ☐

   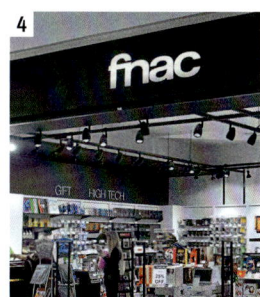

2 Compréhension des écrits

Lisez le message et répondez aux questions.

1. Qui fête son anniversaire?
2. Il / Elle a quel âge?
3. La fête d'anniversaire, c'est où?
4. La fête d'anniversaire, c'est quand?
5. Qu'est-ce qu'il y a comme cadeaux?

> Coucou Zora,
> À 6 heures, c'est l'anniversaire de Bilal. Il fête ses 14 ans chez sa mère aux Batignolles. Donc, rendez-vous aux Batignolles, 12 rue Nollet. Viens avec les cadeaux: le ballon de foot, le billet pour le match du PSG et le t-shirt du PSG! Moi, je viens avec le gâteau.
> Amir

3 Production écrite

✏ Vous êtes en France et vous cherchez votre portable. Vous faites une déclaration de perte[1] à la police. Notez les informations dans votre cahier.

Service-Public.fr 🇫🇷

Nom: _____

Prénom: _____

Âge: _____

Nationalité: ____

Déclaration de perte de portable

Adresse postale: _____

E-mail: _____

Numéro de téléphone: _____

Marque / type de portable: _____

[1] **la perte** – der Verlust

4 Production orale

👥 Ihr könnt den Dialog zu zweit vorbereiten und einüben. Anschließend könnt ihr den Dialog aufnehmen und von eurem Lehrer / eurer Lehrerin bewerten lassen. (1 Minute)

1. Tu t'appelles comment?
2. Tu habites où?
3. Tu as des frères et sœurs?
4. Tu aimes le foot?
5. Tu aimes le hip-hop?
6. Tu es sur Facebook?

3 L'anniversaire de Jules

TÂCHE

Am Ende dieser Unité bereitet ihr ein französisches Fest vor.

Dafür lernt ihr in den Ateliers Folgendes:

A Über ein Fest sprechen
- Wortschatz zum Thema Familie,
- Possessivbegleiter *(mon, ton, son)*,
- das Datum (Zahlen und Monatsnamen).

B Über Geschenke sprechen
- das Verb *avoir* (haben),
- Wortschatz zu Geschenken,
- Possessivbegleiter *(notre, votre, leur)*.

In **Sur place** lernt ihr französische Bräuche bei Festen kennen.

Le dix novembre, c'est la fête chez les Leroy : Jules a douze ans.

Joyeux anniversaire, Jules! ♪ ♪

une chanson

des bougies

des cadeaux

un gâteau

🇫🇷 Vis-à-vis

In Frankreich werden Geburtstage häufig dann gefeiert, wenn die meisten Zeit haben, also z. B. an einem Sonntag (dimanche).

Wie ist das bei euch?

Atelier A

VOCABULAIRE 169
GRAMMAIRE G 8
CdA 46, 1

1 Approche: La famille Leroy

Aujourd'hui, c'est dimanche, et c'est mon anniversaire! La fête est chez mes grands-parents Leroy. Ils habitent à Fontainebleau. Voilà ma famille: il y a ma mère, Anita, mon père Olivier et ma belle-mère. Elle s'appelle Sophie. Et il y a nous, les enfants: mes sœurs Zoé et Alice, et moi, bien sûr.

les grands-parents
le grand-père
la grand-mère

les parents
la belle-mère / le beau-père
le père
la mère

les enfants
la fille
le fils
la sœur
le frère

a Faites des devinettes. *Erfindet Rätsel.*

Exemple: C'est le frère de Zoé. C'est qui? – C'est …
Ce sont les grands-parents de Jules. C'est qui? – Ce sont …

PRONONCIATION
A63 🔊

b Écoutez et répétez. Qu'est-ce que vous remarquez? *Hört zu und wiederholt. Was bemerkt ihr?*

| douze‿ans | ils‿habitent | les‿enfants | joyeux‿anniversaire | mon‿anniversaire |

GRAMMAIRE
G 8
CdA 46, 2

2 Mes copains, ce sont …

Parlez de vos amis, de votre famille et de votre collège.
Sprecht über eure Freunde, eure Familie und eure Schule.

Exemple:
– Mes copains, ce sont Florian et Amir.
– Moi, mes copains, ce sont Felix et Tim.

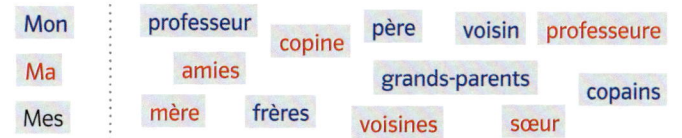
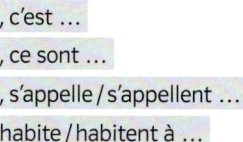

3 Jour de fête

À la gare, les Leroy cherchent le train pour Fontainebleau.
Bip! Sur le portable de Jules, il y a un message de Tom.

Salut Jules! Ton anniv, c'est quand? Aujourd'hui, non?

C'est ça!

La chance! Joyeux anniversaire, alors! 🎉

Merci! 😘

Tu fêtes ton anniv avec ta famille?

Oui, chez mes grands-parents à Fontainebleau.

C'est comment Fontainebleau?

Génial: il y a des rochers pour l'escalade!

T'es où?

À la Gare de Lyon avec ma famille et Lola!

Lola? Tu invites la copine de ta sœur à ton anniv en famille?

Ses parents travaillent!
Et son frère aussi, pour le collège.

… et avec Lola, c'est un cadeau … en plus 🙂

Ahaha! Allez, à plus! 😊

Le train est maintenant à Fontainebleau. Un peu plus tard, les Leroy et Lola arrivent à la maison des grands-parents.

Bonjour les enfants!

Jules: Bonjour papi et mamie! Allez, une photo! … Quoi? Oh non!!!
Jules cherche son portable.
Alice: Tiens Jules, regarde …
Jules: Non, plus tard, Alice! Où est mon portable? Dans la rue? Ou dans le train? C'est l'horreur!
Alice: Mais Jules … Jules, viens!

Atelier A 3

LIRE
CdA 47, 4

4 Comprendre le texte

a Cherchez le bon résumé. *Sucht die richtige Zusammenfassung.*

A
C'est l'anniversaire de Jules. Il est dans le train à Fontainebleau avec Tom et ses grands-parents.

B
Jules est à Paris avec ses grands-parents de Fontainebleau et Lola. Son cadeau est un portable.

C
On fête l'anniversaire de Jules dans la maison de ses grands-parents. Il y a aussi une amie, Lola.

b Corrigez les phrases. *Korrigiert die Sätze.*

1. À la gare, les Leroy cherchent le métro.
2. Sur le portable de Jules, il y a un cadeau de Tom.
3. Jules déteste les rochers de Fontainebleau.
4. Jules invite sa copine à son anniversaire.
5. Les parents de Lola sont à la maison.
6. Jules cherche sa sœur.

c Was fällt euch an der Sprache der Kurzmitteilungen im Text auf? Wie würde man schreiben, wenn man sich nicht so gut kennt?

GRAMMAIRE
G 8

5 La famille et les amis

Jules montre des photos à son correspondant Jan. Continuez le dialogue.
Jules zeigt seinem Austauschpartner Jan Fotos. Führt den Dialog weiter.

GRAMMAIRE
c'est   mon / ma
        ton / ta
ce sont   mes
        tes

Exemple: Jan: C'est ta belle-mère?
           Jules: Non, c'est …

la belle-mère?   **les** copines?   les parents?   **la** voisine?   **le** professeur?   **la** sœur?

GRAMMAIRE
G 8
En plus, 133, 1
CdA 47, 3
49, 6

6 Oh non! Jules cherche son portable.

a Qu'est-ce qu'ils cherchent? Faites des phrases à tour de rôle.
Was suchen sie? Bildet abwechselnd Sätze.

GRAMMAIRE
son / sa
ses

Exemple: Jules cherche son portable.

1. Jules – le portable
2. Zoé – la sœur
3. Sophie – les cadeaux
4. Olivier – les enfants
5. Alice – le frère
6. Lola – l'amie
7. Alice – l'affiche
8. Olivier – la fille
9. Jules – les photos

PARLER

b *Ihr habt etwas verloren. Seht das Beispiel an und spielt die Szenen. Ihr könnt die Wörter aus Teil **a** verwenden.*

Exemple:
– Oh non! Mon portable!
– Mais regarde, il est dans ton sac!

3 Ziel: Über die Familie und den Geburtstag sprechen

VOCABULAIRE 171
En plus, 133, 2
CdA 50, 8

7 Les nombres: ..., huit, neuf CLAP!, onze, douze, ...

Faites trois groupes. Comptez de 1 à 39. Remplacez 10, 17, 24, 33 par Clap!
Bildet drei Gruppen. Zählt von 1 bis 39. Ersetzt 10, 17, 24, 33 durch Clap!

ÉCOUTER PARLER
A65

8 Voilà Anita.

Jules parle de sa mère à Jan, son correspondant.

a Écoutez Jules. Notez les chiffres pour compléter les informations sur sa mère.
Hört Jules zu. Notiert die Zahlen, um die Informationen über seine Mutter zu vervollständigen.

b Mettez-vous à la place de Jules et faites le portrait d'Anita.
Übernehmt die Rolle von Jules und macht Anitas Porträt.

Ma mère s'appelle Anita. Elle ... Continuez.

Anita: ▆ ans
Anniversaire: ▆ février
Enfants: Jules, 12 ans, Alice, ▆ ans
Mari: Eric, ▆ ans
Adresse: ▆, rue Charrel, Grenoble

VOCABULAIRE 172
A66
CdA 49, 7

9 Les mois de l'année

a Lisez les anniversaires. Écoutez puis dites qui parle. Dites quel est le jour de son anniversaire.
Lest die Geburtstage. Hört zu und sagt dann, wer spricht. Sagt, an welchem Tag die Person Geburtstag hat.

Exemple: 1. C'est Zoé. Son anniversaire, c'est le dix-sept septembre.

Max 14 juin [ʒɥɛ̃]	**Sophie** 22 décembre	**Tom** 23 août [ut]
Lola 1er mai	**Anita** 24 février [fevʁije]	**Zoé** 17 septembre
Olivier 31 janvier [ʒɑ̃vje]	**Alice** 14 juillet [ʒɥijɛ]	**Eric** 6 octobre
Jules 10 novembre	**Caroline** 1er avril	**Safia** 12 mars [maʁs]

b *Sprecht die Monatsnamen im Chor. Jede / Jeder steht bei dem Monat auf, in dem er oder sie Geburtstag hat.*

PRÊTS POUR LA TÂCHE

PARLER
V14

10 Le calendrier des anniversaires

Geht im Klassenraum umher und fragt euch gegenseitig nach eurem Geburtstag. Macht Notizen. Erstellt anschließend einen Geburtstagskalender.

ON DIT

Nach dem Alter fragen
- Tu as quel âge?
- J'ai 12 ans.
- Ton anniversaire, c'est quand?
- Mon anniversaire, c'est le premier mai.

LE COIN MÉDIAS

MK
CdA 51, 10

Digital oder analog?
Ihr könnt euren Geburtstagskalender auf Papier oder elektronisch gestalten. Überlegt euch, was ihr dafür braucht und welche Vorteile und Nachteile es gibt.

TIPP
Im Video könnt ihr ein Beispiel für das Gespräch sehen.

✓ **Ich kann ...** über die Familie und den Geburtstag sprechen.

Atelier B

GRAMMAIRE
A67 🔊

1 Approche: Allô?

Dans le sac d'Alice: «Rhhhô, bonjour, c'est Arthur! Rhhhô.»
Jules: Mais … mais, c'est mon portable!?
Alice: Eh oui! Dans le train, on trouve parfois des choses!
Jules: Tu es une super sœur!

5 **Jules:** Allô?!
Anita: Allô, bonjour Jules!
Jules: Oh, maman, c'est toi! Bonjour!
Anita: Joyeux anniversaire, mon fils!
Jules: Merci! Maman, on fête mon anniv chez papi et mamie!
10 **Anita:** C'est super. Ils ont une maison très sympa. Tu as déjà tes cadeaux?
Jules: Non. Ah, maman, nous avons une copine avec nous. C'est Lola, elle a douze ans.
Anita: Vous avez une invitée? Super! Et, moi, j'ai une surprise pour toi.
Jules: C'est quoi?
Anita: Ah, ah! Ma surprise arrive bientôt! Et moi aussi, bien sûr! Mais aujourd'hui, je travaille …
15 Alors bisous, Jules. Maintenant, je voudrais parler avec ta mamie, s'il te plaît.

a Répondez aux questions. *Beantwortet die Fragen.*

1. Qu'est-ce qu'il y a dans le sac d'Alice?
2. Qu'est-ce que la mère de Jules a pour son fils?

b Cherchez les formes du verbe **avoir**. Notez-les avec les pronoms personnels dans votre cahier.
*Sucht die Formen des Verbs **avoir**. Notiert sie mit den Personalpronomen in eure Hefte.*

GRAMMAIRE
G 9
A68 🔊
○ 133, 3
CdA 52, 11

2 Un cadeau pour Jules

La mère de Jules parle avec mamie Caroline.
Écoutez le dialogue. Retrouvez les phrases. Écrivez-les puis jouez le dialogue.
Hört den Dialog an. Findet die Sätze. Schreibt sie auf und spielt dann den Dialog nach.

1. Ton fils — quelque chose pour l'escalade.
2. Qu'est-ce que vous — douze ans aujourd'hui.
3. Nous — des idées super, toi!
4. Tu — une famille cool, non?
5. Moi aussi, j' — **avoir** — des grands-parents super. Merci!
6. Et bien sûr, les autres — des cadeaux aussi.
7. Jules et ses sœurs — comme cadeau?
8. On — quelque chose pour l'escalade!

3 Super, c'est la fête!

TIPP Jules Geburtstag könnt ihr auch als Video erleben.

1. Papi arrive avec le gâteau. Sur le gâteau, il y a des bougies. La famille chante «Joyeux anniversaire!» Puis Jules compte les bougies. Un, deux, trois … douze bougies! C'est bien ça!
Alice: … Et voilà nos cadeaux!
Jules a un t-shirt, un jeu vidéo, un sac, et de Zoé, une casquette. Maintenant, il regarde le cadeau de ses grands-parents. Qu'est-ce que c'est, leur cadeau?

3. Plus tard, on mange le gâteau.
Jules: Papi, il est super, le gâteau, hein, Alice? Mais Alice, tu es où?
Dans la maison, les enfants trouvent ses affaires. Mais elle, elle est où?
Lola: Elle joue peut-être?
Jules: Mais où?

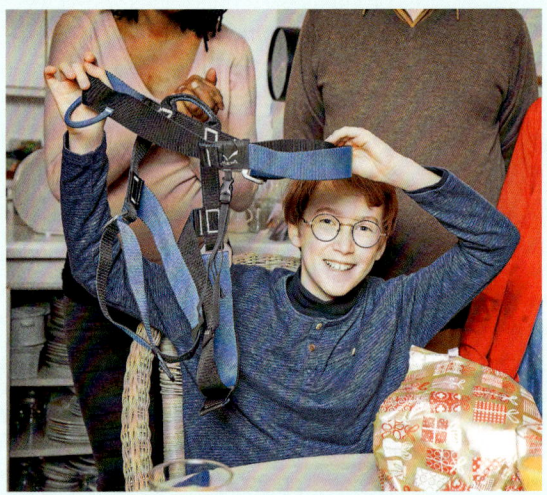

2. Jules: Oh, un baudrier avec une corde! Votre cadeau est trop cool, Merci! Vous avez des idées super!!
Mamie: Non, ça, c'est une idée de tes sœurs!
Jules embrasse ses sœurs, ses grands-parents, ses parents et Lola. Il adore leurs cadeaux.
Jules: Merci pour vos cadeaux!

4. Les enfants ont une idée.
Ils cherchent dans le jardin avec les grands-parents. Ils cherchent, cherchent encore …
Zoé: Mais … Alice! Qu'est-ce que tu fais, dans l'arbre? Qu'est-ce que tu as?
Alice: J'ai peur! Je voudrais mon ballon. Regarde, il est dans l'arbre aussi.
Jules: Je suis là, Alice. Viens avec moi!

5. Ouf, Alice est là, maintenant!
Alice: Et mon ballon?
Jules: Bon, je monte dans l'arbre.
Alice: Merci, Jules. Mais … et ton baudrier?
Jules: Mais non, ça va comme ça. Le baudrier, c'est pour les rochers!

Maintenant, Jules arrive avec le ballon d'Alice.
Alice embrasse Jules.

Alice: Tu es un super frère!

6. Mamie: Jules, il y a encore le cadeau de ta maman!
Jules: Oh oui! Qu'est-ce que c'est, son cadeau??
Mamie: Devine. Qu'est-ce qu'il y a, ici, à Fontainebleau?
Jules: Euh … des … des rochers!
Mamie: Et alors, tu as une idée?

LIRE

4 Comprendre le texte

a Que fait Jules? Mettez ses activités dans le bon ordre.
Was macht Jules? Bringt seine Aktivitäten in die richtige Reihenfolge.

Jules …   … monte dans l'arbre.   … compte ses bougies.   … mange le gâteau.

… regarde ses cadeaux.   … cherche sa sœur.   … embrasse sa famille.

b Racontez. Faites des phrases autour des mots-clés suivants.
Erzähl. Bildet Sätze, die zu den folgenden Stichwörtern passen.

Exemple: 1. Papi arrive avec le gâteau. Sur le gâteau, il y a douze bougies. On …

1. le gâteau de papi
2. les cadeaux d'anniversaire
3. le ballon d'Alice
4. le super frère
5. la surprise de maman

c Choisissez l'une des trois scènes et jouez-la.
Wählt eine der drei Szenen aus und spielt sie.

1. On arrive chez mamie et papi.
2. Voilà tes cadeaux, Jules.
3. On cherche Alice.

3   Ziel: Über den Geburtstag und über Geschenke sprechen

5 Jules, sa famille et leurs cadeaux

GRAMMAIRE G 8
En plus, 134, 5
CdA 53, 13

🖉 Voilà des images de l'anniversaire de Jules. Décrivez-les.
Hier sind Bilder von Jules Geburtstag. Beschreibt sie.

GRAMMAIRE

son / sa / ses

a   **Exemple: 1.** Jules compte **ses** bougies. **2.** Il …

1. compter – bougies   **2.** manger – gâteau   **3.** aimer – casquette   **4.** regarder – jeu vidéo   **5.** adorer – cadeaux

b   🖉 **Exemple: 1.** Les grands-parents invitent **leur** famille. **2.** Les invités …

GRAMMAIRE

leur / leurs

6. grands-parents – inviter – famille   **7.** invités – arriver – avec – cadeaux   **8.** ils – chanter – chanson   **9.** parents – embrasser – fils   **10.** enfants – adorer grands-parents

6 Notre fête

GRAMMAIRE G 8

👥 Vous préparez une fête pour un ami / une amie. Parlez des invités et des cadeaux.
Ihr bereitet ein Fest für einen Freund / eine Freundin vor. Sprecht über die Gäste und die Geschenke.

GRAMMAIRE

notre / nos
votre / vos

Exemple: C'est quoi, votre surprise? – Notre surprise, c'est une chanson.

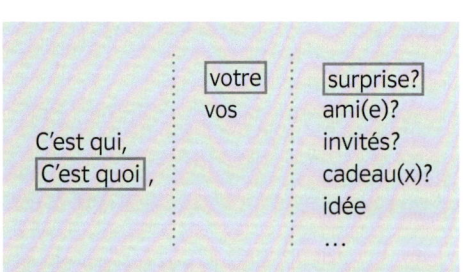 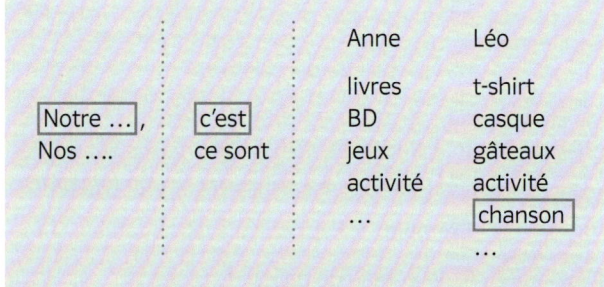

7 Un cadeau à Fontainebleau

MÉDIATION
CdA 55, 17

Voilà le cadeau d'Anita. C'est une carte.
Lisez-la et dites en allemand ce que Jules peut faire avec le cadeau d'Anita.
Das ist Anitas Geschenk. Es ist eine Karte. Lest sie und sagt dann auf Deutsch, was Jules mit Anitas Geschenk machen kann.

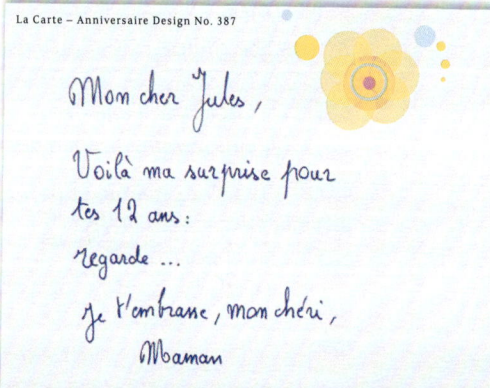

Atelier B 3

À la découverte de Fontainebleau … et de ses rochers!

Fontainebleau est une ville située au sud-est de Paris. Son château royal est très célèbre: du 12e au 19e siècle, des rois habitent dans ce château. Mais on vient aussi ici pour faire des activités dans l'immense forêt de Fontainebleau …

La ville de Fontainebleau et son château

Bon pour 5 jours d'escalade!

Des activités? De l'escalade sur rocher, bien sûr! Avec ce bon, tu peux participer à un stage d'escalade de 5 jours (tous niveaux). Tu as ton équipement? Viens avec. Sinon: équipement sur place.

Pour réserver: +33 1 64 00 57 89 / escalade-fbleau@mail.fr

La forêt …

… et ses rochers

PRÊTS POUR LA TÂCHE

ÉCRIRE

○ 135, 6

8 Ma fête d'anniversaire

Ton correspondant français / ta correspondante française veut savoir comment tu fêtes ton anniversaire. Écris un e-mail (environ 6 ou 8 phrases).
Dein Chatpartner oder deine Chatpartnerin aus Frankreich möchte wissen, wie du deinen Geburtstag feierst. Schreibe eine E-Mail (ungefähr 6–8 Sätze).

LE COIN MÉDIAS

E-Mail, Messenger & Co

Welche Möglichkeiten nutzt ihr, um miteinander in Kontakt zu treten? Welche Unterschiede gibt es zwischen einer E-Mail und einer Kurznachricht?

MK

STRATÉGIE

Eine E-Mail schreiben

1. Überlege dir zunächst, was wichtig ist, z. B.
   - **wann** du Geburtstag hast,
   - **wo** oder bei **wem** du feierst,
   - **wen** du einlädst,
   - **welche** Geschenke du magst oder nicht magst,
   - **was** ihr macht, welche Musik ihr hört …

2. Versuche mit den Wörtern auszukommen, die du gelernt hast, z. B. **Datumsangaben**, **Orte**, **Familie und Freunde**, **Musik** usw.

3. Beachte beim Schreiben die Satzstellung:

Je	prépare	un gâteau.
S	V	O

Was gehört zu einer E-Mail? Denke an einen **Betreff** (worum geht es?), an eine passende **Begrüßung** zu Beginn deiner E-Mail und an den **Abschiedsgruß** am Ende.

✓ **Ich kann …** über den Geburtstag und über Geschenke sprechen.

Sur place

Les fêtes en France ... 🇫🇷 Vis-à-vis

1 a Regardez les photos. Répondez aux questions en allemand.
Schaut euch die Fotos an. Beantwortet die Fragen auf Deutsch.

b Lesquelles de ces fêtes est-ce qu'il y a chez vous? Comment est-ce que vous les fêtez?
Welche dieser Feste gibt es bei euch. Wie feiert ihr sie?

1 En janvier: **la Fête des rois**.
Qu'est-ce qu'il y a dans la galette?

2 Le 1ᵉʳ avril: **le «poisson d'avril»**.
Qu'est-ce qu'on fait? Pourquoi?

3 En mars ou avril: **Pâques**.
Que mangent les enfants?

4 Le 21 juin: **la Fête de la musique**.
On fête où et comment?

5 Le 14 Juillet: **la Fête nationale**.
Qu'est-ce qu'il y a, le 14 juillet?

6 À **Noël**, on mange la bûche de Noël.

Ein Fest vorbereiten **Sur place** 3

Découvertes Mag

ÉCOUTER
REGARDER
V17 ▶

2 Les fêtes en France

Avant le visionnage
Seht euch das Bild an. Warum trägt der Junge eine Krone, was denkt ihr?

Pendant le visionnage
Regardez la page 58. Puis regardez la scène et répondez en allemand.
Seht euch die Seite 58 an. Seht euch dann die Szene an und antwortet auf Deutsch.

1.
- Worum geht es?
- Wo sind die Personen?
- Was geschieht?
- Wie reagieren die Personen?

2.
- Gebt der Szene einen Titel.

Après le visionnage
1. Sagt, was ihr Neues über die französische Kultur erfahren habt.
2. Gibt es bei euch etwas Ähnliches um Neujahr herum?

TÂCHE

ÉCRIRE
CdA 57, 20

3 Une fête française

👥👥👥 Ihr bereitet ein französisches Fest mit französischer Musik und französischem Essen vor.

MK

LE COIN MÉDIAS

Französische Musik im Internet finden

Sucht auf französischen Internetseiten nach Liedern, die euch gefallen. Sucht auch nach Ideen für französische Spezialitäten.
- Wie geht ihr bei der Suche vor? Welche französischen Suchbegriffe gebt ihr ein (Seite 44)?
- Tauscht eure Erfahrungen aus. Welche interessanten Seiten und Lieder habt ihr gefunden?

1. Einigt euch auf Musik und Essen.

2. Gestaltet ein Plakat, um das Fest anzukündigen.
Schreibt darauf:
- das Datum und den Ort, an dem das Fest stattfindet,
- welche Musik es gibt,
- was es zu essen gibt,
- welche Spiele und Aktivitäten es gibt,
- wen ihr einladet.

Mon dico personnel
(Vokabular, S. 174)

Le buffet:

des crêpes (f.)

des quiches (f.)

des petits gâteaux …

Activités:

danser

des jeux

 Ich kann … ein französisches Fest vorbereiten.

3

Bilan

> • Überprüft, was ihr könnt.
> • Vergleicht eure Lösungen mit den Lösungen auf Seite 218.

1 Parler

Du kannst jetzt schon ...

1. ... deine Eltern vorstellen.	C'est ma ... et ...
2. ... deine Freundin / deinen Freund fragen, wann er / sie Geburtstag hat.	T..., c'est ...?
3. ... sagen, wann du Geburtstag hast.	M..., c'est le ...
4. ... sagen, das ihr eine Idee habt.	Nous ...
5. ... jemandem sagen, dass du eine Überraschung für ihn / sie hast.	J'... pour toi!
6. ... fragen, was das ist.	Qu'est ...?
7. ... zum Geburtstag gratulieren.	J...!

2 Écouter

Écoutez le texte. Choisissez la bonne réponse. *Hört den Text an. Wählt die richtige Antwort.*

1. Le 24 novembre, le père de Jules Leroy ...
   a invite les Bertucat.
   b est encore chez papi et mamie.
   c regarde un match à la maison.
   d prépare la fête de la BD.

2. Les Leroy sont chez Anita et Eric ...
   a le 1er décembre.
   b le 15 décembre.
   c le 22 décembre.
   d en janvier.

3. Le père de Jules, ...
   a cherche une idée pour un cadeau.
   b a une idée pour un cadeau.
   c a déjà un cadeau.
   d prépare des photos.

4. Dimanche 8 décembre, ...
   a les voisins invitent les Leroy.
   b les Leroy invitent les voisins.
   c les Leroy et les voisins invitent des amis.
   d des amis invitent les Leroy.

5. La fête au collège, c'est le ...
   a 5 décembre.
   b 13 décembre.
   c 15 décembre.
   d 22 décembre.

6. Pour l'anniversaire de Sophie, ...
   (2 bonnes réponses)
   a les enfants ont une idée.
   b les enfants cherchent un cadeau.
   c Olivier cherche un cadeau.
   d Olivier a deux idées pour les enfants.

3 Vocabulaire

Regardez le tableau de Zoé. Complétez les phrases avec les dates. Écrivez-les dans votre cahier.
Seht euch Zoés Pinnwand an. Vervollständigt die Sätze mit den Daten. Schreibt die Daten in eure Hefte.

Exemple: 1. le seize mars

1. La fête chez Baptiste, c'est ▓.
2. L'anniversaire de Stella, c'est ▓.
3. Le théâtre, c'est ▓.
4. Le match de ping-pong, c'est ▓.
5. L'anniversaire de Clara, c'est ▓.
6. Le tour à Fontainebleau, c'est ▓.

14/02 match de ping-pong

23/07 anniversaire de mamie Stella

01/04 théâtre

16/03 fête chez Baptiste

19/01 anniversaire de Clara

27/05 tour à Fontainebleau avec Jules, Tom et Lola

4 Grammaire et vocabulaire

Regardez la famille de Lola. Répondez aux questions. Écrivez les réponses dans votre cahier.
Seht euch Lolas Familie an. Beantwortet die Fragen. Schreibt die Antworten in eure Hefte.

Exemple: 1. C'est son frère.

1. Max, c'est qui pour Lola?
2. Lola, c'est qui pour Elsa et Damien?
3. Josie et Armand, c'est qui pour Lola et Max?
4. Josie et Armand, c'est qui pour Elsa?
5. Damien, c'est qui pour Daniel?
6. Damien, c'est qui pour Lola?
7. Elsa, c'est qui pour Max?

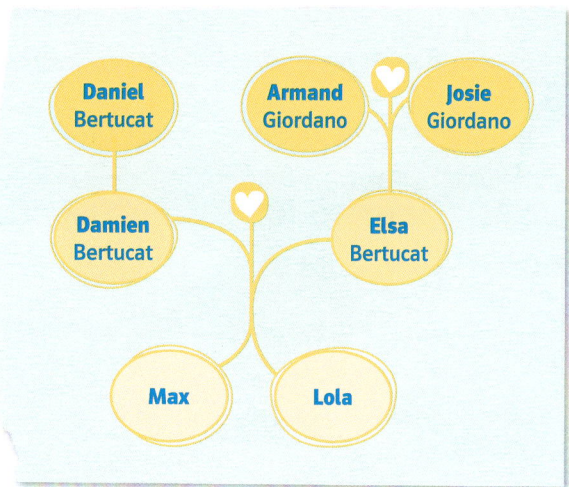

5 Lire et écrire

Dans un e-mail à votre correspondant / votre correspondante, vous racontez comment se déroulent les fêtes dans votre famille. Complétez le texte avec les mots donnés. Lisez bien: il y a un mot en trop!
In einer E-Mail an euren Austauschpartner / eure Austauschpartnerin erzählt ihr, wie Familienfeste bei euch ablaufen. Vervollständigt den Text mit den angegebenen Wörtern. Lest genau, es ist ein Wort zu viel angegeben.

An: valentino@orange.fr
CC:
Betreff: les fêtes chez nous

Cher Valentin,
Parfois, nous ▢ des invités. L'anniversaire de ma mère, c'est une super ▢. Mes parents ▢ leurs amis dans ▢ jardin. Bien sûr, il y a aussi ▢ enfants. Je trouve ça cool. Mon père ▢ un gâteau. Les invités arrivent, ils ▢ des cadeaux pour ma ▢. Les amis parlent ▢ leurs activités et regardent des ▢. Parfois, ▢ dansent. Plus tard, les autres enfants et moi ▢ dans ma chambre. Nous écoutons aussi ▢ chansons. J'adore ça! Et vous? C'est ▢, les fêtes chez vous?
Au revoir!
Paul

comment · des · ils · prépare · des · notre · fête · mère · photos · as · avons · invitent · ont · jouons · de

Grammaire

Erklärfilm
die Possessivbegleiter

V18 G **8 mon, ma, mes, …** Die Possessivbegleiter

ein Besitzer / eine Besitzerin	Nomen im Singular				Nomen im Plural	
	maskulin		feminin			
	mon		ma		mes	
	ton	cadeau	ta	maison	tes	cadeaux / maisons
	son		sa		ses	
	vor Vokal					
	mon					
	ton	idée / enfant				
	son					

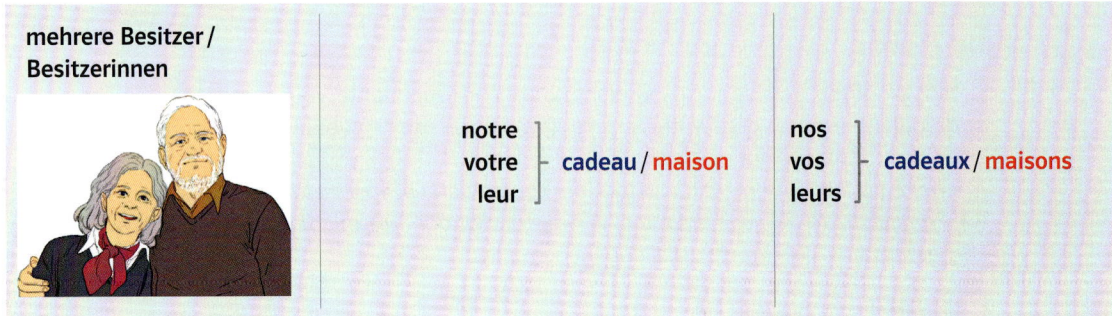

mehrere Besitzer / Besitzerinnen				
	notre		nos	
	votre	cadeau / maison	vos	cadeaux / maisons
	leur		leurs	

Im Singular musst du zwischen maskulin und feminin unterscheiden!
der Possessivbegleiter: **le déterminant possessif**

G **9 Tu as une idée?** Das Verb **avoir** (haben)

Nous **avons** une idée!

Je cherche un cadeau pour Jules.

Singular		Plural	
j'	ai	nous	avons
tu	as	vous	avez
il		ils	
elle	a		ont
on		elles	

Achte auf den Unterschied!
– Tu **as** quel âge? (Wie alt **bist** du?)
– J'**ai** 12 ans.   (Ich **bin** 12.)

Im Französischen „hat" man die Jahre!

4 Une journée de surprises

TÂCHE

Am Ende dieser Unité plant ihr ein Wochenende mit einem Freund / einer Freundin.

Dafür lernt ihr in den Ateliers Folgendes:

A Wie ihr euch verabredet
- Zeit- und Ortsangaben,
- das Verb *aller* (gehen),
- die Verneinung.

B Euren Tagesablauf beschreiben
- Wortschatz zu Aktivitäten,
- die Wochentage,
- das Verb *faire* (machen).

In **Sur place** lernt ihr verschiedene Aktivitäten im *Quartier des Batignolles* kennen.

🇫🇷 Vis-à-vis

In Frankreich sind alle Schulen Ganztagsschulen. Nur am Mittwochnachmittag haben die Kinder keinen Unterricht. Dann haben sie Zeit für ihre Hobbies und Aktivitäten, die häufig an der Schule stattfinden.

Wann habt ihr nachmittags frei und was unternehmt ihr dann?

4   Ziel: Sich mit jemandem verabreden

Atelier A

VOCABULAIRE
GRAMMAIRE
G 10
V19
D11
A78

1 APPROCHE Un mercredi matin avant les cours

a Lisez les phrases, puis écoutez les scènes. Faites attention aux bruits. Dites où les scènes se passent.
Lest die Sätze, hört dann die Szenen. Achtet auf die Geräusche. Sagt, wo sich die Szenen abspielen.

1. À la maison, Zoé prépare son sac.
2. Jules est encore au lit.
3. Tom est à l'arrêt de bus avec son livre d'allemand!

4. Lola est à la boulangerie. Mmm, elle adore les chouquettes[1]!
5. Le matin, elle retrouve toujours les autres au collège.

b À deux, posez des questions et répondez.

Exemple: Qui est à la maison? – Ce sont Jules et Zoé.
Qui est …? – …

c Au collège, au lit:
*Erkläre die Form **au**. Wofür steht sie?*

> **TIPP**
> Diese Szenen könnt ihr auch als Video erleben.

---
1 les chouquettes *(f. pl)* – süßes Gebäck

VOCABULAIRE
GRAMMAIRE
G 10
En plus
135, 1
CdA 65, 2

2 Tu es où, le matin?

Posez des questions et répondez.

Exemple: Le matin, tu es où? – Le matin, je suis au collège.
Et après les cours? – Après les cours, je … Et toi?
…

Quand?	Qui?		Où?	
le matin	je		au collège	
avant les cours	tu		au club de sport	chez mes amis / amies
après les cours	vous	être	au parc	chez mes grands-parents
l'après-midi	copain / copine		à la maison	chez …
le soir	…		à …	

64 soixante-quatre

Atelier A 4

VOCABULAIRE

A79

3 Le mercredi matin des copains

a Lisez le texte.

1. Il est huit heures. Les cours commencent.
2. Huit heures et quart: Tom a une interrogation écrite.
3. Neuf heures et demie: les élèves ont cours. Chut, on écoute le professeur!
4. Dix heures moins le quart: encore cinq minutes et c'est la récréation!
5. Onze heures vingt: les élèves travaillent au CDI. Lola a déjà faim!
6. Midi cinq: à la cantine, on mange bien!
7. À une heure moins dix, les copains quittent la cantine.
8. Les activités commencent à une heure et quart. Où est Jules? Il est aux toilettes.

b 1. Les cours commencent à quelle heure, le matin? 2. La récréation est à quelle heure?

CdA 66, 4

c Dites quelle heure il est.

Exemple: 1. Il est trois heures.

1.  2.  3.  4.  5.  6.  7.  8.

PARLER

4 Quelle heure est-il?

Choisissez des expressions et faites des dialogues.

- jouer
- avoir une interro
- manger
- travailler (pour le collège)
- être au collège

ON DIT

Nach der Uhrzeit fragen
- **Quelle heure est-il**, s'il te plaît?
- **Il est** maintenant …
- Tu manges **à quelle heure**, aujourd'hui?
- Je mange **à** une heure.
- Je mange **de** une heure **à** une heure et demie.

V20

TIPP
Im Video könnt ihr ein Beispiel für das Gespräch sehen.

soixante-cinq 65

5 On va aux Halles?

Vis-à-vis
Les Halles ist ein ehemaliges Pariser Marktviertel im Herzen von Paris. Heute gibt es dort ein riesiges unterirdisches Einkaufszentrum, Kinos, Cafés, Studios und sogar ein Schwimmbad.

1. Une heure vingt-cinq. Les copains sont dans la cour.
Tom: Aujourd'hui, on n'a pas foot.
Zoé: Et nous, on n'a pas théâtre. Les profs ne sont pas là. On rentre? On va au cinéma?
Jules: Moi, j'ai une autre idée! Il y a un évènement aux Halles avec des graffeurs et des musiciens. En plus, c'est gratuit!
Lola: Ça commence à quelle heure?
Jules: Je ne sais pas. Mais à trois heures et demie, il y a un concert de Bigflo et Oli.
Zoé: Qui est au lit? Le frère de Bigflo! Ah ah ah!
Lola: Ah oui, les deux frères, j'adore leur musique! Mais … vous allez au concert sans moi. Moi, je rentre.
Zoé: Mais pourquoi? Ce n'est pas sympa!
Lola: Ma mère n'aime pas trop ça. Elle a toujours peur.
Tom: Lola, ta mère a peur pour toi, c'est normal. En plus, elle est policière. Mais tu vas là-bas avec tes copains. On est quatre!
Zoé: Allez, Lola, viens!

2. Deux heures moins le quart: les quatre copains montent dans le métro et vont aux Halles.

Aux Halles, il y a des magasins, un cinéma et une piscine. Aujourd'hui, il y a aussi des graffeurs et des graffeuses et une scène pour le théâtre et pour les musiciens.
Zoé: Regarde, c'est génial! Les graffeurs ont des idées cool!
Lola: Oh oui, moi, je vais d'abord là-bas pour regarder les graffitis.
Tom: D'accord. On y va ensemble!
Jules et Zoé: On arrive!

3. À quatre heures moins le quart, le concert de Bigflo et Oli commence. Les copains dansent. Ils trouvent ça trop bien! Tout à coup, quelqu'un arrive sur la place et … c'est le choc pour Lola!
Lola: Oh non!
Zoé: Mais tu vas où, Lola?
Lola: Ma mère est là! Je ne reste pas ici!
Tom: Mais si! Tu …

Atelier A 4

LIRE
O 136, 2
En plus 136, 3
CdA 68, 7

6 Comprendre le texte

a Copiez le tableau dans votre cahier. Pour chaque paragraphe du texte, notez des mots-clés, puis résumez-le en une ou deux phrases.
Übertragt die Tabelle in eure Hefte. Schreibt für jeden Textabschnitt Stichwörter auf und fasst ihn dann in ein bis zwei Sätzen zusammen.

	À quelle heure?	Qui?	Quoi?
1	À …	les copains, …	parler, avoir une idée, …
2	…	…	
3			

b À votre avis, que répond Tom à la fin du texte? Écrivez une phrase.
Was antwortet Tom eurer Meinung nach am Ende des Textes? Schreibt einen Satz.

MÉDIATION
MK
O 137, 4
CdA 69, 8

7 YouTube et moi

💬 **Jérôme**, 12 ans

J'aime bien regarder les clips de Bigflo et Oli sur YouTube, par exemple «Rentrez chez vous.». Mais je regarde aussi des clips d'autres chanteurs, des vidéos d'humour ou d'information, des tutoriels, etc. … Quand elles sont bien, je partage les vidéos avec mes copains ou je poste un commentaire avec le compte de mon frère. Je n'ai pas de compte parce que je n'ai pas encore 13 ans, alors je ne poste pas de vidéo. Youtube, c'est génial, mais pas toujours: il y a aussi de la violence ou des commentaires idiots. Les clips sont gratuits, cool, mais la publicité, c'est nul!

Bigflo & Oli

a Lisez le post de Jérôme, puis donnez les mots en français pour:
posten – Kommentar – Werbung – teilen – Tutorials – Account – Gewalt – Sänger – Humor

b *Euer Freund, der kein Französisch kann, möchte wissen, wie Jérôme YouTube nutzt und was er daran schlecht findet. Erklärt es ihm.*

c *Warum gibt es so viel Werbung auf YouTube? Wie findet ihr das?*

GRAMMAIRE
G 11
En plus 137, 5

8 On va où?

a Complétez les phrases par une forme du verbe **aller**.

Exemple: 1. **Nous allons** au CDI, après la récréation?

1. – Nous ▬ au CDI, après la récréation?
2. – D'accord. Vous ▬ à la cantine, à midi?
3. – Oui. On ▬ à la cantine ensemble?
4. À midi, les amis ▬ à la cantine.
5. – Hé, Zoé! Tu ▬ où?
6. – Je ▬ d'abord aux toilettes.
7. – Nous ▬ aux Halles, après la cantine?
8. – Oh oui, on ▬ au concert de Bigflo et Oli!
9. Après le concert, Jules et Zoé ▬ chez Tom.

soixante-sept 67

PARLER

b Vous allez où? Préparez des questions, puis faites des dialogues. Parlez de vous, de votre famille et de vos amis.

Exemple: – Tu vas où, maintenant?
– Je vais au club de foot et après je …
– Et tes copines?
– Elles …

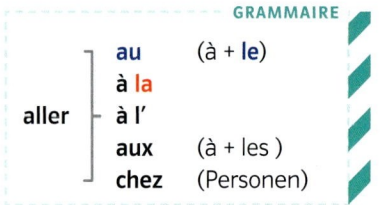

GRAMMAIRE

aller
- au (à + le)
- à la
- à l'
- aux (à + les)
- chez (Personen)

Pour les réponses:

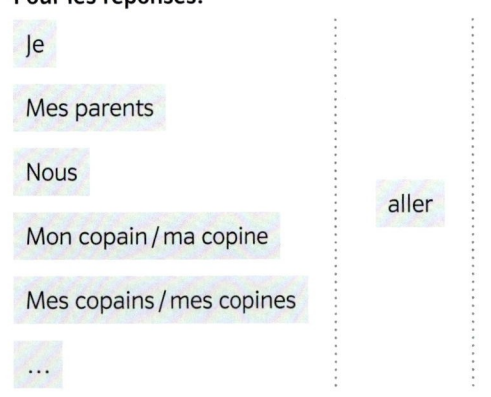

Je

Mes parents

Nous

Mon copain / ma copine

Mes copains / mes copines

…

aller

à
chez

un copain / une copine   la maison

le club de …   la boulangerie   le parc

les toilettes   le cinéma

magasin   la fête de …   l'arrêt de bus (m.)

un voisin / une voisine   …

GRAMMAIRE
G 12
En plus 138, 6
CdA 67, 5

9 Non, je ne danse pas.

a Mettez-vous en double-cercle. À tour de rôle, posez des questions et répondez par la négation. Utilisez les verbes donnés.

Exemple: – Tu danses ?
– Non, je **ne** danse **pas** maintenant!

travailler   rentrer   écouter

avoir cours   jouer   danser

commencer   rester

entrer   manger

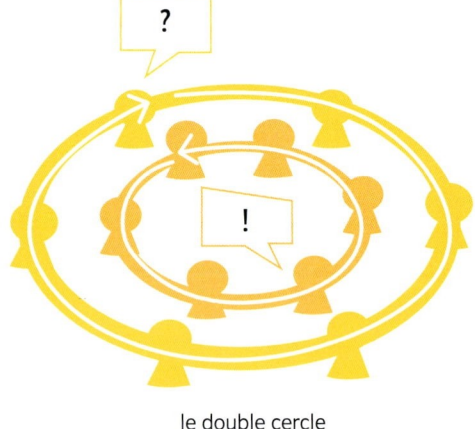

le double cercle

Stampft bei **ne** und **pas** mit den Füßen auf!

PARLER

b À deux, parlez de ce que vous aimez. Posez des questions et répondez par **non** ou **si**.

Exemple: – Tu n'aimes pas la danse ?
– **Non**, je n'aime pas la danse. /
Si j'aime bien la danse.

le cinéma   le graffiti   la natation

YouTube   la cantine   la danse

les évènements gratuits   les surprises

les interrogations écrites

c Welche Unterschiede fallen euch bei der Verneinung im Deutschen und Französischen auf?

Atelier A 4

ÉCOUTER

10 Rendez-vous à quelle heure?

A83
CdA 68, 6

a **Avant l'écoute:** Regardez le titre et la photo, puis répondez.
1. Qui parle avec qui?
2. Ils parlent de quoi?

b Écoutez le texte une première fois. Vrai ou faux?
1. Mercredi, Eva va au cinéma.
2. Mercredi, Jérôme va chez ses grands-parents.
3. Eva et Jérôme vont à un concert ensemble.
4. Ils vont aux Halles ensemble.

c Écoutez le texte une deuxième fois puis répondez:
1. Ils ont rendez-vous où?
2. Ils ont rendez-vous à quelle heure?

PRÊTS POUR LA TÂCHE

PARLER
○ 138, 7

11 Tu es libre, mercredi?

Ihr möchtet euch verabreden.
• *Sucht euch jeweils eine Rollenkarte aus.*

A ☺
Tu aimes le cinéma et les concerts.

B ☺
Tu aimes les évènements avec des youtubeurs et le théâtre

C ☺
Tu aimes les matchs de foot et les évènements avec des jeux.

A ☹
Tu n'aimes pas trop les évènements avec des youtubeurs et des jeux.

B ☹
Tu n'aimes pas trop le cinéma et les matchs de foot.

C ☹
Tu n'aimes pas trop le théâtre et le cinéma.

ON DIT

Sich verabreden
– Tu es libre, à … heures?
– On va à …?
– Rendez-vous à … heures?

☺
– Oui, bonne idée!
– D'accord!
– C'est génial / trop cool!
– C'est intéressant!
– Pourquoi pas?
– Peut-être.

☹
– Non, désolé / désolée.
– Je n'ai pas le temps.
– C'est nul!
– Ce n'est pas intéressant.
– Bof, je ne sais pas.
– J'ai une autre idée.

V21
• *Beginnt das Gespräch mit einer Frage und einem Vorschlag.*
• *Antwortet auf den Vorschlag.*
• *Reagiert auf die Antwort.*
• *Vereinbart, wann und wo ihr euch trefft.*

| cinéma | maison des jeunes | … | concert |

TIPP
Im Video könnt ihr ein Beispiel für das Gespräch sehen.

✓ **Ich kann …** mich mit jemandem verabreden.

Atelier B

1 Un mercredi pas comme les autres

1. La chance! La mère de Lola quitte enfin le concert pour parler avec un autre policier. Après le concert, les amis regardent encore les graffitis.
Zoé: Elles font des dessins super!
Tom: Regarde, elle, c'est Nova. J'adore ses graffitis. Pourquoi on ne fait pas ça dans la cour, au collège?
Jules: Super idée, mais on ne peut pas! C'est interdit! Bon, on va où?
Tom: Je fais des photos, une minute!

3. Jules: Le carnet de Nova?!
Lola: Qu'est-ce qu'on fait? Elle est où, Nova? Elle n'est pas là.
Tom: On regarde dans le carnet. Il y a peut-être une adresse ou un numéro de téléphone.
Zoé: J'adore son style. Nova fait aussi de la BD, c'est génial.

2. Tom: C'est pas mal, je trouve! Vous faites des trucs comme ça, au club de théâtre, les filles?
Zoé: Nous, on joue des scènes, mais on travaille sur le rythme aussi.
Jules: Quand je regarde ça, j'ai envie de faire du théâtre.
Lola: Oh, hé, regarde, Jules! C'est le carnet de Nova.

4. Lola: Eh, voilà Nova! Elle cherche son carnet. Vite!
Nova: Oh mon carnet! C'est trop bien, merci! Mais tout à coup:
Mme Bertucat: Lola! … Tes copains sont là aussi? Mais qu'est-ce que vous faites là? Vous n'êtes pas au collège?
Lola: Maman, je …, nous faisons …

Atelier B 4

LIRE
CdA 72, 13

2 Comprendre le texte

a Corrigez le résumé du texte.
Korrigiert die Zusammenfassung des Textes.

> Après le concert, les copains regardent les BD. Tom adore Nova et fait des dessins. Plus tard, les enfants regardent une scène de théâtre. Jules a envie de chanter. Puis, Lola trouve le portable de Nova. Les enfants cherchent une photo ou un numéro de téléphone. Maintenant, un policier arrive et cherche son carnet. Après, la mère de Lola arrive. Elle parle avec Nova.

ÉCRIRE

b Imaginez la réaction de Mme Bertucat à la fin et formulez-la en une phrase.
Denkt euch die Reaktion von Madame Bertucat am Ende aus und formuliert sie in einem Satz.

ÉCOUTER
A88

c Écoutez la fin de l'histoire. Vrai ou faux?

1. Mme Bertucat est aux Halles pour écouter le concert.
2. Tom parle avec Mme Bertucat.
3. Le concert est interdit aux enfants.
4. Lola et sa mère aiment la musique de Bigflo et Oli.

d *Erklärt auf Deutsch, was das Problem für Lolas Mutter ist und wie sich Lola in Zukunft verhalten soll.*

PRONONCIATION
A89

3 Le [ʀ]ap f[ʀ]ançais

Écoutez et répétez les phrases.

> Aujourd'hui, à trois heures trente, le rap français est au rendez-vous! Concert gratuit avec Bigflo et Oli!

GRAMMAIRE
G 13

4 Qu'est-ce que vous faites, là?

a Cherchez les formes du verbe **faire** dans le texte.

b Après l'évènement aux Halles, Jules et Zoé rentrent et regardent des photos avec leurs parents. Complétez leurs phrases par le verbe **faire**.

1. Qu'est-ce que tu ▇ là, Zoé?
2. Je danse. Et là, je ▇ un tour pour regarder les graffitis.
3. Regarde, Bigflo et Oli ▇ leur concert. Ils sont cool!
4. Là, Lola et moi, nous ▇ une photo de nous sur la scène. Et Tom ▇ un message pour ses parents.
5. Vous ▇ un tour avec nous aux Halles bientôt aussi?

soixante-et-onze 71

4 Ziel: Seinen Tagesablauf beschreiben

GRAMMAIRE
G 13, 14
En plus
139, 8

PARLER
VOCABULAIRE
179
CdA 71, 11

5 Un sondage[1]

a Regardez le tableau. Qu'est-ce qu'on peut faire au collège, le mercredi?

Exemple: On peut faire du foot.

GRAMMAIRE

faire | du (de + le)
     | de la
     | de l'

b Et vous? Qu'est-ce que vous faites comme activité?
Faites un sondage dans votre classe.

Exemple: – Qu'est-ce que tu fais comme activité?
– Je fais …
– Tu as envie de faire …?
– Oui. Pourquoi pas? / Non, pas trop.

c Présentez les résultats de votre sondage.
Stellt die Ergebnisse eurer Interviews vor.

Exemple: 4 élèves font du foot. 3 élèves font …
2 élèves ont envie de …

Activités au Collège

ACTIVITÉS	LIEUX	HORAIRES
BASKET-BALL	Grand Gymnase	12h10-13h
DANSE	Grand Gymnase	12h10-13h30
ESCALADE	Grand Gymnase Mur d'escalade	12h10-13h30
FOOTBALL	Terrain de Football	13h30-15h30
MUSCULATION	Gymnase 1, Hall 9	13h30-14h30
NATATION	Piscine de Balzac	13h30-14h15
PING-PONG	Salle de Tennis de table	12h10-13h
THÉÂTRE	Salle de Musique 302	13h30-15h30

MK

> **LE COIN MÉDIAS**
> **Digital oder analog?**
> Wie kann man Umfragen machen? Welche Apps kann man nutzen? Tauscht euch aus.

---
[1] **un sondage** – eine Umfrage

ÉCRIRE
Stratégies
153

6 Une histoire

a Inventez une histoire (au moins 5 phrases).
Erfindet eine Geschichte (mindestens 5 Sätze).

Exemple: Aujourd'hui, Lola écoute une chanson. Elle prépare …
Continuez.

> **TIPP**
> Denkt daran, das Verb zu konjugieren.

Quand?	Sujet	Verbe	Objet direct	Où?
Aujourd'hui, À 10 heures, Après, Puis Plus tard, Maintenant, Alors, Tout à coup, Enfin,	Jules, Lola, Mme XY … je, tu, **il** / **elle** / on nous, vous, **ils** / **elles** un garçon une policière la mère / le père de … les copains de … …	faire qc faire (de) avoir qc aller écouter qn / qc chercher qn / qc retrouver qn / qc préparer qc quitter qn / qc arriver …	un tour la musique un portable un concert une chanson un rendez-vous Lola, Max, … une amie de une interrogation écrite …	dans le quartier dans la rue à Paris à la maison à la fête à l'arrêt de bus au parc chez …

 b Vergleicht den Satzbau mit G 6 Seite 43.

Atelier B 4

VOCABULAIRE
CdA 73, 16
74, 17

7 La semaine de Jules

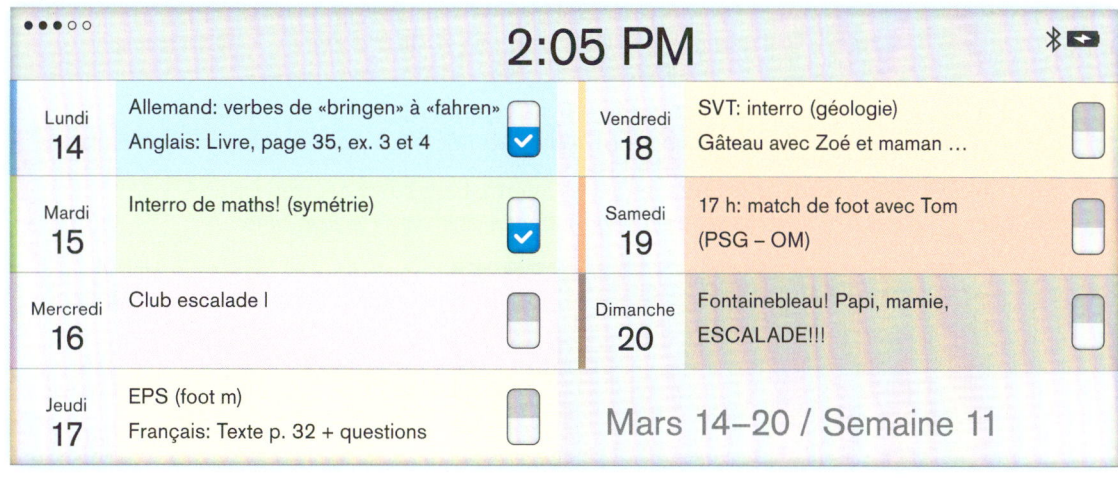

a Que fait Jules lundi? Et les autres jours?

Exemple: Lundi, Jules a (un cours d') allemand. Mardi, … Continuez à tour de rôle.

b *Notiert die Schulfächer, die Jules erwähnt, und nennt die Entsprechung in eurer Schule.*

PRONONCIATION

A90
CdA 73, 15

8 Rap

Le rap de la semaine

À la cantine lundi midi,
C'est spaghetti et ravioli.
Le mardi, en cours ici,
C'est les maths et la chimie.

Le mercredi: escalade, oh oui!
Pas mal, on aime l'après-midi.
Le jeudi, c'est CDI.
Le vendredi, on a cours aussi!

Samedi, on quitte Paris.
Dimanche, on est chez mamie.
Oh, c'est cool aujourd'hui!

a Écoutez et répétez le rap de la semaine de Jules.

TIPP
Tauscht im Lied Wörter aus!

ÉCRIRE

b Inventez votre propre rap de la semaine.
Erfindet euren eigenen Wochenrap.

PRÊTS POUR LA TÂCHE

Wie ihr Sätze bauen könnt, zeigt die Aufgabe 6 auf S. 72.

ÉCRIRE
○ 139, 9
Stratégies 153

9 Une journée de rêve / de cauchemar

Écrivez un texte d'environ 10 phrases sur une journée de rêve ou votre journée de cauchemar et présentez-le. Ces mots peuvent vous aider.
Schreibt einen Text von ungefähr 10 Sätzen über einen Traumtag bzw. Albtraumtag und stellt ihn vor. Diese Wörter können euch helfen.

| interrogation écrite | professeur | fête | cadeau | collège |
| message | tour | génial | c'est nul | surprise |

✓ **Ich kann …** meinen Tagesablauf beschreiben.

4 Freizeit im Quartier

Sur place

Les activités dans le quartier Vis-à-vis

1 a Regardez les photos et dites quelle activité vous pouvez faire à quel endroit.
Schaut euch die Fotos an und sagt, welche Aktivität ihr an welchem Ort machen könnt.

b Résumez en allemand toutes les autres informations sur chaque endroit.
Fasst auf Deutsch alle weiteren Informationen über die Orte zusammen.

1 Tu aimes la guitare? À **l'école de musique**, il y a parfois aussi des petits concerts.

2
JEUDI 17H00–19H00
VENDREDI 07H00–13H30
                17H00–19H00
SAMEDI 08H00–18H00
DIMANCHE ... 08H00–18H00

Tu as envie de faire de la natation? La **piscine Champerret** est dans le quartier!

3 Tu adores le basket? Alors, le **terrain de basket de la rue Duperré**, c'est obligatoire! Station de métro: Pigalle.

4 Le **Parc Clichy-Batignolles** est génial pour faire du roller et des pique-niques!

5 Des macarons au **MacaRong**? Oui, c'est cher, mais c'est trop bon! Mmmmh!

6 Les activités culturelles, c'est ton truc? Au **Centre La Jonquière**, tu trouves des ateliers de théâtre, des concerts et aussi des expositions!

Ein Wochenende planen — Sur place 4

Découvertes Mag

ÉCOUTER REGARDER

V22 j

CdA 75, 19

2 Dans le quartier

Avant le visionnage
- Regardez la photo. Vous aimez ce graffiti?
- *Sagt auf Deutsch, was dieses Bild vermutlich bedeuten soll.*
- Il y a des graffitis, chez vous? Où?

Pendant le visionnage
Vrai ou faux?
1. C'est mercredi, 3 heures et demie.
2. Le dessin, c'est un graffiti de Georges Pompidou.
3. La reporter fait un tour dans le quartier du Centre Pompidou et des Halles.
4. Là, il y a des concerts, des artistes, des touristes.
5. Le graffiti, c'est une tradition, à Paris.
6. La reporter fait du shopping au Centre Pompidou.
7. Les reporters visitent l'exposition de graffitis.

Après le visionnage
Imaginez. Vous avez envie de faire un graffiti. Qu'est-ce que vous avez envie de peindre[1]?
Racontez. Commencez comme ça: Sur mon graffiti, j'ai envie de peindre un / une / des …

---
1 **peindre** – [pɛ̃dr] malen

TÂCHE

PARLER

CdA 76, 20

3 Organiser un week-end avec un(e) ami(e)

Stellt euch vor, ihr wollt mit einem Freund / einer Freundin ein Wochenende in Paris verbringen.

1. *Notiert unabhängig voneinander mindestens drei Orte, die ihr unbedingt besuchen möchtet. Überlegt euch auch, warum und wann ihr dorthin gehen möchtet.*
2. *Plant dann euer Wochenende in einem Rollenspiel. Macht euch gegenseitig Vorschläge und reagiert auf die Vorschläge des anderen. Legt dann gemeinsam mindestens drei Orte fest, die ihr sehen wollt und einigt euch darauf, welchen Ort ihr wann besucht. Falls ihr euch nicht einigen könnt, sucht gemeinsam nach weiteren Ideen.*

Mon dico personnel

(Vokabular, S. 180)

- une maison des jeunes
- un terrain de foot / basket
- manger une glace
- regarder un film
- aller en ville
- faire du shopping

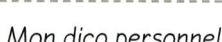 LE COIN MÉDIAS

Mit dem Video arbeiten

Alternative: Ihr könnt euch auch das Video anschauen und auf die Vorschläge reagieren, die ihr dort hört.

MK

V23

 Ich kann … ein Wochenende mit einem Freund / einer Freundin organisieren.

4

Bilan

- Überprüft, was ihr könnt.
- Vergleicht eure Lösungen mit den Lösungen auf Seite 218–219.

D12

1 Parler

Du kannst jetzt schon …

1. … fragen, wie viel Uhr es ist. — Quelle …?
2. … sagen, um wie viel Uhr dein Unterricht anfängt. — Mes cours ….
3. … sagen, dass du heute eine Klassenarbeit hast. — Aujourd'hui, j'…
4. … sagen, dass du zur Bäckerei gehst. — Je …
5. … jemanden fragen, ob er Lust hat, ins Kino zu gehen. — Tu as envie …?
6. … jemanden fragen, um wie viel Uhr ihr euch trefft. — Rendez-vous …?
7. … sagen, dass du leider keine Zeit hast. — Désolé / Désolée, je …
8. … sagen, dass du dienstags Sport machst. — Le …, je … sport.
9. … jemanden nach seiner Freizeitbeschäftigung fragen. — Qu'est-ce que tu …?

2 Vocabulaire

 Lisez le texte. Cherchez les mots qui manquent et notez-les.
Lest den Text. Sucht die fehlenden Wörter und schreibt sie auf.

Exemple: 1. le matin, …

1. Le ▮, les cours commencent ▮ à 8 heures.
2. Mercredi ▮, les professeurs ne sont pas là.
3. Les amis vont aux Halles ▮ leurs parents.
4. Aux Halles, il y a un ▮.
5. ▮ le concert, les amis regardent les graffitis.
6. ▮ la mère de Lola arrive.
7. Pour Lola, c'est le ▮.

après-midi	tout à coup
choc	avant
matin	sans
toujours	évènement

3 Grammaire

G 10, 11

a ▮ Mercredi, à midi et demie, Lola parle avec Tom dans la cour du collège.
Complétez le texte avec le verbe **aller**, les prépositions **à** ou **chez** et les articles.

1. **Lola:** Hé, Tom, tu ▮ où?
2. **Tom:** Je ▮ cantine. Et toi?
3. **Lola:** Zoé et moi, nous ▮ CDI.
4. **Tom:** Vous ▮ club théâtre, après?
5. **Lola:** Oui, et toi, tu ▮ Halles après le club de foot?
6. **Tom:** Non, je ▮ Jules pour travailler.
7. Tiens, ce sont Luc et Louis, ils ▮ arrêt de bus.
   Mais on a foot à 13h30!
8. **Lola:** Oui, Luc rentre. Il ▮ lit. Il ne va pas bien.
   Tom: Oh!

Bilan / Grammaire 4

G 13, 14

b Lou interviewe des élèves pour le blog du collège.
Complétez le texte avec le verbe **faire**, la préposition **de** et l'article.

1. **Lou:** Qu'est-ce que vous ▒ comme activités?
   Zoé: Nous ▒ théâtre.
2. **Lou:** Et vous, les autres?
   Tom: Mes copains ▒ foot et moi aussi!
3. **Lou:** Et toi, Jules, qu'est-ce que tu ▒?
   Jules: Je ▒ escalade. J'aime bien ça!
4. Et qui ▒ natation?
   Lola: Mon frère Max, mais il n'est pas là.

G 12

4 Grammaire

Lola téléphone à Max. Répondez et utilisez la négation.

Exemple:
1. Tu travailles? – Non, je **ne** travaille **pas**.

1. Salut Max, tu travailles?
2. Tu regardes le match?
3. Alors tu joues?
4. Tu es au lit?

5 Écrire

🖉 La grand-mère de Zoé veut savoir ce que Zoé fait cette semaine. Zoé lui écrit un message. Prenez le rôle de Zoé et écrivez le message.
Zoés Großmutter möchte wissen, was Zoé diese Woche macht. Zoé schreibt ihr eine Nachricht. Übernehmt Zoés Rolle und schreibt die Nachricht.

Commencez comme ça:

> Bonjour mamie,
> Voilà ma semaine: Lundi, j'ai anglais.
> Je prépare …

Grammaire

V24 ▶ G

10 Die Präposition *à* und der bestimmte Artikel

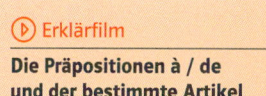
Erklärfilm
Die Präpositionen à / de und der bestimmte Artikel

Max est **au** club de sport?

Non, il est **à la** maison.

Lola est …

au collège.	à + le →	**au**
aux Halles.	à + les →	**aux**
à la cantine.	à + la →	**à la**
à l'arrêt de bus.	à + l' →	**à l'**

soixante-dix-sept 77

11 Das Verb aller (gehen)

Singular		Plural	
je	vais	nous	allons
tu	vas	vous	allez
il		ils	
elle	va	elles	vont
on			

12 ne … pas: Die Verneinung

Je **ne** sais **pas**.

Il **n'**est **pas** là.

die Verneinung: **la négation**

▶ Erklärfilm
Die Verneinung

13 Das Verb faire (machen)

Singular		Plural	
je	fais	nous	faisons
tu	fais	vous	faites
il		ils	
elle	fait	elles	font
on			

14 Die Präposition *de* und der bestimmte Artikel

Jules regarde les photos **des** activités:

Lola et Zoé font **du** théâtre et **de la** danse. Jules fait **de l'**escalade.

de + les	→	des
de + le	→	du
de + la	→	de la
de + l'	→	de l'

▶ Erklärfilm
Die Präpositionen à / de und der bestimmte Artikel

Plateau 2

Révisions

Die Lösungen findet ihr auf S. 219–220.

GRAMMAIRE G 8

1 On invite mon copain et sa sœur.

Tom sagt seinen Eltern, wen er zu seinem Geburtstagsfest einladen möchte und wen nicht. Schlüpft in seine Rolle. Was sagt er? Benutzt die Possessivbegleiter.

Commencez comme ça:
On invite **mon** copain Jules et
sa sœur Zoé avec **leur** sœur Alice …

Invités pour mon anniversaire
- Copain Jules et sœur Zoé + sœur Alice
- Copine Lola + frère Max
- Voisin Daniel et femme Françoise + fils Alix
- Copain Sylvain + copine
- Voisins Serge et Amélie + enfants

VOCABULAIRE

2 Les anniversaires

Mettez les anniversaires dans l'ordre.
Puis présentez-les.
Setzt die Geburtstage in die richtige Reihenfolge. Präsentiert sie anschließend.

Commencez comme ça:
Voilà Océane.
L'anniversaire d'Océane, c'est le 7 janvier.
Puis, le 26 février, il y a Gabriel,
le grand-père d'Océane.
Puis, le … il y a …, le …

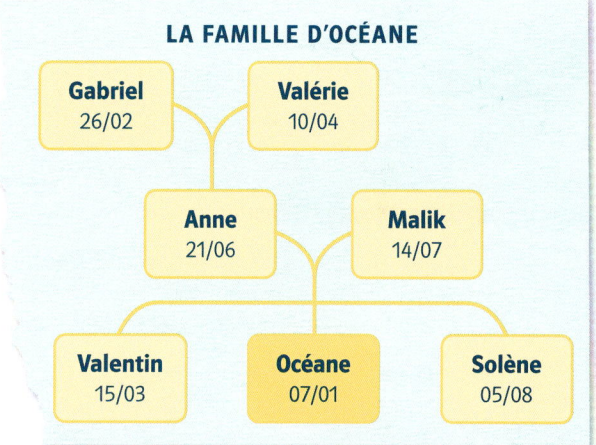

VOCABULAIRE

3 Qui cherche trouve.

a Cherchez les verbes qui vont avec les mots donnés.
Sucht die Wörter, die zu den vorgegebenen Wörtern passen.

1. ⎡ du théâtre / du sport / un tour / un gâteau ⎤
2. ⎡ faim / rendez-vous avec … / envie de … / 12 ans ⎤
3. ⎡ chez un ami / au collège / dans un parc / à la boulangerie ⎤
4. ⎡ sympa / gratuit / interdit / intéressant ⎤

ÉCRIRE

b ✎ Écrivez un petit texte sur votre journée. Utilisez au moins 6 expressions de **3 a**.
Schreibt einen kleinen Text über euren Tagesablauf. Verwendet mindestens 6 Ausdrücke aus 3 a.

Exemple: Aujourd'hui, j'ai rendez-vous avec mon voisin Louis. Il …

Plateau 2

GRAMMAIRE
G 10, 11
G 13, 14

4 Où est-ce qu'ils vont? Qu'est-ce qu'ils font?

Une copine de Lola parle des activités du week-end. Complétez le texte avec les mots qui conviennent.
Eine Freundin von Lola spricht von den Aktivitäten am Wochenende. Ergänzt den Text mit den passenden Wörtern.

1. Parfois, je ▓ (aller à / chez) piscine et je ▓ (faire de) natation ou alors je ▓ (aller à / chez) une copine et nous ▓ (faire de) jeux.
2. Avec mes copines, nous ▓ (aller à / chez) cinéma ou nous ▓ (faire) des tours dans le quartier.
3. Mes copines ▓ (aller aussi à / chez) club de danse et elles ▓ (faire de) danse hip-hop.
4. Mon frère ▓ (aller à / chez) parc et ▓ (faire de) escalade ou avec ses copains, ils ▓ (faire de) foot.
5. Puis ils ▓ (aller à / chez) un ami et ils ▓ (faire de) musique ensemble et des … gâteaux.

ÉCOUTER
A91

5 Un message de Manon

Kilian ist allein zu Hause. Manon, die französische Freundin seiner großen Schwester Merle, ruft an. Kilian macht sich Notizen und gibt seiner Schwester später auf Deutsch Bescheid.

Hört genau hin: Wer? Wo? Wann?
Macht Notizen. Notiert nur das Wichtigste.
Was kann Kilian seiner Schwester ausrichten?

Qui?
Où?
Quand?

MÉDIATION
PARLER

6 Rendez-vous quand?

Euer französischer Freund möchte mit euch etwas unternehmen und fragt, was ihr mittwochs macht. Ihr seht in euren Kalender und antwortet ihm:

- *Ihr sagt, was ihr mittwochs alles macht.*
- *Ihr sagt, wann ihr Zeit habt.*
- *Ihr schlagt ein Treffen vor. Nennt den Tag, den Ort (bei euch) und die Uhrzeit.*
- *Ihr fragt, ob er dann Zeit hat und einverstanden ist.*

le mercredi

faire du / de la / de l'

être libre

IMMER MITTWOCHS

13:00	Essen bei Opa und Oma
14:00 – 15:00	Musikunterricht (Schule)
16:30 – 17:30	Filmklub (Stadtteilkino)
19:15 – 20:15	Schwimmen (Schwimmbad)

80 quatre-vingts

Plateau 2

En route vers le DELF

ÉCOUTER

A92 🔊

1 Compréhension de l'oral

Lisez d'abord les questions. Écoutez, puis trouvez les bonnes réponses.

1. Les deux amis parlent de …
   a leurs professeurs.
   b leurs activités.
   c leurs amis.

2. Philippe prépare …
   a une escalade.
   b une pièce de théâtre.
   c un rap.

3. Tom prépare …
   a une escalade.
   b une pièce de théâtre.
   c un rap.

4. Les 2 projets s'appellent …
   a Escalope au collège.
   b Salade au collège.
   c Escalade au collège.

2 Compréhension des écrits

Lisez l'annonce et répondez aux questions.

1. Comment s'appelle le chanteur?
2. Il chante où et quand?
3. Comment s'appelle la tournée?
4. Un billet normal, c'est 35 euros?

— CONCERT —
BILAL HASSANI
TOURNÉE Je danse encore

PARIS (Olympia) 21 octobre
BESANÇON (Grand Kursaal) 9 novembre
LILLE (Le Splendide) 8 novembre.

Billet plein tarif: 45 euros + + Billet tarif réduit: 35 euros

3 Production écrite

✏ Votre correspondant français vient en Allemagne. Il veut aller à un match de foot avec toi. Quel match? Quels joueurs? Écris un mail. (20 mots environ).

An: guillaumeL@orange.fr
CC:
Betreff: match de foot

Cher _____,

4 Production orale

👥 Choisissez une carte et discutez avec votre partenaire. *(2 minutes)*
Du kannst den Dialog mit einem Mitschüler vorbereiten und einüben. Anschließend könnt ihr den Dialog aufnehmen und von eurem Lehrer/eurer Lehrerin bewerten lassen.

- Un match de foot
- Une pièce de théâtre
- Une chanson de Beyoncé
- Un jeu vidéo

Plaisir de lire

Le voisin

1. «Qu'est-ce que tu racontes?» dit le père de Robin.
«Tu regardes trop de séries!» dit sa mère.
Robin aime les séries. Souvent, tard le soir, il regarde ses séries préférées, même si son père et sa mère ne sont pas trop d'accord.

dit	sagt
trop de	zu viel(e)
souvent	oft
série préférée	Lieblingsserie
même si	selbst, wenn

5 **2.** Mardi soir, Robin, son frère Léon et sa sœur Cerise sont à la maison. Leurs parents, M. et Mme Floret, ne sont pas là. Robin va dans sa chambre avec sa tablette et son casque. Il regarde une série. Peu à peu, il oublie le collège, sa chambre, sa famille. L'histoire fait un peu peur, c'est super!
10 Il regarde un épisode, puis un autre et puis encore un. Maintenant stop. Il est déjà tard! Robin va au lit.
Mais tout à coup, il entend quelque chose. Il y a des cris. Des cris terribles! C'est chez leur nouveau voisin, M. Lévine!
Robin va retrouver Léon et Cerise. «Léon! Cerise! On va dans
15 ma chambre. Il y a un truc pas normal. Vite!»

peu à peu	nach und nach
un peu	ein wenig
il entend	er hört
un cri	ein Schrei
terrible	furchterregend
nouveau	neu

3. Maintenant, Léon et Cerise sont dans la chambre de Robin et écoutent aussi. On entend des cris terribles. Puis stop, c'est le silence! C'est leur voisin, M. Lévine. Léon a peur.
– Qu'est-ce qu'on fait? On appelle la police?
20 – Mais non. Le voisin regarde peut-être un film, comme Robin.
– Non, dit Robin, ce n'est pas un film. C'est M. Lévine!
Maintenant, c'est de nouveau le silence. Que faire?
Les enfants vont au lit.

4. Jeudi soir. Robin est dans son lit. Mais vers 21 heures, ça
25 recommence. C'est le cauchemar! Ce soir, M. et Mme Floret travaillent tard. Robin parle avec Léon et Cerise:

vers	gegen
ça recommence	es fängt wieder an

– Bon, je n'ai pas peur. Je vais chez le voisin. Vous, vous restez là!
– Comment? Tu vas chez le voisin?
– Oui! Il a peut-être … euh … du sucre pour faire un gâteau.
– Ah bon, tu fais un gâteau?
– Mais non, c'est pour aller regarder chez lui!

du sucre Zucker

5. Robin va chez le voisin. M. Lévine ouvre la porte. Il a un couteau et sur son t-shirt, il y a des taches rouges.
– Salut Robin! Mais … ça ne va pas?
– Euh … non … je … je … voudrais …
– Oui, quoi? Vite parce que je fais une sauce tomate pour mes spaghettis.
– Euh, non, non! Désolé! Merci, monsieur. Au revoir monsieur.
Robin rentre vite à la maison. Mais ce soir-là, chez les Floret, on prépare un plan. «Voici mon idée, dit Robin: demain, Cerise et moi, on va suivre M. Lévine. Et toi, Léon, tu restes ici. S'il y a un problème, on t'appelle, ok?»

ouvre la porte öffnet die Tür
un couteau ein Messer
des taches rouges rote Flecken

ce soir-là an jenem Abend
demain morgen
suivre folgen
S'il y a un problème, on t'appelle Wenn es ein Problem gibt, rufen wir dich an

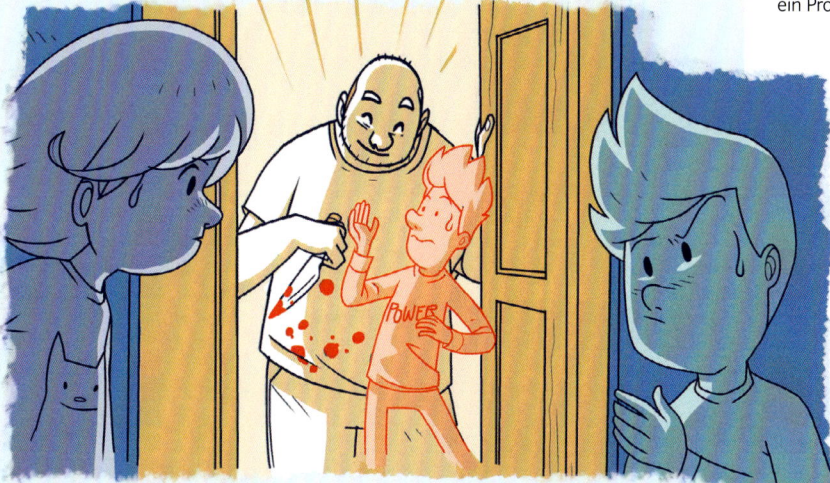

6. Le lendemain, Robin et Cerise sont dans la rue. Le voisin est devant, il a un gros sac. Ils marchent vingt minutes. Mais où est-ce qu'il va comme ça? Bientôt, ils arrivent devant une salle de sport. «Mais où il est?» dit Robin.
Tout à coup, quelqu'un parle.
– Mais c'est Robin et Cerise! Qu'est-ce que vous faites là?
– Bonjour M. Lévine. Nous, nous euh … faisons un tour dans le quartier! Euh, et vous?
– Je fais du karaté ici! Aujourd'hui, on a une compétition. C'est le stress! Je prépare ça depuis des semaines. Mais euh … vous entendez mes cris le soir, peut-être? Désolé!
– Des cris? Euh … non!

le lendemain am nächsten Tag
devant vor
une salle de sport eine Sporthalle

une compétition ein Wettkampf
depuis seit
vous entendez ihr hört

7. Dimanche matin, on sonne chez les Floret. C'est M. Lévine. «Bonjour et bienvenue monsieur!» dit Mme Floret.
«Bonjour», dit M. Lévine. «Euh, j'ai quelque chose pour vous. Des billets pour le Festival des arts martiaux à Bercy. C'est un cadeau.»
Il est trop cool, M. Lévine. Robin et sa famille ont de la chance d'avoir un voisin comme ça!

sonner klingeln

un billet eine Eintrittskarte
les arts martiaux die Kampfkünste
Bercy Quartier de Paris

5 Le spectacle va commencer!

ACTIVITÉS AU CHOIX

Am Ende dieser Unité wendet ihr eure Kenntnisse in Auswahlaufgaben *(activités au choix)* selbstständig an.

Dafür lernt ihr in den Ateliers Folgendes:

A Über ein Vorhaben sprechen und ein Interview führen
- das Futur composé *(aller faire qc)*,
- Fragen mit *est-ce que*.

B ein Einkaufsgespräch führen
- das Verb *prendre* (nehmen),
- Zahlen bis 100.

Vis-à-vis

Das Theater hat in Frankreich eine sehr lange Tradition. Es gibt dort unzählige kleine und große Theaterbühnen. Das bekannteste Theater in Paris ist die *Comédie Française*. An sehr vielen Schulen gibt es Theater-AGs.

Wie ist das bei euch?

Atelier A

GRAMMAIRE
G 15

A93

1 APPROCHE Qui va faire quoi?

Au club théâtre, les acteurs et actrices préparent le spectacle avec leur professeure, Mme Garnier. Ils discutent.

Zoé: Mon affiche, elle est bien, non?
5 **Mme Garnier:** Très bien! Et qui va faire le programme? Toi Florian?
Florian: Je ne vais pas faire le programme ce soir, je n'ai pas le temps.
Baptiste[1]**:** Alors, on va faire ça demain, d'accord Florian?
10 **Mme Garnier:** Bonne idée! Aujourd'hui, nous avons un spectateur avec nous. C'est Tom. Il est là pour le club radio.
Baptiste: Ils sont cool, au club radio. Vous allez parler de notre pièce, à la radio, alors?!
15 **Tom:** Oui, je vais faire bientôt une interview de vous.
Lola: Super! Et qui va filmer notre pièce?
Zoé: Peut-être Jules, il a une caméra!
Mme Garnier: Alors il va être aux répétitions pour préparer son film?
Zoé: Bien sûr. Je vais parler avec Jules ce soir!
20 **Mme Garnier:** Bon alors, on commence. Tom, tu vas regarder en silence et les autres vont jouer.

---
1 Baptiste [batist]

CdA 89, 2

Parlez du **futur**: qui **va** faire quoi?

Exemple: | Les élèves | vont | jouer une pièce |

Jules · Les élèves · Zoé · Tom · Baptiste et Florian · …

aller

filmer le spectacle · parler avec … · jouer une pièce · faire une interview · faire le programme · être aux répétitions · …

GRAMMAIRE
G 15
En plus
140, 1

2 Qu'est-ce que vous allez faire?

a Parlez du programme de vos activités.

Exemple: – Qu'est-ce que tu vas faire demain?
– Demain, je vais retrouver mon copain. Et toi?
– Moi, je …

Quand?
demain
ce soir
après le collège
samedi
…

Quoi?
faire du / de la …
aller au / à la / à l' …
retrouver …
rester à la maison
inviter …
…

b *Wie spricht man im Deutschen über Zukünftiges? Vergleicht mit dem Französischen.*

3 Au théâtre, l'heure, c'est l'heure!

1. Mercredi après-midi, Lola et Zoé arrivent à la librairie de Safia avec des affiches.
Safia: Bonjour les filles!
Lola: Bonjour Safia. On a une affiche pour vous! On va jouer une pièce de théâtre.
Safia: Oh, merci! Tiens, «Le garçon sans voix». C'est quoi l'histoire?
Lola: C'est l'histoire d'un garçon, Paul. Un jour, il arrive au collège et il ne parle plus. Où est sa voix? Ses copains vont chercher la réponse.
Safia: Et la réponse est …
Zoé: … dans le spectacle!
Lola: Désolée! Nous n'allons pas raconter la fin de l'histoire …
Safia: Vous avez raison. Mais c'est intéressant! Alors, je vais aller à votre spectacle. Je voudrais bien un billet d'entrée …
Lola: Pour vous, c'est gratuit!
Safia: Ah bon? Pourquoi?
Zoé: Parce que vous êtes une amie!

2. Vendredi, 17 heures, le club théâtre a encore une répétition avant le spectacle. Mais il y a un problème: Florian n'est pas là. Et Florian joue le rôle du garçon sans voix!
Mme Garnier: Au théâtre, le jour de la répétition, on arrive à l'heure. C'est comme ça. Est-ce que Florian va bientôt arriver?
Lola: Ben oui, il n'a pas cours le vendredi après-midi.
Baptiste: Mais pourquoi est-ce qu'il n'est pas encore là? Où est-ce qu'il est? Ce n'est pas normal.
Zoé: Oui, Florian arrive toujours à l'heure au club théâtre parce qu'il adore jouer son rôle! Il est peut-être malade?
Baptiste: Qu'est-ce qu'on va faire? C'est vraiment trop bizarre.
Lola: Est-ce que je fais un message à Florian?
Mme Garnier: Non, le portable est interdit au collège … Je vais appeler Florian!
Lola: Oui, parce que sans Florian, …
Zoé: … c'est foutu!

Vis-à-vis
Im Collège müssen die Mobiltelefone der Schüler während des Unterrichts ausgeschaltet sein. Wie ist das bei euch?

TIPP
Im Video könnt ihr eine weitere Geschichte in Safias Buchhandlung sehen.

Atelier A 5

LIRE

4 Comprendre le texte

a Trouvez le bon ordre des images.

1

2

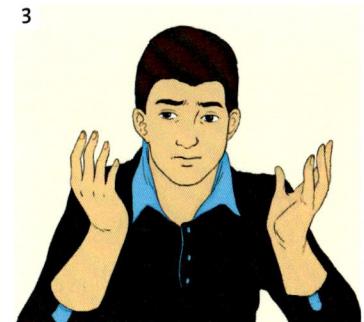
3

4

5

6

ÉCRIRE

b ✏ Pour chaque image, écrivez une ou deux phrases.

GRAMMAIRE

5 Un problème et 36 questions

a 👥 Les acteurs parlent de Florian. Trouvez les questions et les réponses qui vont ensemble.

1. **Est-ce que** Florian est malade?
2. **Est-ce qu'** il a tout à coup peur?
3. " il n'a plus envie de jouer?
4. " il a un autre rendez-vous?
5. " il a un problème avec ses parents?

a Si, il adore son rôle.
b Non, ils sont toujours cool.
c Oui, peut-être avec une fille?
d Oui, il est peut-être au lit.
e Non, pas Florian! Il n'a pas peur.

b 👥 Trouvez les questions et les réponses qui vont ensemble.

1. Comment **est-ce que** tu trouves ça?
2. Pourquoi **est-ce que** Florian n'appelle pas?
3. Quand **est-ce qu'**on va avoir une réponse?
4. Où **est-ce que** Florian habite?
5. Qu'**est-ce qu'**on va faire?

a Rue Pouchet, c'est dans le quartier.
b Ce soir, peut-être?
c C'est bizarre!
d On peut aller chez Florian.
e Parce que le portable est interdit!

PARLER

c 👥 Posez d'autres questions et imaginez des réponses.

1. Pourquoi …   Florian – ne pas arriver?
2. Où …   ses parents – travailler?
3. Quand …   ses parents – aller rentrer?
4. Est-ce que …   avoir le numéro de téléphone de …?
5. Comment …   aller préparer le spectacle?
6. Pourquoi …   avoir toujours des problèmes?

5 Ziel: Ein Interview durchführen

ÉCOUTER
A96

6 C'est la solution!

Mme Garnier appelle Florian. Écoutez puis corrigez les phrases.

1. Florian est dans le bus.
2. Il va bientôt à la répétition.
3. Il va très bien.
4. Demain, il va jouer.
5. Mme Garnier a une idée.
6. Tom va jouer le rôle de Florian.
7. Mme Garnier va parler avec les autres.
8. Florian va rentrer à la maison.

ÉCOUTER REGARDER
V28

7 L'interview des actrices

a Avant de regarder la vidéo, imaginez les questions de Tom.

b Regardez la vidéo et cherchez les bonnes informations.

1. D'abord, Zoé …
   a a envie de parler.
   b a peur de parler.
   c n'écoute pas.

2. Ils parlent …
   a du problème de Florian.
   b de leurs rôles.
   c de leur motivation.

3. Ils parlent aussi …
   a du programme du spectacle.
   b de l'affiche du spectacle.
   c de l'histoire de la pièce.

c Vrai ou faux?

1. Zoé aime bien être sur scène avec les autres.
2. Lola et Zoé adorent les stars du théâtre.
3. Elles ont envie de faire du théâtre, plus tard.

d Regardez encore une fois et retrouvez les questions de Tom.

PARLER
○ 141, 4
CdA 92, 7

[MK]

8 Une interview: mes activités et moi

Travaillez en groupes. Préparez l'interview d'un copain / d'une copine. Notez d'abord vos questions. Puis, deux élèves font l'interview. Les autres écoutent et prennent des notes. À la fin, ils présentent le copain / la copine interviewée.
Commencez comme ça:
Qu'est-ce que tu fais comme activités?

— **LE COIN MÉDIAS** —
Videos aufnehmen
Worauf müsst ihr achten, wenn ihr euer Interview verfilmt? Diskutiert.

Questions pour l'interview

Où …	faire du / de la / de l'	…
Est-ce que …	être dans le quartier	…
Quand / à quelle heure …	commencer	…
Pourquoi …	faire	aimer	…
Comment …	trouver	préparer
	aller faire	…
…	…

 **Ich kann …** ein Interview durchführen.

Atelier B

1 Sur scène

1. Le samedi arrive enfin. Déjà, les premiers spectateurs entrent dans la salle.
Derrière la scène, la professeure est avec ses élèves comme un capitaine[1] avec son équipe
de foot. Ils font des exercices contre le stress. Ça va? Les ados font oui de la tête.
Dans l'équipe, il y a aussi Jules maintenant. Il ne va pas filmer le spectacle, mais il va
prendre la place de Florian. Il a peur, très peur! Le théâtre, il adore, mais est-ce qu'il ne va pas
oublier son rôle? Et est-ce que Max va comprendre comment filmer avec sa caméra?

2. Dans la salle, les spectateurs font le silence.
Mme Garnier: Alors, merde[2].
Lola: Merde à tout le monde!
Mme Garnier: Et, maintenant, allez, montez sur scène et jouez! Et n'oubliez pas:
vous n'êtes plus sur scène, vous êtes dans l'histoire! C'est votre histoire!
Puis la prof regarde Jules. Il reste derrière les autres. Est-ce qu'il va monter sur scène?
Est-ce qu'il va quitter la salle?
Mme Garnier: Ah, je comprends. Tu as le trac[3]! Écoute, Jules! Ça va aller, d'accord?
Jules fait oui. Mais c'est un oui bizarre.

3. Devant la scène, Max filme la pièce. Les spectateurs prennent des photos. Mme Garnier aussi.
Elle trouve ses élèves super. Mais Jules, c'est vraiment une surprise. Minute après minute,
il invente son rôle. Quand il mime le garçon sans voix, il est génial.

4. C'est la fin du spectacle. Dans la salle, les gens font «Bravo, bravo, bravo!».
Alors Jules comprend: la pièce est un succès! Puis les acteurs retrouvent Mme Garnier.
Baptiste: Pour le club théâtre, hip hip hip …
Mme Garnier: Hourra!
Lola: Et pour Mme Garnier, hip hip hip …
Les acteurs: Hourra! Mais la star, aujourd'hui, c'est Jules.
Mme Garnier: Tu es vraiment une bête de scène, Jules!

---

1 un capitaine – ein Kapitän; **2 Merde! (ugs.)** – *hier:* Kraftausdruck, mit dem man sich Erfolg wünscht (Erläuterung S. 183);
3 le trac – das Lampenfieber

2 Comprendre le texte

a Relisez le premier paragraphe du texte.
Quelle série de mots-clés est la bonne?

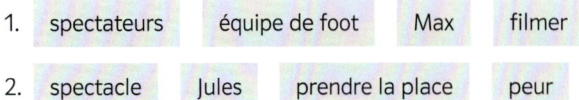

1. spectateurs | équipe de foot | Max | filmer
2. spectacle | Jules | prendre la place | peur

> **STRATÉGIE**
>
> **Schlüsselwörter**
>
> In einem Text sind einige Wörter wichtiger für den Inhalt als andere. Man nennt sie Schlüsselwörter *(mots-clés)*. Sie bilden das Gerüst des Textes. Ohne sie würde man den Text nicht verstehen.

b Relisez le deuxième paragraphe du texte.
Quelle série de mots-clés est la bonne?

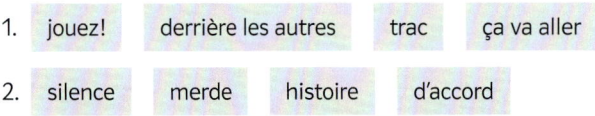

1. jouez! | derrière les autres | trac | ça va aller
2. silence | merde | histoire | d'accord

> **LE COIN MÉDIAS**
>
> **Digital oder analog?**
>
> Ihr könnt digital mit dem Text arbeiten. Markiert die Schlüsselwörter und löscht dann den Rest des Textes. Mit den richtigen Schlüsselwörtern könnt ihr den Inhalt des Textes leicht zusammenfassen.

c Relisez les paragraphes 3 et 4 et notez des mots-clés. Comparez vos résultats avec les résultats de vos camarades et discutez.

d Mettez les phrases données dans l'ordre du texte.

1. Mme Garnier a peur pour Jules.
2. Tout à coup, les spectateurs comprennent: Jules est vraiment un acteur.
3. La pièce et le mime de Jules sont un succès.
4. Il y a beaucoup de questions dans la tête de Jules.

e Cherchez dans le texte pour chaque phrase une ou deux phrases qui correspondent.

3 Le garçon sans voix

Du erzählst zuhause, dass ihr im Französischunterricht über ein Theaterstück sprecht. Deine Eltern möchten wissen, worum es in dem Stück geht. Erkläre es ihnen in drei Sätzen.

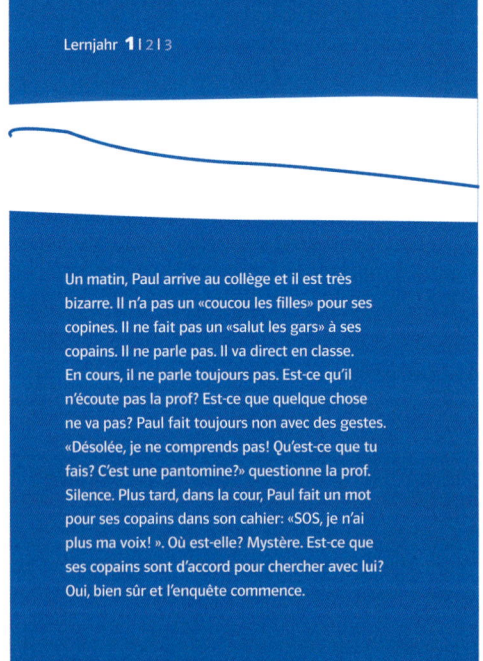

4 Rap

Écoutez et répétez. Complétez le rap avec les formes du verbe **prendre**.
Notez-les dans votre cahier avec les pronoms.

prends prenons prend prenez prennent prends

Le rap du spectacle

Vous ☐ deux entrées?
C'est une bonne idée!
Nous ☐ les programmes
Pour vous Monsieur, Madame.

Refrain: Un super numéro!
Tout le monde fait bravo!

Max, tu ☐ la caméra?
Les spectateurs sont là.
Ils ☐ des photos,
Max fait une vidéo.

Refrain

Cool, Jules ☐ rendez-vous,
c'est pour une interview.
Moi, je ☐ le métro
salut et à bientôt!

Refrain

5 On fait ça au théâtre.

a Pour chaque mot à gauche, cherchez un ou deux mots qui vont avec.

Exemple: raconter une histoire

raconter   faire   monter   son rôle   des photos   une histoire
jouer   prendre   arriver   une interview   la pièce   son texte
oublier   comprendre   inventer   à l'heure   sur scène   le problème

b Imaginez. Vous préparez une pièce de théâtre. Parlez d'abord à un acteur ou une actrice (4 phrases), puis à tout le monde (4 phrases). Utilisez 6 ou 8 verbes de **5a** à **l'impératif**.

Exemple: – Raconte une histoire .

6 À la buvette

Après le spectacle, tout le monde a faim et soif. Les acteurs appellent d'abord Florian pour raconter leur succès. Puis ils retrouvent les autres à la buvette. L'ambiance est super. Les gens parlent
5 de la pièce et achètent des crêpes, des jus de fruits ou d'autres boissons.
Une élève: Qu'est-ce que vous prenez?
Une dame: Une eau et un gâteau, s'il te plaît.
L'élève regarde l'affiche avec les prix.
10 **L'élève:** Alors, l'eau coûte 1 euro et 20 centimes et le gâteau fait 1 euro 80. Ça fait 3 euros.
Un garçon: Et moi, qu'est-ce que je prends?
L'élève: Prends une crêpe et un jus de fruits.
Le garçon: D'accord. C'est combien, s'il te plaît?
15 **L'élève:** C'est 3 euros et 30 centimes.
Et toi, tu achètes quelque chose aussi?
Un enfant: Non merci, ça va comme ça.

7 Comprendre le texte

Vrai ou faux? Si c'est faux, corrigez les phrases.

1. Après le spectacle, Florian appelle Jules.
2. À la buvette, c'est le silence.
3. Une dame prend une eau et une crêpe.
4. Pour elle, à la buvette, ça fait 3 euros.
5. Une fille prend un jus de fruits et une crêpe.
6. Pour l'enfant, ça fait 3 euros 30.

8 Ça coûte combien?

a Écoutez les prix et regardez l'affiche.
Notez chaque fois la bonne réponse: a, b ou c.

Exemple: 1 → b

b Vous êtes à la buvette d'un cinéma.
Faites des dialogues. Puis changez de rôle.

Exemple: – On achète un jus de fruit!
Ça fait / coûte combien?
– Ça fait 2,90 €.

CINÉMA ODÉON
LISTE DES PRIX

CAFÉ	2,90 €
EAU MINÉRALE	2,00 €
JUS DE FRUITS	2,90 €
COCA	2,70 €
ORANGINA	2,70 €
CRÊPE	2,50 €
GAUFRE	2,50 €
GÂTEAU	2,70 €
SANDWICH	3,90 €
GLACES	3,50 €

9 Deux places, s'il vous plaît.

Vous allez au cinéma pour regarder un film avec un(e) ami(e).
Vous avez envie d'une boisson ou de quelque chose à manger.
Jouez à deux.

LE COIN MÉDIAS

Mit Tonaufnahmen lernen

Als Vorbereitung könnt ihr eine Tonaufahme der Fragen des Verkäufers machen. Hört sie an, benutzt die Pausetaste und trainiert die Rolle des Käufers.

TIPP

Im Video könnt ihr ein Beispiel für das Gespräch sehen.

ON DIT

toi / ton copain / ta copine	le vendeur / la vendeuse
– Bonjour monsieur / madame.	– Bonjour. Qu'est-ce que tu prends? / Vous désirez?
– Une place pour …, ça fait / ça coûte combien, s'il vous plaît?	– C'est 8,70 €.
– Alors, je voudrais deux places.	– Ça fait 17,40 €. Et avec ça? Une boisson?
– Je prends aussi un orangina et un coca, s'il vous plaît.	– Voilà. Ça fait 22,80 €.
– Voilà 25 €.	– Et 2 € 20 centimes, merci!
– Merci, au revoir monsieur / madame.	– Merci beaucoup et bonne journée!

✓ **Ich kann …** Eintrittskarten kaufen.

Activités au choix

👥 *Ihr habt die Wahl!*
*Arbeitet zu zweit. Wählt aus den sieben Übungen vier Aufgaben aus. Kontrolliert euch selbst.
Auf S. 220 könnt ihr nachsehen, ob eure Lösungen stimmen.*

> Beachtet genau die **Aufgabenstellung** und die Hinweise! Benutzt euer Buch, um nachzuschlagen: Welche Übungen habt ihr zu dem Thema schon gemacht? Wo wird die Grammatik erklärt, wo die Vokabeln? Wo könnt ihr Arbeitsanweisungen nachschlagen?

Das Verb prendre anwenden

GRAMMAIRE G 18

1 Que prend Mme Garnier?

🖉 Regardez les dessins et écrivez les phrases dans votre cahier. Utilisez le verbe **prendre**.

1. Mme Garnier … et quitte la maison.
2. Mme Garnier et une amie …
3. – Tu … la salle 118?
– Non, nous … la salle 117.

4. Attention, … photo!
5. – Qu'est-ce que vous …?
– Je …, s'il te plaît.
6. – Nous … et …, s'il te plaît.

Jemandem sagen, was er tun soll

ÉCRIRE G 17

2 Prépare toujours ton rôle.

🖉 Faites une affiche pour le club théâtre. Complétez les phrases par les verbes à **l'impératif**.

a Exemple: 1. ⟨Prépare⟩ toujours ton rôle.

1. … toujours ton rôle.
2. … des idées pour ton rôle.
3. … ta professeure.
4. … à l'heure aux répétitions.
5. … attention à ta voix.

| arriver | préparer | faire |
| chercher | écouter | |

b Exemple: 1. ⟨Jouez⟩ ensemble.

1. … ensemble.
2. … bien les autres acteurs.
3. … attention aux autres.
4. … les gens dans la salle.
5. … votre texte.

| ne pas oublier | faire | regarder |
| ne pas écouter | jouer | |

Über Freizeitaktivitäten sprechen

PARLER
G 10, 14

3 Pour faire du foot, tu vas où?

Faites des dialogues.

Exemple: Pour faire du ⟦foot⟧, tu vas où? – Je vais au ⟦club de foot⟧.

faire du / de la / de l' / des

- danse
- escalade
- jeux vidéo
- interviews
- foot
- sport
- tours en bus

aller au / à la / à l' / aux

- club de foot
- maison
- arrêt de bus
- salle de spectacle
- rochers de Fontainebleau
- club de danse
- parc

Über Vorhaben in der Zukunft sprechen

PARLER
G 15

4 On va aller au théâtre!

a Après le spectacle, la prof de théâtre a une idée. Cherchez le bon ordre des phrases et faites le dialogue entre Mme Garnier et un élève / une élève. Utilisez le **futur composé**.

Dany Boon, acteur

Mme Garnier

- Écoute, nous (faire) quelque chose ensemble pour fêter notre succès.
- Alors, rendez-vous mardi à 11 heures devant la salle des professeurs. Arrivez à l'heure! Tu (ne pas oublier), hein?
- Dans une semaine. Nous (prendre) le métro ensemble. Tu (parler) de ça avec les autres?
- Je (aller) au théâtre avec vous. Ils (jouer) une pièce avec Dany Boon. Vous (aimer) le spectacle!

une élève

- Non, bien sûr! À bientôt! Merci, madame!
- Oui, bien sûr. Ça (être) une super surprise! Tout le monde (trouver) ça cool, madame!
- Dany Boon? Génial! Les autres (adorer) aussi! Et quand est-ce qu'on (faire) ça?
- Ah bon? Vous (faire) encore quelque chose avec nous? Qu'est-ce qu'on (faire)?

b Vous avez envie de faire quelque chose avec vos amis. Vous parlez avec un copain ou une copine. Faites le dialogue. Les idées d'activités et le dialogue de la partie **a** vont vous aider.

Idées d'activités

- un match de foot
- une fête
- le ping-pong
- un tour dans le quartier
- manger une glace
- faire de la musique ensemble
- la piscine
- un concert
- le cinéma
- …

LE COIN MÉDIAS

Mit Tonaufnahmen lernen

Ihr könnt euren Dialog aufnehmen. Achtet auf die Betonung und eine lebendige Ausdrucksweise. Spielt euch die aufgenommenen Dialoge gegenseitig vor.
Gebt euch Tipps, was ihr besser machen könnt.

Selbstständig üben   Activités au choix 5

Fragen stellen und beantworten

GRAMMAIRE
G 16

5 Qui est Dany Boon?

a Vous avez envie d'avoir des informations sur l'acteur Dany Boon. Posez vos questions en français à votre ami/e français/e. Utilisez **est-ce que**.

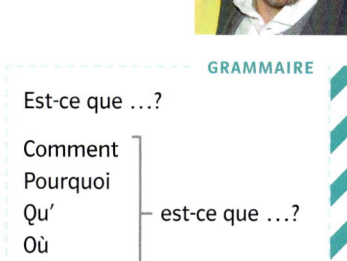

Ihr möchtet wissen, …
1. … was Dany Boon auf der Bühne gerne macht.
2. … ob er auch singt.
3. … ob er auch Filme macht.
4. … warum er ein Star ist.
5. … wie dein Freund Dany Boon findet.
6. … wo Dany Boon wohnt.
7. … ob er Kinder hat.
8. …

GRAMMAIRE

Est-ce que …?

Comment
Pourquoi
Qu'   ⎤
Où   ⎬ est-ce que …?
…   ⎦

LIRE

b Votre ami français trouve des informations sur l'acteur. Lisez les textes.

e.s. Quand il arrive à Paris, il fait d'abord des mimes dans la rue. Ensuite, il fait une carrière d'humoriste, il joue dans beaucoup de pièces de théâtre, mais également dans des films pour le cinéma ou la télévision. Parfois, l'acteur chante aussi sur scène.

Avoir du succès, c'est bien, mais pas toujours. Pour les cinq enfants de Dany Boon, le succès de leur père n'est pas facile. C'est pourquoi l'acteur quitte la France pour aller aux USA. En 2014, après cinq ans à Los Angeles, Dany Boon s'installe avec sa femme et ses enfants à Londres. Il adore sa maison anglaise.

Comme style sur scène, Dany Boon adore faire du one-man-show.

Dany Boon est le nom de scène de Daniel Faid Hamidou. Tout le monde adore le film « Bienvenue chez les Ch'tis », son plus grand succès international.

Genial
Dany Boon est un acteur, humoriste, réalisateur, scénariste et producteur français. Il vient d'Armentières, dans le Nord de la France.

ÉCRIRE

c Prenez le rôle de votre ami français. Écrivez un mail en français et répondez aux questions. Commencez comme ça:

| An: finny10@web.de |
| CC: |
| Betreff: L'acteur Dany Boon |

Bonjour Finn,

Ça va? Voilà des informations sur Dany Boon:
L'acteur aime beaucoup les one-man-shows. Il …

LE COIN MÉDIAS

MK

Informationen im Internet

Welchen der folgenden Quellen kann man eher vertrauen, welchen eher nicht?
• Produktbewertungen in sozialen Netzwerken,
• Infos auf der Homepage deiner Schule,
• Diskussionsbeiträgen in Foren,
• Wikipedia-Artikel

Was sind eure Erfahrungen? Sprecht darüber.

Ein Plakat auf Französisch erklären

MÉDIATION

6 Le théâtre, c'est nous!

Euer französischer Freund / eure französische Freundin ist bei euch zu Besuch.
In einem Jugendhaus entdeckt ihr ein Plakat, das er / sie interessant findet.
Er / Sie will wissen:
- was das genau für eine Veranstaltung ist,
- wann und wo genau sie stattfindet,
- wie man Karten besorgen kann,
- wie viel der Eintritt kostet.

Arbeitet zu zweit und spielt den Dialog.

STRATÉGIE

Informationen wiedergeben

Macht euch zuerst klar, was euer Freund wissen will. Sucht dann die passenden Informationen und überlegt, wie ihr diese auf Französisch formulieren könnt. Es geht nicht darum, Wort für Wort zu übersetzen. Gebt die Informationen sinngemäß wieder. Wenn ihr das richtige Wort auf Französisch nicht kennt, könnt ihr die Bedeutung erklären:

z. B.:
Einlass 18:15:
→ La fête commence à …

Vorverkaufskasse:
→ On peut acheter les billets …

Truppen:
→ Groupes d'acteurs de théâtre

Sagen, was man wo kaufen kann

VOCABULAIRE

7 Nous achetons ici …

Répondez aux questions.
Commencez comme ça : 1. Dans une librairie, j' …

1. Qu'est-ce que tu achètes dans une librairie ? (2 choses)
2. Qu'est-ce que tes copains et toi achetez dans un cinéma ? (4 choses)
3. Qu'est-ce les gens achètent dans un magasin de sport ? (3 choses)

✓ **Ich kann …** selbstständig üben

Bilan / Grammaire 5

Bilan

● Überprüft, was ihr könnt.
● Vergleicht eure Lösungen mit den Lösungen auf Seite 221.

1 Parler

Du kannst jetzt schon …

1. … sagen, was du am Samstag machen wirst. (Freund treffen)	Samedi, je …
2. … fragen, ob der Lehrer krank ist.	Est-ce …?
3. … nach einem Grund fragen.	… Tom n'appelle pas?
4. … einen Grund angeben.	… il est déjà tard.
5. … jemandem sagen, dass er Recht hat.	… raison.
6. … einer Freundin sagen, dass sie pünktlich ankommen soll.	… heure, s'il te plaît!
7. … sagen, dass du Durst hast.	J'ai …
8. … fragen, was eine Orangina kostet.	…, un orangina?

2 Grammaire

Il y a un problème avec le métro. Cherchez les questions de Max et les réponses de Lola.
Pour les **questions**: Utilisez **est-ce que** et le **futur composé**.
Pour les **réponses**: Utilisez **l'impératif**.

Exemple: 1. Oh non! Qu'est-ce que je vais faire? – Reste ici!

Questions de Max	Réponses de Lola
1. Oh non! Que (je – faire)?	– (rester – ici)!
2. Non! Comment (je – aller à la piscine)?	– (prendre – le bus)!
3. Le bus? Mais quand (je – arriver – là-bas)?	– (regarder – sur Internet)!
4. (les autres – commencer – sans moi)?	– Mais non! (faire – un message – à tes amis)!

3 Vocabulaire

Complétez le texte avec les bons mots.

À 17 heures, Florian est dans son lit. « ▮, à 19 heures, le spectacle ▮. Les ▮ du club théâtre vont jouer la pièce ▮ les spectateurs. Et moi, je suis dans mon lit parce que je suis ▮. C'est ▮ nul!»

20 heures. Au collège, c'est la ▮ du spectacle: les ▮ font «bravo!».
Puis, ▮ a soif, alors les gens achètent des ▮ à la buvette. Ils ▮ aussi des crêpes parce qu'ils ont ▮.

À 21 heures, le portable de Florian fait: Bip! Bip! Bip!
«Allô? Jules, c'est toi! Alors ▮! …
C'est un succès? Quoi? La prof nous invite au ▮?
Moi aussi? Super! Merci, Jules.
C'est sympa, tu n'▮ pas ton copain Florian!»
Maintenant, Florian ▮: Jules est un copain super.

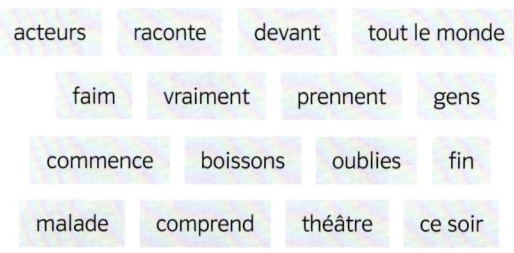

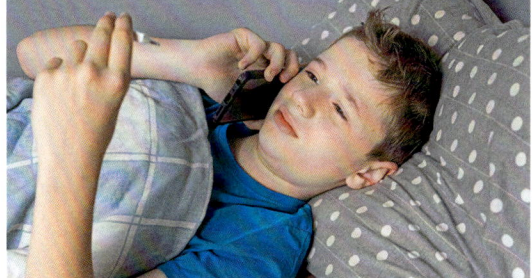

quatre-vingt-dix-sept 97

Grammaire

V30 G **15 aller faire qc:** Das Futur composé

aller +	verbe à	l'infinitif	
je **vais**	parler	ich werde sprechen
tu **vas**	parler	du wirst …
il / **elle** / on **va**	parler	er / sie / man wird …
nous **allons**	parler	wir werden …
vous **allez**	parler	ihr werdet …
ils / **elles vont**	parler	sie werden …

Verneinung:

je **ne vais pas** parler

> ▶ Erklärfilm
> **Das Futur composé**

V31 G **16 Est-ce que …? / Quand est-ce que …?** Fragen stellen

	Est-ce qu'il est là? [ɛskilɛla]
Pourquoi	est-ce qu'il n'est pas là?
Quand	est-ce qu'il arrive?
Comment	est-ce que tu trouves ça?
Qu'	est-ce qu'on fait?
Où	est-ce que Florian habite?

Du kennst auch diese Frageformen:

Il est où? Il est là? Il arrive quand?

Sie kommen in der gesprochenen Umgangssprache vor.

Die Frage mit **est-ce que** kannst du auch in der geschriebenen Sprache verwenden.

> ▶ Erklärfilm
> **Fragen stellen**

Bilan / Grammaire 5

G > **17 Écoute. Écoutons. Écoutez.:** Der Imperativ

Verben auf -er

	Imperativ	(Aufforderung)
Tu écoutes.	**Écoute.**	(Hör zu!)
Nous écoutons.	**Écoutons.**	(Hören wir zu!)
Vous écoutez.	**Écoutez.**	(Hört zu! Hören Sie zu!)

Im Imperativ **kein -s** nach dem **-e**!

aller

tu vas	**Va.**
nous allons	**Allons.**
vous allez	**Allez.**

faire

tu fais	**Fais …**
nous faisons	**Faisons …**
vous faites	**Faites …**

der Imperativ (die Befehlsform): **l'impératif**

G > **18 je prends, tu prends:** Das Verb **prendre** (nehmen)

Singular		Plural	
je	**prends**	nous	**prenons**
tu	**prends**	vous	**prenez**
il		ils	
elle	⎱ **prend**	elles	⎱ **prennent**
on			

Imperativ:	**prends**	(nimm)
	prenons	(nehmen wir)
	prenez	(nehmt / nehmen Sie)

quatre-vingt-dix-neuf 99

6 Trois jours à Nice !

TÂCHE

Am Ende dieser Unité präsentiert ihr eure Stadt oder Region.

Dafür lernt ihr in den Ateliers Folgendes:

A Informationen über eine Stadt geben
- Wortschatz zu den Themen Wetter und Urlaub
- Verben (z. B. *demander, montrer* …)

B Etwas beschreiben
- Adjektive (z. B. Farben)

In **Sur place** lernt ihr weitere Aspekte von Nizza kennen.

🇫🇷 Vis-à-vis

Une ville entre la mer Méditerranée et la montagne:
Nizza (französisch: Nice) ist nach Marseille die zweitgrößte Stadt der Region Provence-Alpes-Côte-d'Azur. Wegen der schönen Lage, der kulturellen Angebote und der vielen Freizeitmöglichkeiten ist Nizza ein beliebtes Urlaubsziel.

Wo würdest du gerne deine Ferien verbringen?

Atelier A

1 APPROCHE Un message pour Antoine

En avril, Max contacte Antoine, son ami de Nice.

> Salut Antoine, bientôt c'est les vacances.
> On va passer trois jours chez mes grands-parents à Nice.

> Génial! Vous allez faire quoi, ici?

> Moi, je fais un stage de sauvetage 🛟. Lola et Zoé font une sortie sur le bateau de SOS Grand bleu. Et on va visiter la ville avec Zoé.

> Cool! C'est qui Zoé?

> Une copine de Lola, très sympa. Il fait quel temps, à Nice? Il va faire beau ☀, non?

> Tkt[1], ici c'est 100%[2] soleil!

> Cool! À Paris, il pleut! Alors, à bientôt!

> À ben vito[3]!

Vis-à-vis

SOS Grand Bleu ist eine Organisation, die sich für die Erhaltung der Pflanzen- und Tierwelt im Mittelmeer einsetzt. Sie kämpft insbesondere für den Schutz von Walen und Delfinen.

Le Santo-Sospir, le bateau de SOS Grand Bleu

Répondez aux questions.

1. Qui est Antoine?
2. Où est-ce que les grands-parents de Max et Lola habitent?
3. Qu'est-ce que les enfants vont faire à Nice?
4. Quel temps fait-il à Nice?

---

1 Tkt – „t'inquiète" (ugs.) keine Panik!; **2 100%** – cent pourcent; **3 À ben vito** [abɛ̃vitu] – À bientôt in der Mundart von Nizza

2 La météo

a Quel temps fait-il à Nice? Et à Paris?

b Chez vous, quel temps fait-il aujourd'hui?
Quel temps est-ce qu'il va faire demain?

ON DIT

Quel temps fait-il?

Il fait froid.
Il fait mauvais.
Il pleut.
Il y a du vent.
Il fait beau / Il fait soleil.
Il fait chaud.

6 Ziel: Informationen über eine Stadt geben

ÉCOUTER
A106–109

3 Des informations sur Nice

Enfin, Lola, Zoé et Max sont dans le train pour Nice. Ils ont le temps de parler et de regarder des photos. Il y a des endroits super, à Nice.

La promenade des Anglais et la plage

La socca, une spécialité de Nice

La promenade du Paillon

La place Masséna

La vieille ville

La colline du château

a Regardez les photos et écoutez le texte. Notez les numéros des photos dans l'ordre du dialogue. De quel endroit est-ce qu'on ne parle pas?

○ 143, 2

b Écoutez le texte encore une fois et notez deux informations pour chaque endroit.

c Quel endroit est-ce que tu (ne) voudrais (pas) visiter? Pourquoi (pas)?

HOME   ABOUT   CONTACT   ARCHIVE

Bonjour de Nice !

RECENT POSTS ⌄

1   Nice, c'est notre ville et la ville de nos grands-parents, Armand et Josie. On aime beaucoup leur restaurant de spécialités de Nice. Ben oui, vous comprenez maintenant pourquoi je parle de Nice à tout le monde **#ilovenice** . Aujourd'hui, on fait un tour avec mes grands-parents et on montre notre ville à Zoé – et à vous, bien sûr !

5 2   De la place Masséna, on va à la promenade du Paillon. Tiens, voilà le lycée[1] Masséna, le lycée de mon pote[2] Antoine ! … Nous passons devant un bâtiment super moderne, le Théâtre national, puis nous entrons dans la vieille ville.

3   On est bien, ici. Il fait très chaud, mais il y a …les glaces ! Josie demande des glaces au vendeur. Elle donne une super glace à Zoé ! Et là, surprise !
10   Je retrouve Antoine. Enfin, ce n'est pas vraiment une surprise parce qu'Antoine adore aussi les glaces…

1 un lycée – ein Gymnasium (Oberstufe); **2 un pote** – ein Kumpel (ugs.)

4 Avec Antoine, on va à la plage, puis sur les rochers. Antoine va montrer sa spécialité aux filles : sauter dans l'eau . Il monte sur un rocher, regarde Lola, Zoé et moi, puis il saute – génial ! Enfin, pas vraiment : il pose le pied sur
15 un oursin[1] ! Aïe ! Ok, mon stage de sauvetage commence déjà aujourd'hui ! J'aide Antoine parce qu'il a très mal.

5 Après la plage, je propose une visite aux filles. Je demande à Zoé : « On monte sur la colline du château ? Qui va arriver le premier, devine ! Allez on y va ? » Lola rigole, puis les filles prennent l'escalier. C'est un escalier sans fin ! Quand
20 elles arrivent, je suis déjà là avec mes grands-parents. Eh oui, il y a un ascenseur ! Zoé ne trouve pas ça drôle… Mais quand elle est devant la vue super sur la ville, elle trouve notre sortie ici vraiment cool.

---
1 un oursin [ɛ̃nuʀsɛ̃] – ein Seeigel

LIRE
CdA 107, 3

5 Comprendre le texte

a Trouvez les phrases qui vont avec les paragraphes du texte.
Expliquez pourquoi ils vont ensemble. Dites aussi qui parle.

Exemple: La phrase **B** va avec le paragraphe **1** parce que la visite commence. C'est Zoé.

A	B	C	D	E
«Regardez, les filles! … Aïe!»	«Aujourd'hui, je vais visiter Nice, cool!»	«Et voilà, chocolat et vanille pour toi!»	«Mais pourquoi vous êtes déjà là?»	«Lundi, nous allons au théâtre, Armand et moi.»

PARLER
○ 144, 3

b Pour chaque paragraphe du texte, notez des mots-clés, puis racontez la journée des enfants dans un monologue minute.

Commencez comme ça: Aujourd'hui, Max et Lola …

TIPP
Questions pour les mots-clés
Qui? Quoi? Où?

Atelier A 6

GRAMMAIRE
G 19
CdA 106, 2

GRAMMAIRE
aider **qn**
montrer **qc à qn**:
Lernt bei den Verben immer die **Ergänzung** mit!

6 Une super visite

a Que font les amis? Mettez les verbes à la bonne forme.

Exemple: 1. Les amis | font | un tour.

Sujet	Verbe	Objet direct
1. Les amis	aider	une glace.
2. Ils	manger	un tour.
3. Max	faire	l'escalier.
4. Les amis	prendre	son ami Antoine.
5. Les filles	visiter	la colline du château.

b Continuez. Mettez les verbes à la bonne forme et écrivez les phrases.

Exemple: 1. Max et Lola | montrent | leur ville | à leur amie Zoé.

Sujet	Verbe	Objet direct	Objet indirect
1. Max et Lola	donner	des glaces	aux filles.
2. La grand-mère	proposer	sa spécialité	au vendeur.
3. Elle	présenter	leur ville	à leur amie Zoé.
4. Antoine	demander	la visite de la colline du château	à Zoé.
5. Max	montrer	une glace	aux filles.

VOCABULAIRE
192
CdA 107, 4

7 Je montre ma ville à nos invités.

a Qu'est-ce qu'il y a, à **Nice**? Faites un filet à mots dans votre cahier.

b Qu'est-ce qu'il y a dans **votre ville** ou votre **région**? Faites un autre filet à mots.

Nice: colline, restaurant, vieille ville, mer, théâtre, touristes, …

PARLER
○ 144, 4

c Une famille française est chez vous. Qu'est-ce que vous allez montrer à vos invités? Notez vos idées, puis faites des dialogues. Chaque élève propose cinq visites.

Montrer quoi?	À qui?
piscine	père
graffitis	mère
château	parents
…	garçon
	fille
	enfants

Welche Orte oder Dinge in eurer Stadt oder in eurer Region könnten für eure Gäste interessant sein? Ihr könnt ein Wörterbuch benutzen.

Exemple: – Je vais montrer la piscine aux enfants, et toi?
– Moi, je …

6 Ziel: Informationen über eine Stadt geben

LIRE

8 Le bateau Santo-Sospir

a À l'office de tourisme[1] de Nice, vous trouvez un prospectus[2] du bateau Santo-Sospir.
Lisez les questions. Vrai ou faux?

Le prospectus donne des informations sur …

1. … les dauphins.
2. … des sorties en mer.
3. … l'équipe du bateau.
4. … les heures des sorties.
5. … les prix des sorties.
6. … les boissons sur le bateau.

b Regardez le prospectus. Qu'est-ce que c'est en allemand?
Pourquoi est-ce que vous comprenez ces mots?

| adulte | départ | retour |
| au choix | dauphin | soirée |

---

[1] un office de tourisme – eine Touristeninformation; [2] un prospectus – ein Prospekt

PRÊTS POUR LA TÂCHE

PARLER
○ 144, 5
CdA 109, 7
V32 ▶

9 On fait une sortie?

Vous proposez une sortie avec le Santo-Sospir à un ami français / une amie française. Il / elle pose des questions et vous répondez. Travaillez à deux et faites le dialogue.
Commencez comme ça:
– J'ai une idée: on peut faire une sortie …
– …

✓ **Ich kann …** Informationen über eine Stadt / eine Region verstehen und geben.

ON DIT

Demander des informations à qn
- Un billet pour …, ça coûte combien?
- À quelle heure est-ce que … commence?
- Où est le départ pour …?
- Combien de temps dure …?
- Quel temps est-ce qu'il va faire demain?
- Qu'est-ce qu'on peut …?

TIPP

Im Video könnt ihr ein Beispiel für das Gespräch sehen.

Atelier B

GRAMMAIRE
G 20

1 Une ville intéressante

Sur la place Masséna, Antoine parle de Nice à des gens de Paris.

- En mai, la mer est encore **froide**.
- La place Masséna est notre **grande** place. Elle est **super**, vous ne trouvez pas?
- Dans la vieille ville, il y a des **jolies petites** rues avec des **petits** restaurants.
- La promenade du Paillon est un parc **intéressant**. Les gens sont **contents** dans le parc.
- À Nice, on peut faire des **jolis** tours sur des **grands** bateaux.
- La colline du château est un **joli** jardin. La visite est **gratuite** et **intéressante**. Il y a une **jolie** vue sur la ville.

a Pourquoi est-ce que Nice est une ville intéressante? Parlez de Nice. Comment c'est?

b Expliquez les formes de l'adjectif **joli** et notez-les.
Puis cherchez les formes des autres adjectifs et notez-les.

c **Un parc intéressant, une visite gratuite:** *Vergleicht die Stellung der Adjektive im Deutschen und im Französischen. Was fällt euch auf?*

> Sind die Nomen maskulin oder feminin?
> Ihr könnt in der *Liste des mots* nachschlagen.

GRAMMAIRE
ÉCRIRE
G 20
En plus
145, 6

2 Dans ma ville

✎ Écrivez un petit texte à propos de votre quartier. Utilisez les adjectifs donnés et le filet à mots de l'exercice **7 b** à la page 105. Pensez à la forme des adjectifs.

Exemple: Dans ma ville, les ⟦maisons⟧ sont ⟦jolies⟧ . La place est …

cinéma piscine rue
spectacle parc ⟦maison⟧ théâtre
gens place …

grand bizarre gratuit
petit super intéressant drôle
⟦joli⟧ sympa …

3 Une journée avec la grande bleue

1. Dimanche 9 h 30. Lola et Zoé et leur petite équipe sont déjà sur le bateau de SOS Grand bleu. Aujourd'hui, elles font un grand tour en mer de 9 heures à 17 heures. Sur le bateau, il y a du vent,
5   il ne fait pas chaud. Les filles regardent l'eau. Là, elles voient quelque chose! C'est une méduse[1]! Mais non, c'est un sac en plastique[2]. Est-ce qu'elles vont enfin voir des dauphins? Le temps est un peu long …

10 **2.** Max est à la plage. C'est l'après-midi. La journée est chaude. Le moniteur donne des combinaisons[3] noires et rouges à ses élèves. Puis il explique le premier exercice aux adolescents: aller dans l'eau, nager très vite, jusqu'à la bouée[4] et
15   retour. Et hop, c'est parti[5]! L'eau est froide, mais quand on nage, ça va.
Quatre minutes trente pour Max, ce n'est pas mal!
Après l'exercice, les jeunes sont fatigués.
Le moniteur rigole: «Allez, encore quatre fois!»
20   Les autres sont vraiment sympas, c'est une bonne équipe. Sport, palmiers et soleil! C'est génial!

3. Sur le bateau de SOS Grand bleu, le temps est maintenant très long. Mais tout à coup: «Regardez! Vous voyez? Là-bas!» Et les filles voient six dauphins,
25   des petits et des grands. Ils sont très près du bateau. Un dauphin reste là deux ou trois minutes. C'est une grande chance! Il montre sa tête et regarde Lola et Zoé. Les filles prennent des photos. Elles sont super contentes.

30 **4.** Le soir, au restaurant, tout le monde raconte des histoires intéressantes sur sa journée, des histoires de mer, de dauphins et de sauvetage.
Le grand-père a une surprise pour les invités, une spécialité de Nice, bien sûr. Il quitte la table,
35   puis il arrive avec … des oursins!
Lola rigole «Oh non, la mauvaise blague! Vite, une photo pour Antoine! Il va être très content.»

> **TIPP**
> Mehr zum langen Wochenende in Nizza erfahrt ihr im Video.

1 une méduse – eine Qualle; **2 un sac en plastique** – eine Plastiktüte; **3 une combinaison** – *hier:* ein Taucheranzug;
4 jusqu'à la bouée – bis zur Boje; **5 Et hop, c'est parti!** – Und los geht's!

Atelier B 6

LIRE
CdA 110, 10

4 Comprendre le texte

a Vrai ou faux? Corrigez les phrases si nécessaire.

1. Lola et Zoé vont rentrer du bateau avant midi.
2. Sur le bateau, elles ont un peu froid.
3. Les filles ont peur des dauphins.
4. L'après-midi, il fait très beau à la plage.
5. Les jeunes sont bizarres avec Max.
6. La surprise de papi, c'est un gâteau.
7. Les jeunes prennent une photo pour Antoine.

b Retrouvez l'ordre des phrases. Notez les lettres dans le bon ordre. Quel mot est-ce que vous trouvez?

- **A** Les filles voient un truc dans l'eau.
- **E** Les jeunes racontent leur journée.
- **I** Les filles voient des dauphins.
- **L** Max est à la plage.
- **P** Le tour en bateau commence à 9 heures.
- **M** Le moniteur explique l'exercice.
- **R** Le grand-père a une surprise.

VOCABULAIRE
G 20
En plus
145, 7

CdA 110, 8

5 Les couleurs de Nice

✏ Regardez les photos. Parlez des tableaux[1] que la dame va faire, puis notez des phrases.

Exemple: La dame va faire un tableau de **la mer bleue** et des **arbres** … Elle va …

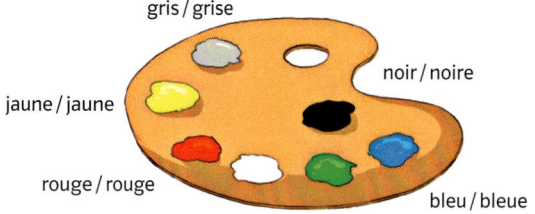

gris / grise
noir / noire
jaune / jaune
rouge / rouge
blanc / blanche
vert / verte
bleu / bleue

la mer, des arbres
un bateau
un rocher
des fruits
des oursins
une maison
des palmiers

---
1 un tableau – *hier:* ein Gemälde

6 Ziel: Etwas beschreiben

VOCABULAIRE
191

CdA 111, 11

6 Mais ils sont où?

a Où est Arthur?

Exemple: 1. Arthur est sur la colline.

sur — sous — derrière — devant

dans — entre — à côté de — à gauche (de) — à droite (de)

A119–122

b Écoutez les messages et regardez le dessin. Qui est qui?

Lola   Zoé   la grand-mère   Max

Exemple: Max, c'est le **D**.

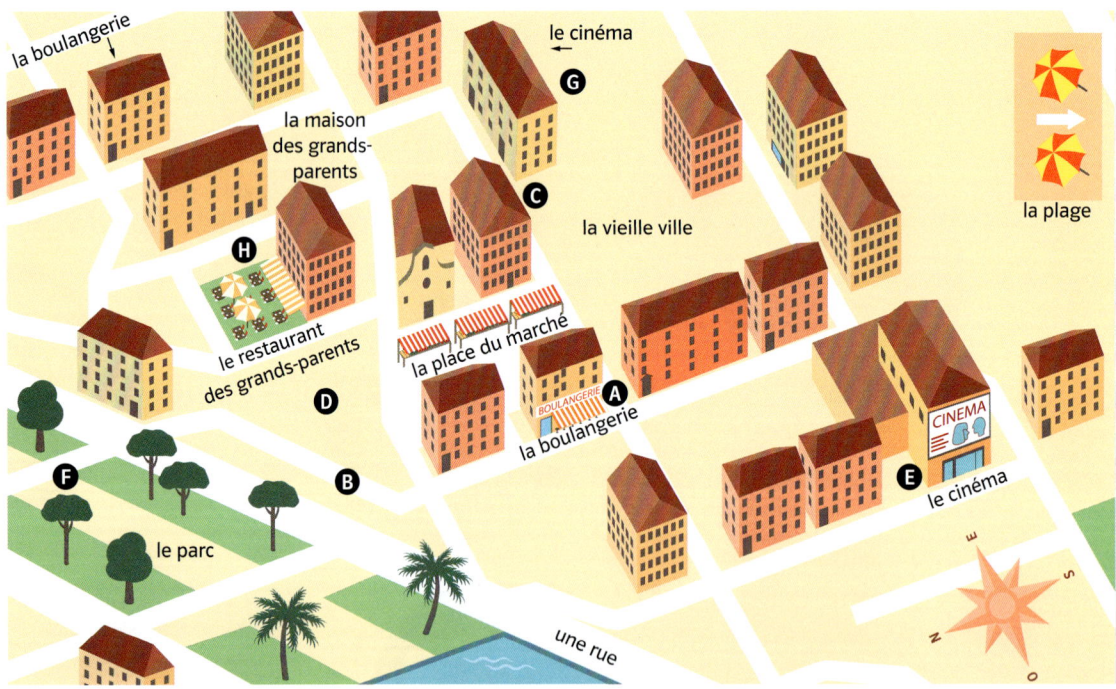

c Regardez le dessin et faites des devinettes à tour de rôle avec votre partenaire.
Utilisez les mots de **6 a**.

Exemple: – Je suis dans une maison rouge près de la boulangerie. Où est-ce que je suis?
– Tu es dans le restaurant des grands-parents, à **H**.

Atelier B 6

GRAMMAIRE
G 21

CdA 110, 9

7 Qu'est-ce que vous voyez?

a Écrivez dans votre cahier les formes du verbe **voir** avec leur pronom personnel.

| voyons | vois | voient | vois | voit | voyez |

b Complétez le dialogue au musée de Nice par les formes du verbe **voir**.

1. – Pardon, vous ▨ Nice, vous?
2. – Désolé, nous, nous ▨ un jardin …
3. – Et toi, jeune homme¹, qu'est-ce que tu ▨ là?
4. – Moi, je ▨ un jeu.
5. – Des gens ▨ un jardin, d'autres un jeu … À mon avis, l'homme fait des dessins super, mais c'est sûr: il ne ▨ pas les choses comme les autres!

Et vous, qu'est-ce que vous voyez, sur ce dessin?

¹ **un homme** [ɛ̃nɔ̃m] ein Mann

PRÊTS POUR LA TÂCHE

PARLER
○ 146, 8

STRATÉGIES
152

CdA 112, 13

8 Parler d'un endroit

Vous parlez d'une photo pour présenter une ville.

Parlez de cette photo de Nice.
Qu'est-ce qu'on peut voir?
Que font les gens?
Utilisez les expressions et les mots donnés.

Vous pouvez aussi parler d'une photo de votre ville!

| vue | mer | maison | bateau |

| montrer | touriste | photo |

| arbre | blanc | bleu | gris | … |

ON DIT

Parler d'un endroit

Ici, c'est Nice.
Ici, il y a …
On peut voir …
À gauche (de) …, il y a …
À droite (de) …, il y a …
Devant / à côté / près de …, il y a …

✓ **Ich kann …** Informationen über eine Stadt / eine Region verstehen und geben.

6 Freizeitmöglichkeiten in Nizza und Umgebung

Sur place

Les activités à Nice — Vis-à-vis

1 a Regardez les photos et dites ce que vous trouvez intéressant et pourquoi.

b Quels autres endroits intéressants est-ce qu'il y a à Nice? Regardez le site Internet de l'office de tourisme.

c Quelles activités est-ce que vous aimez faire quand vous êtes en vacances?

1 Faire du segway sur la Promenade des Anglais et dans la vieille ville? C'est pour tout le monde et c'est drôle.

2 Sur la plage de Nice, on peut faire beaucoup d'activités nautiques.

3 Sur le marché au cours Saleya, on trouve des fruits, des légumes, mais aussi des produits typiques et des souvenirs.

4 À Nice, il y a beaucoup de musées, comme par exemple le musée du peintre Chagall.

5 À 30 kilomètres de Nice, à Cannes, il y a des plages de sable et on peut voir des super bateaux.

6 Monaco, c'est la ville des riches! Il y a aussi la course de formule 1. Une course de voitures dans une ville, c'est génial!

Eine Stadt oder eine Region vorstellen — **Sur place** 6

Découvertes Mag

ÉCOUTER / REGARDER
V34
CdA 113, 15

2 Une journée à Nice

Avant le visionnage
- Regardez bien la photo. Où sont les personnes?
- Qu'est-ce qu'on peut faire ou voir encore à Nice?

Pendant le visionnage

a Regardez la première partie de la vidéo. Il fait chaud pour la reporter. Pourquoi?

b 🖉 👥 Regardez la deuxième partie:
- l'élève A note les activités des gens,
- l'élève B note les endroits.

Puis parlez avec votre voisin. Qu'est-ce qu'on voit dans ce reportage?

Après le visionnage

🖉 In einem Gewinnspiel gibt es eine Reise nach Nizza zu gewinnen. Erklärt in einem Post, warum ihr gewinnen wollt. Fangt so an:
Je voudrais gagner un voyage à Nice parce que j'aime …
Je voudrais voir … je voudrais visiter …

TÂCHE

PARLER
CdA 114, 16

3 Présenter votre ville ou votre région

👥 Ihr stellt französischsprachigen Besuchern eure Stadt oder eure Region vor.

1. Teilt die Klasse in Gruppen ein. Jede Gruppe wählt eine Sehenswürdigkeit oder Aktivität in eurer Stadt oder Region.

2. Was gibt es dort? Was kann man dort machen? Sammelt in eurer Gruppe gemeinsam Informationen und Bilder zu eurer Sehenswürdigkeit oder Aktivität. Notiert euch Stichworte auf Französisch.

STRATÉGIES
152

3. Einigt euch darauf, wer zu welchen Stichworten etwas sagt. Präsentiert dann gemeinsam eure Sehenswürdigkeit. Achtet darauf, dass jeder der Gruppe zu Wort kommt.

4. Erstellt nach euren Präsentationen eine Top Five- oder eine Top Ten-Liste der wichtigsten Sehenswürdigkeiten in eurer Stadt oder Region.

STRATÉGIE

Arbeitsteilig vorgehen

Recherchiert zunächst einzeln auf unterschiedlichen Seiten im Internet. Besprecht dann, welche Seiten brauchbar sind, und notiert euch von 1–2 Seiten wesentliche Informationen zu eurem Thema (keine Details!).

Überlegt euch dann gemeinsam, was ihr bislang auf Französisch formulieren könnt und konzentriert euch auf diese Aspekte.

LE COIN MÉDIAS

MK

Mit Tonaufnahmen lernen

Ihr könnt statt einer Präsentation auch einen französischen Text schreiben und diesen im Stil eines **Podcasts** aufnehmen. In diesem Fall lasst ihr die Bilder weg.

Mon dico personnel
(Vokabular, S. 192)

un monument — un musée

une église — un tour à vélo

✓ **Ich kann** … eine Stadt oder Region vorstellen.

6

Bilan

• Überprüft, was ihr könnt.
• Vergleicht eure Lösungen mit den Lösungen auf Seite 221.

1 Parler

Du kannst jetzt schon …

1. … fragen, wie das Wetter ist.	Quel …, aujourd'hui?
2. … sagen, dass das Wetter schön / schlecht ist. Es regnet.	Il fait …
3. … sagen, dass jemand große Schmerzen hat.	Il a ….
4. … fragen, wo die Abfahrt ist.	Où est …?
5. … fragen, wie lange eine Schifffahrt dauert.	Combien …?
6. … fragen, was eine Eintrittskarte kostet.	Combien …?
7. … sagen, dass etwas noch viermal gemacht werden soll.	Encore …!
8. … sagen, dass der Strand hinter dem Platz ist.	… la place.

2 Vocabulaire

 Complétez les phrases avec les bons mots.

Exemple: 1. Aujourd'hui, il ne fait vraiment pas chaud, il fait **froid**.

1. Aujourd'hui, il ne fait vraiment pas chaud, il fait ▪.
2. Cool, on n'a plus de cours, c'est les ▪!
3. Nice est une ville entre la mer et la ▪.
4. Oh, les jolies ▪: la mer, les palmiers, les maisons sont bleus, verts, jaunes, rouges …
5. On fait un petit ou un ▪ tour en mer?
6. Sur le bateau, il ne fait pas chaud: il y a du ▪.
7. Aïe, mon pied! Un oursin! J'ai ▪!

3 Grammaire et écrire

G 19

 Mettez les verbes et les compléments dans le bon ordre.
Écrivez les phrases dans votre cahier.

Denkt daran:
à + le → **au**
à + les → **aux**!

Exemple: 1. Max présente Antoine à Zoé. 2. Max et Lola …

1.	Max	Antoine	présenter	? Zoé.
2.	Max et Lola	donner	? amie de Lola	un billet pour le bateau .
3.	Antoine	une glace	demander	? vendeur .
4.	Les grands-parents	proposer	? enfants	un tour en bateau .
5.	Un moniteur	montrer	les exercices	? adolescents .
6.	Max	son stage	? filles	raconter .

114 cent-quatorze

Bilan / Grammaire 6

4 Lire et écrire

G 20

Complétez le texte avec les bons mots. Mettez les verbes et les adjectifs à la bonne forme.

Max et Lola ▪ Nice à Zoé. Zoé aime beaucoup la vieille ville avec ses ▪ rues. Avec ses amis, elle va sur la promenade des Anglais. De là, elle ▪ enfin la mer et sa couleur ▪ de rêve. Zoé prend des photos.
Zoé: Je voudrais aller dans l'eau. Demain, on va ▪?
Lola: Tu sais, la mer est encore ▪.
Antoine: L'eau n'est pas ▪ mais moi, je vais sur les rochers et je ▪ dans l'eau, pas de problème.
Max: Mais d'abord, on va manger ▪, OK?
Zoé: Super idée!

une glace · nager · montrer · sauter · voir · petit · chaud · froid · bleu

Grammaire

V35 G **19 Lola montre la ville à son amie:** Direktes und indirektes Objekt

Aujourd'hui, on montre **notre ville à Zoé**!

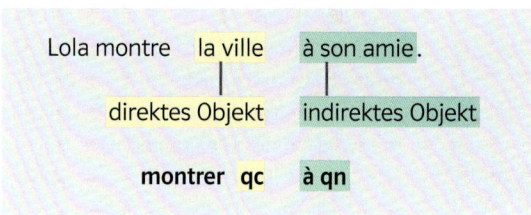

Lola montre | la ville | à son amie.
direktes Objekt | indirektes Objekt

montrer qc à qn

Lerne die Verben immer mit ihren Ergänzungen:

aider **qn** (direktes Objekt)
proposer **qc à qn** (indirektes Objekt)
montrer **qc à qn** (indirektes Objekt)

das direkte Objekt: **l'objet direct**
das indirekte Objekt: **l'objet indirect**
das Subjekt: **le sujet**

Satzstellung:

Sujet – **Verbe** – **Objet** (direkt vor indirekt)

Aujourd'hui,

Lola | montre | la ville | à son amie.

 Vergleiche die Satzstellung mit dem Deutschen und dem Englischen!

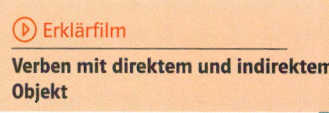

▶ Erklärfilm
Verben mit direktem und indirektem Objekt

cent-quinze 115

6

V36 ▷ G ▷ **20 Ils sont contents:** Das Adjektiv

Das Adjektiv

Singular		
m.	Max est	content.
f.	Zoé est	contente.
Plural		
m.	Jules et Max sont	contents.
f.	Lola et Zoé sont	contentes.
m. + f.	Max et Lola sont	contents.

das Adjektiv – **l'adjectif** (m.)

Die meisten Adjektive stehen **nach** dem Nomen : Nice est une ville intéressante.
Nur wenige Adjektive stehen **vor** dem Nomen : Nice est une grande ville.

Vor dem Nomen:
joli / jolie (hübsch)
petit / petite (klein)
grand / grande (groß)
bon / bonne (gut)
mauvais / mauvaise (schlecht)

Sieh dir auch die Liste der Adjektive im Vokabular Seite 191 genau an!

G ▷ **21 Je vois … :** Das Verb **voir** (sehen)

Singular		Plural	
je	vois	nous	voyons
tu	vois	vous	voyez
il / elle / on	voit	ils / elles	voient

MODULE
À la découverte de Paris

V37

TÂCHE

Am Ende dieses Moduls macht ihr eine Präsentation über Paris.

Dafür lernt ihr im Atelier:
- Wissenswertes über Paris
- Wortschatz für die Wegbeschreibung
- die Verben *lire* (lesen) und *écrire* (schreiben).

Anschließend sucht ihr eine von vier Touren aus, bearbeitet **online** interaktive Aufgaben und sammelt dabei Informationen für eure Präsentation.
Tour 1: **Paris toujours**
Tour 2: **Paris branché**
Tour 3: **Paris loisirs**
Tour 4: **Paris moderne**

🇫🇷 Vis-à-vis

Paris ist das Herz Frankreichs. Die meisten Entscheidungen, die den Alltag der Franzosen bestimmen, werden hier, in der Hauptstadt getroffen. Die Stadt wird jährlich von über 30 Millionen Menschen aus aller Welt besucht.

Ziel: Informationen über eine Stadt geben

Atelier

VOCABULAIRE

1 Beaucoup de choses à voir à Paris!

a Regardez les photos des pages 118 et 119.
Qu'est-ce qu'il y a, à Paris? Qu'est-ce qu'il n'y a pas?

Exemple: À Paris, il y a beaucoup de quartiers.

Il y a **beaucoup de** …
Il n'y a **pas de** …

b Quels endroits est-ce que vous avez envie de visiter? Pourquoi (pas)?

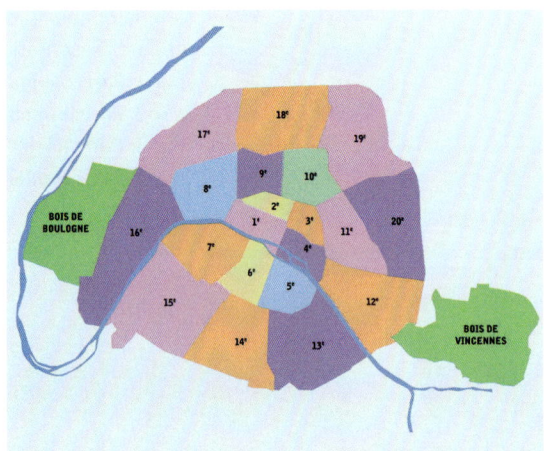

Paris, la capitale, c'est 1, 2, 3… 20 arrondissements et 80 quartiers! On dit que Paris est un escargot[1]…

Il y a 37 ponts sur la Seine! Voilà le Pont des Arts. Il est interdit aux voitures.

Notre-Dame en feu: Après le grand incendie[2], on ne peut plus visiter la célèbre cathédrale.

À la Seine musicale, on peut écouter beaucoup de styles de musique différents.

---

1 un escargot – eine Schnecke; **2 un incendie** – ein Brand

Atelier M

Montmartre, c'est un joli quartier sur une colline. Ici, il n'y a pas beaucoup de voitures mais des milliers de touristes! Au sommet de la colline, il y a la célèbre église du Sacré-Cœur.

Chaque jour, des milliers de gens prennent le bus et le métro. Avec ses 16 lignes, le métro parisien est l'un des symboles de la capitale.

L'Arc de triomphe, un monument célèbre. En haut, on a une jolie vue sur l'avenue des Champs-Élysées.

Pour oublier le stress de la grande ville et pour bouger, les Parisiens vont dans les parcs ou à Paris Plages.

PARLER

c Faites un filet à mots avec le vocabulaire de la ville.

d 👥 Parlez avec votre partenaire. Qu'est-ce qu'on peut faire, à Paris?

M Ziel: Informationen über eine Stadt geben

A127

2 C'est encore loin?

Clément, 15 ans, va passer une semaine chez ses cousins Max et Lola. Il est content de visiter Paris et il a envie de tout voir. Lola va chercher son cousin à la station de métro Malesherbes.

5 – Salut Clément! Tu es enfin là!
– Bonjour cousine!
– Allez, on y va, la maison n'est pas loin.
À pied, ça prend cinq minutes.
– Oui, je vois le chemin sur mon portable: on va tout
10 droit, on traverse le boulevard Malesherbes, puis, on tourne à droite …
– C'est ça, et puis, ça continue encore. Mais maintenant, tu ne regardes plus ton portable et tu fais attention aux voitures.

15
LOLA BERTUCAT
4 square Débussy
75017 Paris

PARLER

3 Tu trouves ton chemin?

a Cherchez une carte et décrivez le chemin pour aller de la station de métro Malesherbes à la maison de Lola.

b Expliquez à votre partenaire le chemin …
- de votre école à votre maison,
- de chez vous à l'arrêt de bus, de chez vous à une boulangerie,
- …

Votre partenaire écoute bien et fait un petit dessin du chemin.

ON DIT

Einen Weg beschreiben
- Pour aller à / au / à la / chez …, on …
- va / continue tout droit ⬆
- tourne à gauche ⬅
- tourne à droite ➡
- traverse la rue / le pont ↗
- prend la première (rue) à droite
- C'est loin / près (de) …
- Ça prend 10 minutes.

Atelier numérique M

A128 🔊 **4 Un programme de visite**

Sur Internet, Lola et Clément regardent des sites et lisent des posts sur Paris.
Ils trouvent des idées de promenades et Lola fait une liste d'endroits sympas.
– Tiens, regarde, Lola. Je lis un truc très intéressant sur le blog de deux sœurs à Paris.
– Qu'est-ce qu'elles écrivent?
5 – Elles racontent leur promenade sur la Seine. C'est cool, ça! On peut prendre le Batobus et faire des arrêts à la tour Eiffel et au Louvre.
– Super idée. En plus, il fait super beau! Bon, je mets le «Batobus» dans notre liste.
– D'accord. Tu écris aussi «Paris Plage» sur la liste, j'adore la plage.
– Oui, oui, bien sûr. Et j'écris aussi «la Cité des sciences et de l'Industrie»!
10 – Bof, je ne sais pas. Moi, les sciences …
– Ah, si, la Cité est vraiment intéressante. Tu vas adorer! Allez, écrivons ça aussi!

a Qu'est-ce que Lola écrit sur sa liste pour le programme? Pourquoi?

b Cherchez les endroits sur la carte à la fin de votre livre.

c Dans votre cahier, complétez le filet à mots.
Cherchez 5 – 6 mots.

… / une histoire / lire et écrire / … / un message

GRAMMAIRE
G 22, 23

d 👥 À deux, jouez avec un dé.
Faites six phrases.

Exemple:

Elle écrit un message.

 je   tu   il / elle / on   nous   vous   ils / elles

I2 **Atelier numérique**

Ihr dürft auch mehr als eine Tour machen!

5 Un tour à Paris

Ihr begleitet Lola und Clément online durch Paris. Sucht euch eine der vier interaktiven Touren aus und bearbeitet sie selbstständig.
Macht euch Notizen zu den Orten, die ihr kennenlernt.
Als Vorlage für eure Notizen könnt ihr einen „Laufzettel" benutzen (Online-Dokument 19).

D19

MK

Tour 1:
Paris toujours

Tour 2:
Paris branché

Tour 3:
Paris loisirs

Tour 4:
Paris moderne

 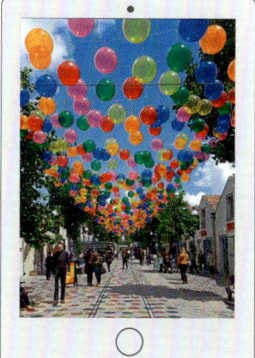  

cent-vingt-et-un **121**

M — Informationen über eine Stadt geben

TÂCHE

PARLER STRATÉGIES 152

6 Notre tour à Paris

1. Findet Mitschülerinnen oder Mitschüler, die die gleiche Tour bearbeitet haben wie ihr. Tauscht euch anhand eurer Laufzettel über die Informationen aus, die ihr gefunden habt und ergänzt sie, falls ihr etwas vergessen habt.

2. Wählt jemanden aus eurer Gruppe aus, der die Orte eurer Tour der ganzen Klasse präsentiert.

3. Hört die Präsentationen der anderen Gruppen an. Benutzt den Beobachtungsbogen aus dem Internet, um Notizen zu den Touren der anderen Gruppen zu machen.

4. Sprecht in der Klasse über eure Lieblingsorte in Paris. Wählt Bilder aus, beschriftet sie und macht eine Ausstellung zu Paris, zu der ihr auch andere Klassen einladen könnt.

Grammaire

G 22 **Das Verb lire** (lesen)

Qu'est-ce que **tu lis**?

Je lis un livre sur Paris.

Singular		Plural	
je	lis	nous	lisons
tu	lis	vous	lisez
il		ils	
elle	lit	elles	lisent
on			

G 23 **Das Verb écrire** (schreiben)

Qu'est-ce que **tu écris**?

J'écris un texte sur notre tour dans Paris.

Singular		Plural	
j'	écris	nous	écrivons
tu	écris	vous	écrivez
il		ils	
elle	écrit	elles	écrivent
on			

Le coin médias

1 Mes journées connectées[1]

Très souvent[2], je discute en ligne[3] avec mes copines ou je laisse des messages pour elles.
Bien sûr, j'adore écouter des chansons et je regarde souvent des clips sur mon portable ou sur ma tablette.
Mais je regarde aussi d'autres films ou des séries.
J'aime bien prendre des photos avec mon portable.
Après, je montre ça à mes amis ou à ma famille. Il y a souvent des photos très drôles!
Je travaille parfois à l'ordinateur, pour le collège.
Max utilise[4] beaucoup les réseaux sociaux[5], moi non.
Et je n'ai pas souvent envie de jouer sur ma console.
Je joue peut-être deux ou trois fois par mois.
Et vous? Comment sont vos journées connectées?

Mettez-vous en double-cercle et parlez de vos journées connectées.

- Qu'est-ce que vous aimez faire? Qu'est-ce que vous n'aimez pas faire?
- Quelles applications[6] est-ce que vous utilisez?
- Qu'est-ce que vous faites très souvent? Qu'est-ce que vous ne faites pas souvent?
- Combien de temps en moyenne[7] est-ce que vous utilisez des outils numériques[8]?

- laisser des messages à mes copains
- regarder les messages de mes copains
- regarder des clips / des séries
- discuter en ligne
- écouter des chansons
- utiliser les applis …
- utiliser les réseaux sociaux
- prendre des photos
- jouer sur une console
- … sur mon portable
- … sur ma tablette

ON DIT

Eine Angabe zur Dauer und Häufigkeit machen

Je regarde des séries en moyenne …
- une heure par jour
- 5 heures par semaine
- trois fois par mois
- six fois par an
- (presque) jamais[9]

Exemple:
– J'aime bien écouter des chansons sur mon portable.
  Je regarde des clips ou des séries sur ma tablette et sur mon portable en moyenne quatre fois par semaine. (…)
  Mais je n'utilise pas trop les réseaux sociaux. (…) Et toi?

---

1 connecté – vernetzt; **2 souvent** – oft; **3 en ligne** – online; **4 utiliser** – nutzen; **5 un réseau social (des réseaux sociaux)** – ein soziales Netzwerk; **6 une appli(cation)** – eine App; **7 en moyenne** [ɑ̃mwajɛn] – im Durchschnitt; **8 un outil** [uti] **numérique** – ein digitales Werkzeug; **9 (presque) jamais** – (fast) nie

Plateau 3

Révisions

Die Lösungen findet ihr auf S. 221–222.

GRAMMAIRE
G 15, 16

1 Pourquoi est-ce que tu vas …?

La mère de Lola parle à sa famille: «Je vais aller à Lyon.»
Lola pose des questions. Elsa répond. Faites le dialogue. Utilisez les mots donnés et le futur composé.

Exemple: – 1. Pourquoi est-ce que tu vas aller à Lyon? – Parce que je vais travailler là-bas.

Questions de Lola			Réponses d'Elsa	
1. …	tu	aller à Lyon	je	travailler
2. …	tu	faire là-bas	je	aller à des cours avec d'autres policiers
3. …	vous	aller là-bas	on	mois d'août
4. …	vous	rester là-bas	nous	5 jours
5. …	tu	aller à Lyon	je	en train
6. …	tu	habiter	je	des copains de Lyon

GRAMMAIRE
G 19

2 Antoine montre Nice à des touristes.

Écrivez les phrases.

Exemple: Antoine propose une visite de Nice à une famille de Rostock.

1. Antoine / proposer / visite de Nice / une famille de Rostock.
2. D'abord il / montrer la vieille ville / touristes.
3. Puis il / montrer / d'autres endroits intéressants / la famille allemande.
4. Antoine / aimer aider / gens.
5. Plus tard, les gens / donner leur adresse / Antoine.
6. Ils / proposer / adolescent / de passer des vacances à Rostock.

PARLER

3 Qu'est-ce que tu fais, quand il pleut?

Parlez de vos activités quand il fait beau, quand il pleut etc.

Exemple: 1. Quand il fait froid, je reste à la maison.

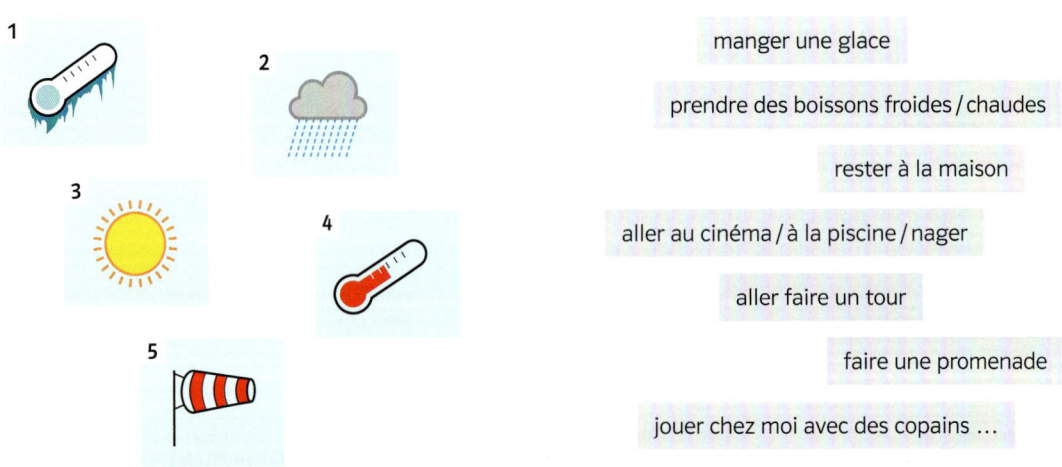

4 Il passe[1] quand, le film?

a Écoutez le texte, puis cherchez la bonne solution.

Le garçon demande des informations sur …
1. le programme du cinéma.
2. l'histoire dans le film «À haute voix[2]».
3. les heures et le prix des places pour le film «À haute voix».

b Lisez les phrases. Écoutez le texte encore une ou deux fois et prenez des notes.
Vrai ou faux? Si c'est faux, corrigez.

1. Le film passe de mercredi à lundi.
2. Sylvain téléphone un dimanche.
3. Il a envie de voir le film après le collège.
4. Le dimanche, le film passe deux fois.
5. Le samedi, la place coûte 6, 80 €.
6. Les deux places vont coûter à Sylvain 11 €.

---

1 passer – *hier:* laufen; **2 à haute voix** – laut

5 Une tombola

À une tombola, vous jouez avec deux dés[1].
Qu'est-ce que vous allez gagner[2]?
Attention à la forme et à la place des adjectifs.

> Denkt daran: **petit**, **grand**, **bon**, **joli** stehen vor dem Nomen!

Exemple: : Moi, j'ai un petit train bleu et jaune.

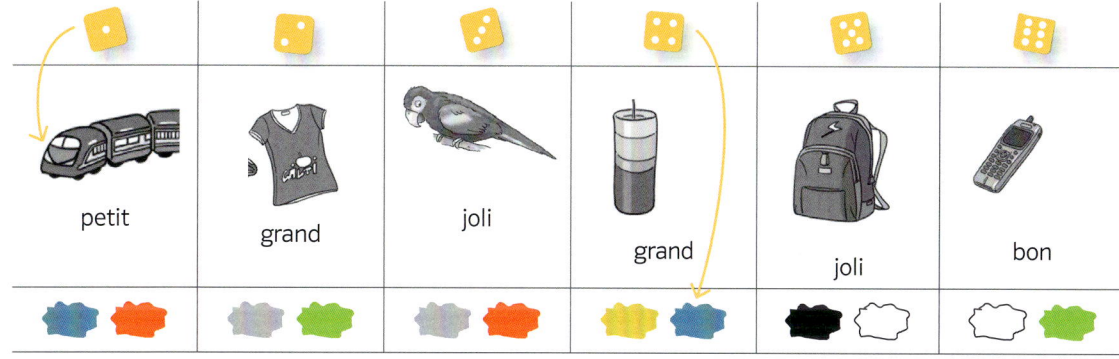

---

1 un dé – ein Würfel; **2 gagner** – gewinnen

6 Passez des vacances à Nice!

Cherchez 8 – 10 slogans pour une affiche pour des vacances à Nice.
Mettez les verbes à l'impératif et utilisez les mots donnés.

Exemple: Oubliez vos problèmes .

oublier	prendre	vos problèmes	le stress
passer	faire	une ville géniale	le temps d'être bien
visiter	aller	des vacances de rêve	vos journées à la plage
danser	visiter	des activités à la mer	à la plage
nager		dans des endroits de rêve	des promenades les pieds dans l'eau
trouver		dans une mer bleue et chaude	vos journées sous les palmiers …

Plateau 3

En route vers le DELF

ÉCOUTER

A130

1 Compréhension de l'oral

Lisez d'abord les questions. Écoutez, puis trouvez les bonnes réponses.

1. Qui téléphone?
   a Christophe
   b Julien
   c Philippe

2. Il fait ses devoirs …
   a de français.
   b de maths.
   c d'anglais.

3. Il téléphone pour aller au club de …
   a tennis.
   b foot.
   c rugby.

4. Son numéro de téléphone, c'est le …
   a 04 30 09 20 75.
   b 04 13 19 72 15.
   c 04 31 19 27 15.

2 Compréhension des écrits

Lisez l'annonce et répondez aux questions.

1. Où a lieu le match?
2. Qui joue contre qui?
3. Quand a lieu le match?
4. À quelle heure a lieu le match?
5. Combien coûte un billet d'entrée pour enfant?

France – Allemagne

Match de qualification à L'UEFA Euro 2020

25 mars / 20H45
STADE DE FRANCE

PRIX TTC
catégorie 1: 145 euros   catégorie 3: 46 euros
catégorie 2: 105 euros   Tribune kids: 25 euros

3 Production écrite

Avant d'écrire un commentaire sur «Radio Junior» que vous écoutez sur le web, vous devez remplir un formulaire comme sur le modèle.

Nom: _____
Prénom: _____
Âge: _____
Ville: _____
Pays: _____

École: _____
Classe: _____
E-mail: _____
Musique préférée: _____
Sport préféré: _____

4 Production orale

Vous voulez acheter un cadeau pour une copine. Dans un magasin tu demandes au vendeur / à la vendeuse des information sur ces cadeaux.
Du kannst den Dialog mit einem Mitschüler vorbereiten und einüben. Anschließend könnt ihr den Dialog aufnehmen und von eurem Lehrer / eurer Lehrerin bewerten lassen. (1 Minute)

En plus   Différenciation

○ einfachere Parallelübung
● schwierigere Parallelübung
En plus   Zusatzübung

Zu Unité 1

PRONONCIATION
VOCABULAIRE
●

1 Rap   zu 1 A4

Complétez le texte avec les mots donnés puis chantez le rap.
Vervollständigt den Text mit den vorgegebenen Wörter und singt dann den Rap.

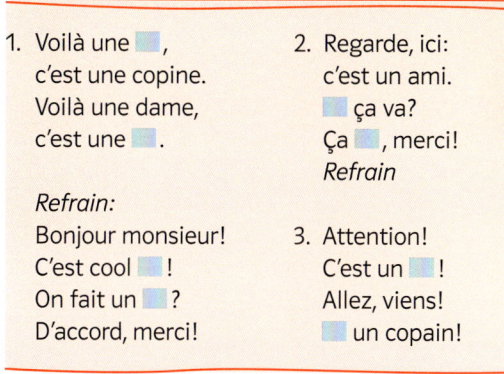
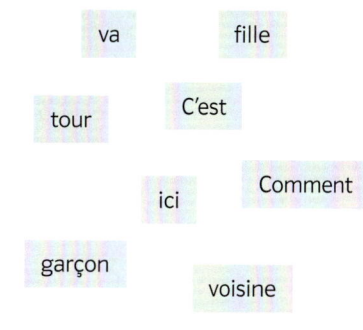

GRAMMAIRE
G 2
En plus

2 Tu es de Paris?   zu 1 A6

Faites des phrases. Mettez la bonne forme du verbe **être**.
*Bildet Sätze. Setzt die passende Form von **être** ein.*

Je		un garçon sympa.
Tu		de Paris.
	être	Anne?
Tom		Sophie.
Zoé		de Lyon aussi?
		une fille sympa.

PARLER
○

3 Bonjour! Je suis …   zu 1 A7

👥 Chacun choisit un personnage de la page 128. Dites bonjour et présentez-vous à l'aide des informations données.
Jeder sucht sich eine Person von S. 128 aus. Begrüßt euch gegenseitig und stellt euch mithilfe der vorgegebenen Informationen vor.

Exemple: Léo: Bonjour. Moi, c' ▢ Léo. Et toi?

Clara: Bonjour, moi, c' ▢ Clara. Tu ▢ de Paris?
Léo: Non, je ▢ de Nice. Je ▢ le copain de Max.
Clara: Ah, d'accord. Je ▢ la copine de Zoé.
Léo: Au ▢ !
Clara: À ▢ !

En plus Différenciation

LÉO
» de Nice
» copain de Max

CLARA
» de Lyon
» copine de Zoé

YANN
» de Toulouse
» voisin de Marie

LOLA
» de Paris
» voisine de Safia

VOCABULAIRE

4 Arthur est un perroquet.

zu 1B3

Complétez les phrases. Choisissez les mots qui conviennent.
Vervollständigt die Sätze. Wählt die passenden Wörter aus.

1. Arthur est un ▮.
2. Lola est avec Max dans le ▮.
3. «Rhhô!» C'est quoi? C'est le ▮ de Jules.
4. Elsa, c'est la ▮ de Max et Lola.
5. Safia est l'▮ d'Elsa.
6. Elle est aussi une ▮ d'Elsa.
7. Jules est un ▮ sympa.
8. Zoé est une ▮ cool.
9. Max est le ▮ de Lola.

maman	frère	amie
perroquet	voisine	garçon
fille	parc	portable

VOCABULAIRE
En plus

5 Où est le perroquet?

zu 1B3

Complétez les dialogues à l'aide des mots donnés.
Vervollständigt die Dialoge mithilfe der vorgegebenen Wörter.

Zoé: ▮ est Lola?
Max: Elle est ▮ le parc.
Zoé: ▮ Jules?
Max: Il est ▮ le parc ▮.

Lola: Tu es ▮, maman?
Elsa: Oui, je suis ▮ la voisine.
Lola: Voilà Zoé.
Elsa: Ah, c'est ▮ une copine ▮ toi!

où	dans	pour
et	là	dans	aussi
avec	déjà

128 cent-vingt-huit

En plus Différenciation

GRAMMAIRE
G 2
En plus

6 Voilà Tom.

zu 1 B5

Zoé et Jules présentent leur ami Tom. Complétez les phrases par les bonnes formes du verbe **être** puis jouez la scène.
*Zoé und Jules stellen ihren Freund Tom vor. Vervollständigt die Sätze mit der richtigen Form des Verbs **être** und spielt dann die Szene.*

Zoé: Vous ▢ de Paris?
Lola: Non, nous ▢ de Nice.
Jules: C' ▢ cool, Nice! Voilà Tom.
   Salut Tom! Voilà Max et Lola, ils ▢ de Nice!
Tom: Comment? Euh, bonjour, moi, c' ▢ Tom.
Max: Bonjour Tom, ça va?
   Tu ▢ un voisin de Jules?
Tom: Non, mais je ▢ un ami.
Max: Vous ▢ sympa, vous trois.
   Alors, à bientôt, dans le parc!

ÉCOUTER
A36 🔊

7 Il est comment, Tom?

zu 1 B8

a Zoé schickt ihrer Freundin Lola eine Sprachnachricht.
Hört die Nachricht an und antwortet: Spricht Zoé über …

1. … Paris?   2. … über die Schule?   3. … über Freunde?

b Hört den Text ein zweites Mal an und vervollständigt Zoés Nachricht mithilfe der vorgegebenen Wörter. Achtung: zwei Wörter bleiben übrig.

1. Clara est une ▢ de Zoé.
2. Elle a ▢ ans.
3. Clara est là avec ▢ .
4. C'est le ▢ de Clara.
5. Il a ▢ ans.

| Tom | 11 | copain |
| Jules | amie | frère | 13 |

ÉCRIRE

8 C'est moi!

zu 1 B10

Schreibe einen kleinen Text, mit dem du dich einem französischsprachigen Austauschpartner / einer Austauschpartnerin vorstellst. Die Satzanfänge können dir helfen. Du kannst auch Bilder zu deinem Text gestalten.

Bonjour! Je m'appelle ….
Je suis de …. et j'ai … ans.
Je suis l'ami / l'amie de …
Elle / Il est de … aussi.
Elle / Il … ans et elle / il … cool!

FICHE PERSONNELLE

Nom: Jonas Becker
Ville: Düsseldorf
Âge: 12 ans
Amis/Amies: Leon, Moritz, Emilie

En plus   Différenciation

Zu Unité 2

GRAMMAIRE
G 2, 6
En plus

1 Voilà les Bertucat. zu 2 A5

Lola parle de sa famille. Complétez le texte. Attention aux formes des verbes.
Lola erzählt von ihrer Familie. Vervollständigt den Text. Achtet auf die Verbformen.

1. Nous (être) les Bertucat.

2. Je (être) Lola et j'(adorer) la danse et les chansons de Louane. Max (détester) Louane, alors je (danser) avec le casque.

3. Papa et moi, nous (chanter) ensemble. Papa (écouter) aussi les chansons de Louane.

4. Max et maman (regarder) les matchs de foot et moi aussi! Le PSG (jouer) bien! Tu (aimer) le foot aussi ou tu (trouver) le foot nul?

5. Max et moi, nous (aimer) les jeux vidéo. Vous (jouer) aussi avec les copains?

PRONONCIATION
A57
En plus

2 Que fait Max? zu 2 A6

a Lisez d'abord à haute voix toutes les formes des verbes dans la liste.
Lest zuerst alle Verbformen in der Liste vor.

b Écoutez le texte et dites quelle forme va avec quelle phrase. Quelles formes ne sont pas utilisées?
Hört den Text an und sagt, welche Form zu welchem Satz gehört. Welche Formen werden nicht verwendet?

Exemple: Dans la ⟨phrase 1⟩, il y a la forme ⟨b⟩.

phrase 1
phrase 2
phrase 3

a. regarde
b. regardez
c. regarder

phrase 4
phrase 5

d. joue
e. jouent
f. jouer

phrase 6
phrase 7

g. adore
h. adorer
i. adorent

130   cent-trente

En plus Différenciation

ÉCRIRE

GRAMMAIRE
G 2,6

3 Où est Merlin?

zu 2 A8

Racontez l'histoire à l'aide des mots donnés. Attention à l'ordre des mots et à la forme des verbes.
Erzählt die Geschichte anhand der vorgegebenen Wörter. Achtet auf die Satzstellung und die Verbformen.

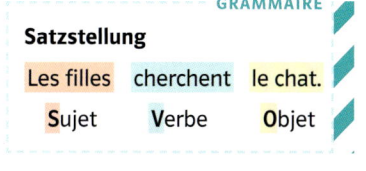

GRAMMAIRE

Satzstellung

Les filles   cherchent   le chat.
Sujet   **V**erbe   **O**bjet

1. Lola et Zoé – chez – Lola – être
2. Les copines – le match de foot – regarder
3. Zoé: je – l'OM – adorer

4. Elsa – entrer: Je – le chat – chercher
5. Merlin – là – être?

6. Lola: – Non – viens – on – le chat – chercher
7. Les filles – dans – la chambre de Max – chercher

8. Elsa: – Je – avec – Safia – parler
9. Merlin – chez – la voisine – être

10. Safia: – vous – entrer?
11. Merlin – un chat -sympa – être. Nous – ensemble – jouer

4 Qu'est-ce que tu aimes?

zu 2 A10

VOCABULAIRE

a Faites un filet à mots autour des activités. Ajoutez l'article défini pour chaque activité.
Erstellt ein Wörternetz zum Thema Freizeitbeschäftigungen. Fügt jeweils den bestimmten Artikel hinzu.

PARLER

b Notez sur une feuille ce que vous aimez et ce que vous détestez. Donnez la feuille à votre partenaire. Il / elle vous présente devant la classe.
Notiert auf einem Blatt, was ihr mögt und was ihr nicht mögt. Gebt eurem Partner / eurer Partnerin das Blatt. Er / Sie stellt euch eurer Klasse vor.

Exemple: J'aime / j'adore / je déteste … J'écoute les chansons de …
Je regarde … Je trouve … cool.

cent-trente-et-un **131**

En plus Différenciation

GRAMMAIRE
G 7

5 Un stylo ou des stylos? zu 2 B1

C'est un/une … ou **ce sont des** …? Complétez les phrases.

Exemples: 1. Ce sont des stylo**s**. 2. C'est une fille.

1. ▢ stylo**s**.
2. ▢ fille.
3. ▢ garçon.
4. ▢ ballon**s**.
5. ▢ arbre**s**.
6. ▢ table.
7. ▢ portable**s**.
8. ▢ livre.
7. ▢ cahier**s**.
10. ▢ élève**s**.
11. ▢ affiche.
12. ▢ sac**s**.

GRAMMAIRE
G 5,7
En plus

6 Dans le parc, c'est cool! zu 2 B5

a Complétez le message de Zoé par l'article défini ou indéfini.
Ergänzt die Nachricht von Zoé mit dem bestimmten oder unbestimmten Artikel.

Salut Lola!
Ça va?
Je suis dans ▢ parc Monceau avec ▢ amis. C'est sympa!
▢ filles jouent, ▢ garçons écoutent ▢ chansons de Soprano
ou regardent ▢ livres ou ▢ BD. Tu aimes ▢ BD « ▢ perroquet
des Batignolles»?
Avec Myriam, on cherche aussi ▢ idée pour ▢ affiche de la
pièce de théâtre. Eh oui, on travaille! ☺
Et toi, qu'est-ce que tu fais? Tu regardes ▢ match de foot?
Tu es pour ▢ OM ou pour ▢ PSG?
À plus!
Zoé

b Lisez le message à haute voix. Attention à la prononciation des articles.
Lest die Nachricht laut vor. Achtet auf die Aussprache der Artikel.

ÉCRIRE
○

7 Voilà Lola, Max et Jules. zu 2 B8

À l'aide des informations suivantes, écrivez un texte pour présenter Lola, Max ou Jules.
Schreibt mit folgenden Informationen einen Text, in dem ihr Lola, Max oder Jules vorstellt.

LOLA

MAX

JULES

12 ans, sœur de Max
♥ sport, danser, chanter, Louane, foot, PSG, théâtre, perroquet, Arthur, chat

frère de Lola
♥ foot, match de foot, PSG, quartier, BD
✘ danser

11 ans
♥ sport, jeux vidéo, escalade théâtre
✘ natation

Commencez comme ça: *Fangt so an:*

Voilà …
Il / Elle a … ans.
Il / Elle est le frère / la sœur / le copain / la copine de …
Il / Elle aime … Il / Elle écoute … Il / Elle trouve … cool.

En plus Différenciation

Zu Unité 3

GRAMMAIRE
G 8
En plus

1 Les photos de Jules zu 3 A6

Jules montre des photos de son anniversaire.
Mettez **mon / ma / mes, ton / ta / tes** ou **son / sa / ses**.
*Jules zeigt Fotos von seinem Geburtstag.
Setzt den passenden Possessivbegleiter ein.*

1. Voilà ▢ famille: on arrive chez ▢ grands-parents.
2. Voilà mamie: elle embrasse ▢ fils.
3. Et là, ce sont ▢ cadeaux d'anniversaire.
4. Voilà papi: il prépare la table pour ▢ anniversaire.
5. Et là, c'est ▢ père: il cherche ▢ stylo.
6. Et là, c'est Alice. Elle joue avec ▢ copine.
7. Et toi? ▢ anniversaire, c'est quand?
8. Tu fêtes avec ▢ famille aussi?

VOCABULAIRE
A76 🔊
En plus

2 Les nombres zu 3 A7

a Écoutez les nombres et écrivez-les.
Hört euch die Zahlen an und schreibt sie auf.

b Ajoutez le nombre qui manque.
Ergänzt dann die Zahl, die jeweils fehlt.

3 Un cadeau pour Jules zu 3 B2

GRAMMAIRE
G 9

a 👥 La mère de Jules parle avec mamie Caroline. Mettez la bonne forme du verbe **avoir,** puis jouez le dialogue.
*Jules Mutter spricht mit Oma Caroline. Setzt die passende Form von **avoir** ein und spielt dann den Dialog.*

1. **Caroline:** Ton fils ▢ douze ans aujourd'hui.
2. **Anita:** Qu'est-ce que vous ▢ comme cadeau?
3. **Caroline:** Nous ▢ quelque chose pour l'escalade.
4. **Anita:** Tu ▢ des idées super, toi! Moi aussi, j'▢ quelque chose pour l'escalade!
5. **Caroline:** Et bien sûr, les autres ▢ des cadeaux aussi.
6. **Anita:** Jules et ses sœurs ▢ des grands-parents super. Merci!
7. **Caroline:** On ▢ une famille cool, non?

ÉCOUTER
A77 🔊
En plus

b Écoutez les phrases et notez si vous entendez une forme du verbe **être** ou du verbe **avoir**.
*Hört die Sätze an und notiert, ob ihr eine Form von **être** oder **avoir** hört.*

	être	avoir
phrase 1		
phrase 2		
…		

cent-trente-trois **133**

En plus Différenciation

LIRE

4 Comprendre le texte

zu 3 B4b

Racontez. Faites des phrases autour des mots-clés suivants.
Erzählt. Bildet Sätze, die zu den folgenden Stichwörtern passen.

Exemple: 1. Papi arrive avec le gâteau. Sur le gâteau, il y a douze bougies. On …

mots-clés	pour parler du texte
1. le gâteau de papi →	arriver 12 bougies manger super
2. les cadeaux →	avoir t-shirt jeu sac casquette baudrier corde pour …
3. le ballon d'Alice →	ballon arbre peur
4. le frère super →	monter arriver avec ballon embrasser
5. la surprise de maman →	Qu'est-ce que c'est? cadeau? idée?

GRAMMAIRE
G 8
En plus

5 Voilà Lola et ses photos.

zu 3 B5

Lola montre des photos à sa copine Marie. Complétez les phrases par les déterminants possessifs.
Lola zeigt ihrer Freundin Marie Fotos. Vervollständigt die Sätze mit den Possessivbegleitern.

GRAMMAIRE
mon / ma / mes
ton / ta / tes
son / sa / ses
leur / leurs

Exemple: 1. Marie: C'est **ton** copain Jules?

Marie: C'est ▢ copain Jules?
Lola: Oui, c'est ▢ copain avec ▢ cadeaux et ▢ gâteau d'anniversaire.

Lola: Voilà les grands-parents de Jules devant ▢ maison avec ▢ famille.
Marie: Ils sont sympas, Jules et ▢ famille.

Marie: Et là, c'est toi avec ▢ famille?
Lola: Oui, c'est moi avec ▢ parents et ▢ frère.

Marie: Et ici, c'est encore Jules!
Lola: Oui, il est avec ▢ sœurs dans la maison de ▢ grands-parents.

En plus Différenciation

ÉCRIRE

6 Ma fête d'anniversaire zu 3 B8

Ton correspondant français / ta correspondante française veut savoir comment tu fêtes ton anniversaire.
À l'aide des mots donnés, écris un e-mail (environ 6 à 8 phrases).
Dein Chatpartner oder deine Chatpartnerin aus Frankreich möchte wissen, wie du deinen Geburtstag feierst. Schreibe mithilfe der Vorgaben eine E-Mail (ungefähr 6-8 Sätze).

Commencez comme ça:

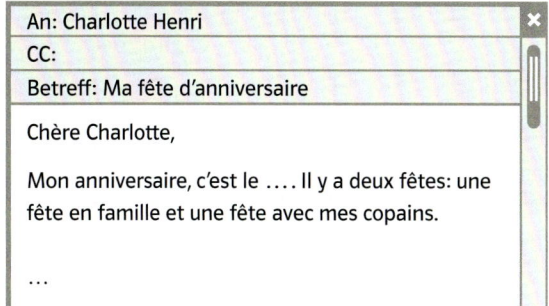

Terminez comme ça:

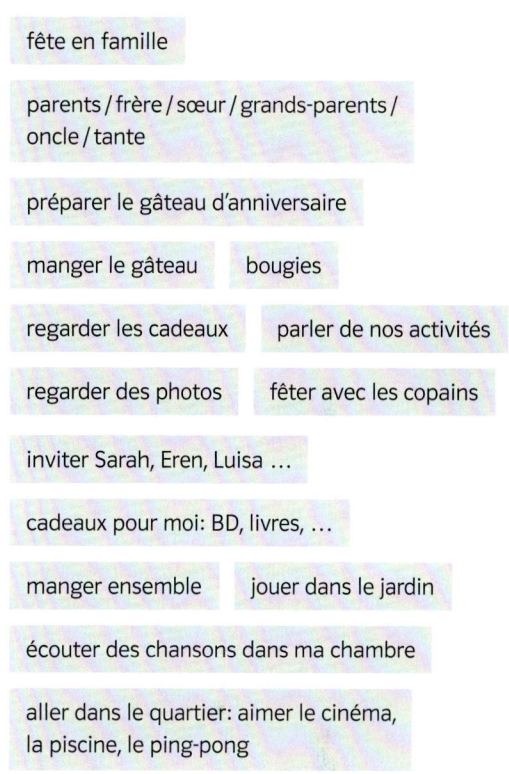

Zu Unité 4

GRAMMAIRE
G 10
En plus

1 Un mercredi après-midi après les cours zu 4 A2

Faites des phrases. Utilisez **au**, **à l'** ou **à la**.

Exemple: Max est à la maison .

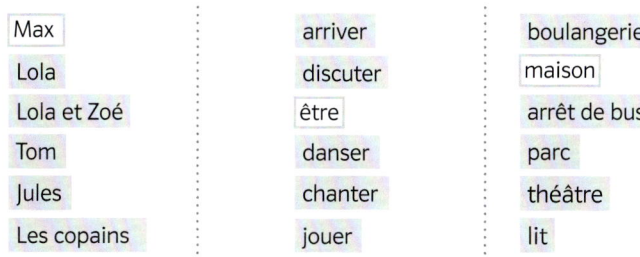

cent-trente-cinq **135**

En plus Différenciation

LIRE

2 Comprendre le texte

zu 4 A6

À l'aide des mots-clés, résumez chaque partie du texte en une ou deux phrases.
Fasst jeden Textabschnitt anhand der Stichwörter in ein bis zwei Sätzen zusammen.

Exemple: À une heure vingt-cinq, les copains sont dans la cour. Ils parlent …

	À quelle heure?	Qui?	Quoi?
1	À une heure vingt-cinq À trois heures et demie	les copains Bigflo et Oli	parler, idée, évènement, les Halles, concert, rentrer, peur
2	À deux heures moins le quart	les copains les graffeurs / graffeuses	métro, graffiti
3	À quatre heures moins le quart	les copains Bigflo et Oli madame Bertucat	concert, danser, choc

VOCABULAIRE
En plus

3 On cherche des mots.

zu 4 A6

a Cherchez l'intrus et choisissez un titre pour chaque groupe de mots.
Sucht den Irrläufer und wählt für jede Wortgruppe einen Titel aus.

Exemple: concert, ~~magasin~~, fête, pièce de théâtre: les évènements

1. concert, magasin, fête, pièce de théâtre
2. matin, après-midi, minute, soir
3. cours, récréation, interrogation, faim
4. jour, midi, mois, an
5. arrêt de bus, boulangerie, rue, lit
6. quand, avant, sans, après
7. quart, demie, moins, mois

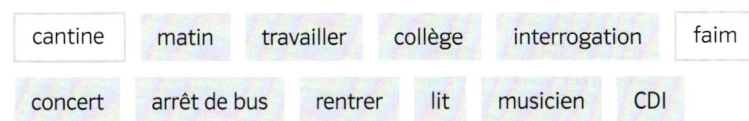

b Cherchez deux mots qui vont ensemble et faites des phrases.
Sucht jeweils zwei Wörter, die zusammenpassen, und bildet Sätze.

Exemple: faim + cantine: J'ai faim . Je vais à la cantine .

cantine   matin   travailler   collège   interrogation   faim

concert   arrêt de bus   rentrer   lit   musicien   CDI

En plus Différenciation

4 YouTube et moi

zu 4 A7

a Cherchez les mots qui vont ensemble.

posten	Werbung	Tutorial	Sänger(in)	Account
Gewalt	Humor	Kommentar	teilen	
un compte	la violence	partager qc	un tutoriel	un chanteur / une chanteuse
l'humour (m.)	poster qc	un commentaire	une publicité	

b Lest euch den Text auf Seite 67 durch. Seht euch dann die Stichpunkte an und ordnet sie den richtigen Fragen zu. Erklärt nun einem Freund, der kein Französisch kann, wie Jérôme YouTube nutzt und was er daran weniger gut findet.

- Que fait Jérôme sur YouTube?
- Qu'est-ce qu'il n'aime pas?

poster un commentaire · regarder des clips · la publicité

regarder des vidéos · la violence dans les clips

regarder des tutoriels · partager les vidéos avec les amis

avoir 13 ans pour avoir un compte · des commentaires idiots

5 On va à la cantine?

zu 4 A8

Faites des phrases. Utilisez une forme du verbe **aller** et **au / à l' / à la / aux**.

Exemple: 1. On **va au** parc.

1. On …

2. Les jeunes …

3. Max …

4. Je …

5. Nous …

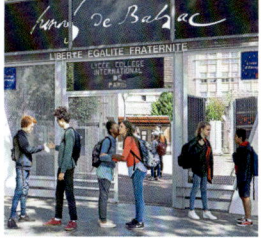
6. Les élèves …

7. Vous …?

8. Tu …?

cent-trente-sept **137**

En plus Différenciation

GRAMMAIRE
G 12
En plus

6 Non, je n'ai pas faim!

zu 4 A9A

Madame Bertucat appelle Lola et pose beaucoup de questions. Répondez à la place de Lola. Utilisez la négation.
Frau Bertucat ruft Lola an und stellt viele Fragen. Antwortet an Lolas Stelle. Verwendet die Verneinung.

Mme Bertucat:
1. Tu vas au club de théâtre aujourd'hui?
2. Zoé et toi, vous préparez l'affiche de théâtre?
3. Le prof d'allemand est là?
4. Tu trouves le livre de maths?
5. Vous mangez à la cantine?
6. Tu restes au collège, après les cours?
7. Tes copines vont au cinéma avec toi?

PARLER

7 Tu es libre, mercredi?

zu 4 A11

Sucht euch auf Seite 69 jeweils eine Rollenkarte aus. Einigt euch, wer beginnt, und spielt den Dialog dann anhand des vorgegebenen Schemas so lange durch, bis ihr eine Vereinbarung treffen könnt.

Salut! Tu es libre à … heures? On va à …?

Non, désolé / désolée.   Je n'ai pas le temps.

Ce n'est pas intéressant (pour moi).

Bof, je ne sais pas.

Qu'est-ce qu'on fait alors?

Qu'est-ce que tu aimes?

Tu as une autre idée?

Moi, j'aime …   On va à …?

Oui, bonne idée!   D'accord.

C'est génial!   C'est intéressant!

Alors, rendez-vous à … heures à …?

Non, à … heures, je n'ai pas le temps.

Rendez-vous à … heures?

Super, c'est cool! À plus tard!

En plus Différenciation

VOCABULAIRE
GRAMMAIRE
G 13, 14
En plus

8 Lola fait de la danse
zu 4 B5a

a Faites un filet à mots autour des activités.

b Faites des phrases avec **faire du, de l'** et **de la**.

Exemple: La prof: «Vous **faites de la** guitare?»

La prof: «Vous …?»   Jules: «Je …»   Lola et Zoé: «Nous …»   Les filles …

Tom …   Lola …   Les élèves …   Max

ÉCRIRE

9 Une journée de rêve / de cauchemar
zu 4 B9

Écrivez un texte d'environ 10 phrases sur votre journée de rêve ou de cauchemar et présentez-le. Ces mots peuvent vous aider.
Schreibt einen Text von ungefähr 10 Sätzen über euren Traumtag oder Albtraumtag und stellt ihn vor. Diese Satzbausteine können euch helfen.

Le matin	je	aller	une interro	au collège	C'est super!
À midi	mes parents	être	une surprise	à la piscine	C'est cool!
L'après-midi	mon frère /	faire (de)	une fête	au club de théâtre	C'est génial!
Le soir	ma sœur	préparer	un cadeau	au lit	C'est nul!
D'abord	mes copains	discuter	un message	à la cantine	C'est l'horreur!
Puis	mes copines	écouter	un tour	dans ma chambre	Bof!
Alors	mon / ma prof	regarder	un anniversaire	…	…
Tout à coup	un voisin /	inviter	un gâteau		
Avant	une voisine	fêter	un concert		
Enfin	mamie	trouver	un choc		
…	…	c'est	un portable		
		il y a …	…		

Commencez comme ça:

Voilà ma journée de …: Le matin, je   mes parents / mon professeur … C'est …!

cent-trente-neuf **139**

En plus Différenciation

Zu Unité 5

GRAMMAIRE
G 15
En plus

1 Non, je ne vais pas faire ça!

zu 5 A2

a Faites des dialogues. Après chaque phrase, échangez les rôles.

Exemple:
1. – Tu vas aller à la piscine?
   – **Non,** je **ne** vais **pas** aller à la piscine. Je vais aller au cinéma.

1. aller à la piscine?
2. manger une crêpe?
3. écouter une chanson de Louane?
4. travailler aujourd'hui?
5. regarder le match de foot?
6. faire de la danse?

– non, au cinéma!
– non, des chouquettes!
– non, une chanson de Bigflo et Oli!
– non, demain!
– non, un film!
– non, du théâtre!

b Cherchez deux autres exemples.

LIRE
ÉCRIRE
En plus

2 Comprendre le texte

zu 5 A4

Faites des phrases pour raconter l'histoire du texte à la page 86.

Exemple: 1. Lola et Zoé arrivent à la librairie de Safia .

1. Lola et Zoé	avoir	à la librairie de Safia.
2. Les filles	arriver	ça bizarre.
3. Le club théatre	ne pas être	une affiche pour Safia.
4. Florian	préparer	à l'heure pour la répétition.
5. Les élèves	appeler	la pièce «Le garçon sans voix».
6. Mme Garnier	trouver	Florian à la maison.

PARLER
GRAMMAIRE
G 16
En plus

3 Une mini-interview

zu 5 A5c

Regardez d'abord les réponses. Cherchez des questions, complétez les réponses et faites le dialogue.

Exemple: 1. Où est-ce que tu habites? – J'habite à Offenbach .

Réponses:
1. J'habite à …
2. Oui, je fais du / de la / de l' …
3. Le lundi après-midi.
4. Je trouve … super!
5. Parce que j'aime …
6. Non, je déteste …

En plus Différenciation

PARLER

4 Une interview: mes activités et moi

zu 5 A8

👥👥👥 ✏️ Travaillez en groupes.
Deux élèves posent les questions, un(e) élève donne les réponses. Les autres écoutent et complètent la grille dans leur cahier. À la fin, ils présentent le copain / la copine interviewé(e) à l'aide de leurs notes.

quoi?	quand?	où?	comment?	avec qui?	…

1. Qu'est-ce que tu fais comme activité(s)?
2. Quand est-ce que tu fais …?
3. À quelle heure est-ce que … commence?
4. Où est-ce que tu vas pour …?
5. Comment est-ce que tu trouves ça?
6. Avec qui est-ce que tu fais … / vas … / joues …?

– Je fais du / de la … / J'aime (aussi) …
– le lundi / l'après-midi / …
– à … heures
– dans le quartier / à l'école / au club …
– Je trouve … super / Je n'aime pas …
– mes amis / ma famille / un copain …

LIRE
En plus

5 Comprendre le texte

zu 5 B2

Résumez l'histoire de la page 89 à l'aide des mots-clés.

1. Samedi – spectateurs – salle
2. Mme Garnier – acteurs – exercices
3. D'abord – Jules – trac
4. scène – surprise – génial
5. fin – gens – bravo
6. comprendre – pièce – succès
7. acteurs – Mme Garnier – scène
8. Jules – star – pièce

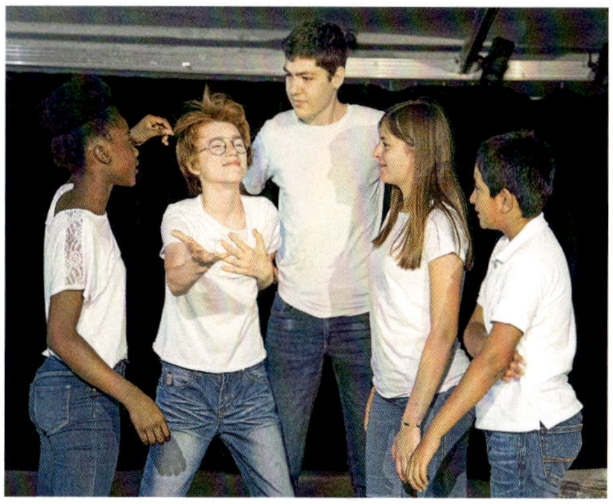

VOCABULAIRE
GRAMMAIRE
G 18
En plus

6 Qu'est-ce qu'on prend?

zu 5 B4

a Qu'est-ce que c'est, en allemand?

prendre
- une photo
- le bus
- des chouquettes
- la place de qn
- des notes

b Complétez avec les bonnes expressions de **6 a**.

1. J'ai faim! Je …, s'il vous plaît.
2. Viens! On … . Clic!
3. … de Julie. Elle n'est pas là aujourd'hui.
4. Pour votre interview, vous …
5. Pour aller à l'école, les élèves …

En plus Différenciation

GRAMMAIRE
G 17

7 On fait ça au théâtre. zu 5 B5b

a Au club de théâtre, vous parlez à un ami. Utilisez l'impératif.

1. ▢ une histoire.
2. ▢ des photos.
3. ▢ ton rôle.
4. ▢ des interviews.
5. ▢ le problème.

prendre   oublier   raconter
inventer   faire

b La prof de théâtre parle à ses élèves. Utilisez l'impératif.

1. ▢ des affiches.
2. ▢ vos copains.
3. ▢ à l'heure.
4. ▢ sur scène.
5. N' ▢ pas votre texte.

inviter   oublier   arriver
monter   faire

ÉCOUTER
A104 🔊
En plus

8 C'est quoi, ton numéro? zu 5 B8

a Au club théâtre, les acteurs et la prof échangent *(austauschen)* leur numéro de téléphone. Écoutez le dialogue et faites une liste dans votre cahier.

Exemple:
1. Lola: 06 56 22 94 13
2. Florian: …
3. Mme Garnier: …

b Travaillez à deux. A ferme le livre. B lit l'adresse et le numéro de téléphone, A note. Puis changez de rôle.

> **TIPP**
> Nenne die Zahlen in Telefonnummern immer in Zweiergruppen: 06: zéro six; 56: cinquante-six, …

Exemple:
Gabriel habite … Son numéro, c'est le …

GABRIEL
13 rue Lamartine
tél: 02 45 71 33 10

ALICE
98 boulevard Voltaire
tél: 06 11 53 49 81

YASMINE
41 avenue de Clichy
tél: 01 62 90 35 78

AMIR
64 rue Nollet
tél: 06 24 41 63 59

Zu Unité 6

VOCABULAIRE — En plus

1 Les idées d'Antoine — zu 6 A1

Cherchez des expressions, puis complétez les idées d'Antoine pour la visite de Lola, Max et Zoé à Nice.

visiter — une glace / une crêpe
manger — la mer
faire — une sortie sur le bateau
sauter dans — au cinéma
aller — la ville
monter sur — une pièce de théâtre
regarder — une montagne
aller — dans des magasins

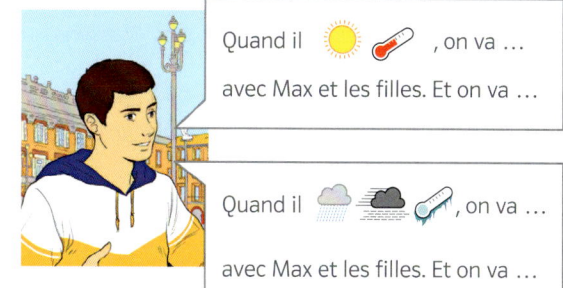

Quand il ☀️🌡️ , on va …
avec Max et les filles. Et on va …

Quand il 🌧️☁️🌡️ , on va …
avec Max et les filles. Et on va …

ÉCOUTER A123–126

2 Des informations sur Nice — zu 6 A3b

Écoutez le texte de la page 102, puis choisissez deux informations correctes pour chaque endroit. Notez les lettres des bonnes réponses: Voilà le nom d'un journal (*Zeitung*) de Nice.

1 La place Masséna:
Ici, …
- I on peut monter dans le bus.
- B il y a un parc.
- A on trouve la gare.
- C les gens retrouvent des amis.

2 La promenade du Paillon:
Ici, …
- S il y a des librairies.
- E on trouve un parc.
- M les enfants jouent dans l'eau.
- N il fait froid.

3 La vieille ville:
Ici, …
- A on trouve des magasins.
- O il y a un château.
- V on peut faire du sport.
- T les gens mangent les spécialités de Nice.

4 La promenade des Anglais et la plage:
Ici, …
- K on trouve le restaurant des grands-parents de Max.
- I il y a la mer.
- R on peut faire de l'escalade.
- N les gens font du sport.

En plus Différenciation

PARLER

3 Comprendre le texte   zu 6 A5b

Racontez la journée des enfants dans un monologue minute. Les mots-clés suivants peuvent vous aider. Commencez comme ça: Aujourd'hui, Max et Lola …

1	2	3	4	5
Max et Lola tour Nice grands-parents montrer ville Zoé	aller place Masséna promenade du Paillon passer Théâtre vieille ville	manger glace retrouver Antoine surprise	aller plage rochers Antoine sauter pied oursin	visite colline du château escalier ascenseur vue

GRAMMAIRE
G 19
PARLER

4 Je montre ma ville à nos invités.   zu 6 A7c

Une famille française est chez vous. Qu'est-ce que vous allez montrer à vos invités? Travaillez à deux. Chaque élève fait cinq phrases.

Exemple: Je | vais montrer | la piscine | aux enfants

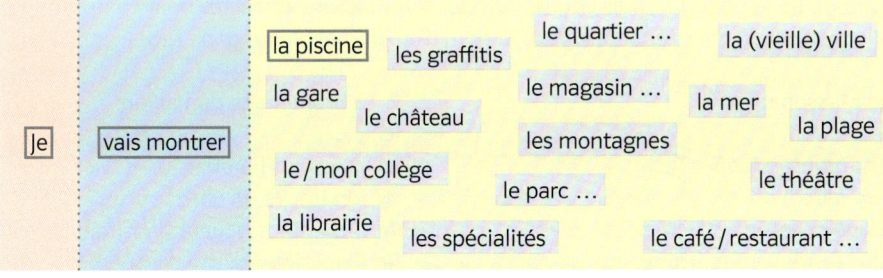

PARLER

5 On fait une sortie?   zu 6 A9

Tu proposes une sortie avec le Santo-Sospir à un(e) ami(e) français(e) et sa mère. Travaillez à deux. Choisissez un rôle et complétez vos réponses à l'aide des informations du prospectus de la page 106.

Toi

1. J'ai une idée: on peut faire une sortie avec … Vous aimez les … en mer?

3. Pour une journée, ça coûte … euros pour ta mère et … pour toi. Pour … heures, ça coûte … et ….

5. Les sorties commencent à … ou à ….

7. La sortie pour une journée dure de … à …

9. Sur le bateau, on peut … des dauphins et …

11. Demain, il va … et …

13. Je ne sais pas. On … à l'office de tourisme?

Ton ami(e) français(e)

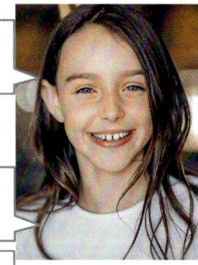

2. Oui! Un … *(Ticket)* pour la sortie, ça coûte …?

4. D'accord! … *(Wann)* est-ce que les sorties commencent?

6. Et … *(wie lange dauert)* la sortie pour une journée?

8. …'on peut faire sur le bateau?

10. Cool! … *(Welches Wetter)* est-ce qu'il va faire demain?

12. Super! … *(Wo)* est le départ pour la sortie?

En plus Différenciation

GRAMMAIRE
G 20
En plus

6 Un message de Lola

zu 6 B2

Lola écrit un message à ses parents. Complétez le message par la bonne forme des adjectifs. Attention à la place de l'adjectif!

> Salut maman et papa!
> J'adore Nice! C'est une ___ ville ___ ! Il y a une ___ vieille ville ___ avec des ___ magasins ___ , mais on trouve aussi un ___ parc ___ et des ___ bâtiments ___ ! En plus, les gens sont ___ ici parce qu'il fait toujours beau. ☺
> Aujourd'hui, on va faire une ___ visite ___ – on va monter sur la colline du château. On va avoir une ___ vue ___ sur Nice!
> À bientôt – Antoine arrive avec une ___ glace ___ ! Cool!
> Lola
> 18:45

intéressant / joli

petit / grand

moderne / content

gratuit

super

grand

GRAMMAIRE
G 20
VOCABULAIRE
En plus

7 Les couleurs de Nice

zu 6 B5

Travaillez à deux. Regardez le dessin et faites des dialogues.

Exemple: – Sur le dessin, il y a un chien[1] blanc.
– Il y a aussi …

1 un chien – ein Hund

En plus Différenciation

PARLER **8 Parler d'un endroit** zu 6 B8

a *Sieh dir das Bild an und mache dir auf einem Blatt stichpunktartig auf Französisch Notizen zum Thema des Fotos, zu den Personen und Objekten und ihrer Position auf dem Bild. Ergänze Adjektive und Farben, wo es möglich ist. Mache dir jeweils auch Notizen zur Handlung.*

bleu	vue	touriste	montrer	arbre	maison	bateau	photo	mer

gris   blanc   …

b *Vergleiche deine Aufzeichnungen mit folgendem Notizzettel. Ergänze die Informationen, die du vergessen hast, und beschreibe das Bild dann anhand aller Informationen mündlich. Sage am Schluss deines Vortrags, warum du das Bild magst oder nicht magst.*

photo: vue de Nice +☀

gens: quatre touristes être sur la colline du château, regarder la ville, prendre des photos, montrer qc

choses: à droite: mer bleue / grand bateau blanc
à gauche: rocher gris, maisons rouges / jaunes / blanches, rue, palmiers
entre les maisons: arbres verts
☺: vacances / soleil / mer

ON DIT

Parler d'un endroit
Ici c'est Nice.
Ici, il y a …
On peut voir …
À gauche (de) …, il y a …
À droite (de) …, il y a …
Devant / à côté / près de …, il y a …

Stratégies

Erfolgreich Fremdsprachen lernen

1 Regelmäßig lernen

Lernt und wiederholt in regelmäßigen Abständen und in kleinen Portionen. So bleibt das Gelernte besser im Gedächtnis!

2 Den eigenen Lernweg finden

Manche merken sich etwas am besten, wenn sie es vor sich hin sprechen und sich dabei bewegen. Andere schreiben es lieber auf und malen vielleicht ein Bild dazu. Wieder andere lernen lieber am Computer. Nutzt eure Erfahrungen aus anderen Fremdsprachen (z. B. Englisch). Viele Methoden habt ihr schon kennengelernt, z. B. Vokabeln lernen mit Karteikarten, Wortbilder und viele andere. Nutzt sie für das Französischlernen!
Probiert **auch neue Lernwege** aus. Findet heraus, welcher Weg der beste für euch ist.

3 Bilan: Was kann ich schon?

Macht euch klar, wo ihr steht: Die *Bilan*-Seiten zeigen euch, wo eure Stärken liegen und was ihr noch üben müsst. Wenn ihr noch Lücken in bestimmten Bereichen habt, dann findet ihr im Internet weitere Übungen, mit denen ihr wiederholen könnt.

4 Mit dem Lösungsteil arbeiten

Zu *Bilan* und einigen weiteren Übungen gibt es **Lösungen** im Anhang des Buches. So geht ihr damit um:
1. Lest die Arbeitsanweisung und macht euch klar, was ihr tun müsst.
2. Bearbeitet dann die Übung selbstständig und ohne zu spicken.
3. Lest eure Lösung genau durch und verbessert die Fehler, die ihr entdeckt.
4. Vergleicht jetzt eure Lösung genau mit der Lösung im Buch, Buchstabe für Buchstabe.
5. Welche Fehler habt ihr gemacht? Schreibt sie in euer **Fehlerprotokoll**.

Vor einigen Lösungen steht „z. B.". Das heißt, dass der Inhalt eurer eigenen Lösung auch anders lauten kann. Lest die Musterlösung trotzdem aufmerksam durch. Was könntet ihr in eurer Lösung besser machen?

5 Aus Fehlern lernen

Wer lernt, macht Fehler. Das ist ganz normal. Wichtig ist, dass ihr daraus lernt. Dabei kann euch ein **Fehlerprotokoll** in Form einer Tabelle helfen. Schreibt eure Fehler in die entsprechende Spalte. Markiert die Fehlerstelle und schreibt die richtige Form daneben.

Datum	Rechtschreibung		Wort / Ausdruck		männlich / weiblich		Verbform	
	🙁 falsch	🙂 richtig	🙁 falsch	🙂 richtig	🙁 falsch	🙂 richtig	🙁 falsch	🙂 richtig
20.10.	music	mus**ique**			une chat	**un** chat	tu est	tu e**s**

Legt die Tabelle auf einer Din-A4-Seite im Querformat an. Ihr könnt auch ein entsprechendes Dokument auf dem **PC** oder dem **Tablet** anlegen. Seht euer Fehlerprotokoll vor Klassenarbeiten genau durch. Nehmt euch vor, diese Fehler nicht noch einmal zu machen.

Um Fehler zu vermeiden, die ihr immer wieder macht, könnt ihr die richtige Form auf **Klebezettel** schreiben. Klebt sie in eurem Zimmer z. B. an die Tür, damit ihr ihnen immer wieder begegnet.

6 Gemeinsam arbeiten

Einige Aufgabenstellungen bearbeitet ihr in einer kleinen Gruppe. So könnt ihr vorgehen:
1. **Worum geht es?**
   Jeder denkt zuerst alleine über die Aufgabe nach und verschafft sich einen Überblick über das Thema.
2. **Was müssen wir tun?**
   Sprecht miteinander. Beantwortet die Fragen im Kasten rechts. Plant die Schritte, die zu erledigen sind.
3. **Wer macht was?**
   Teilt die Arbeitsschritte unter euch auf.
4. Bearbeitet **euren Teil** der Aufgabe.
5. Führt eure Arbeiten **zusammen** und verbessert euch gegenseitig.

- Haben wir etwas Ähnliches schon einmal gemacht?
- Was hat uns dabei geholfen?
- Haben wir Notizen, auf die wir zurückgreifen können?
- Welche Strategien aus dem Buch können wir nutzen?
- Welchen Wortschatz und welche Grammatik brauchen wir?

VOCABULAIRE

Vokabeln lernen

Benutzt das **Vocabulaire** in eurem Buch und die Tipps zu den Unités (ab Seite 156).

Vokabeln sammeln und ordnen
Sammelt Wörter, die zu einem bestimmten Sachgebiet gehören. Ihr könnt dafür z. B. ein Ringbuch benutzen. Ordnet die Wörter in **Vokabelnetzen** an. Nehmt pro Sachgebiet eine ganze Seite und lasst ausreichend Platz, sodass ihr das Vokabelnetz später ergänzen könnt.

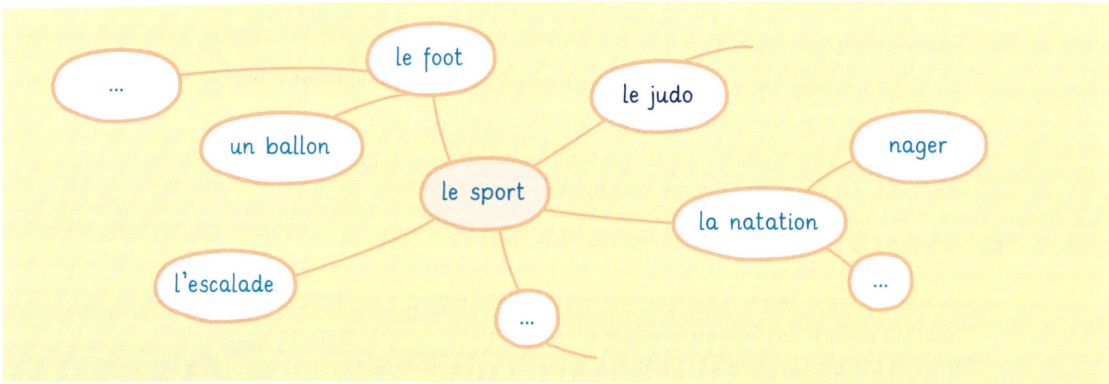

Tragt in eure Vokabelnetze auch solche Wörter ein, die für euch persönlich wichtig sind.
Eine Auswahl von Wörtern zu verschiedenen Themen findet ihr in der Rubrik **„Mon dico personnel"** jeweils am Ende einer *Unité* im *Vocabulaire* (z. B. S. 174).

Stratégies

131–180

Vokabeln mit dem PC, Tablet oder Smartphone lernen
Die Lernwörter könnt ihr im Internet anhören und nachsprechen. Ihr könnt die vertonten Vokabeln auch auf euer Smartphone oder euren MP3-Player laden.
Die Vokabeln könnt ihr auch mit einer App lernen und üben.
Mehr dazu erfahrt ihr unter www.klett.de.

Sprachaufnahmen
Um Wörter zu lernen und um eure Aussprache zu verbessern, könnt ihr eigene Sprachaufnahmen machen. Hört sie an, vergleicht sie mit den Tonaufnahmen zu eurem Buch und verbessert sie.

ÉCOUTER

Hörverstehen

Nutzt die Tonaufnahmen zu eurem Buch, um euch an die Sprache zu gewöhnen. Ihr findet sie im Cahier d'activités. Hört die Texte an und lest sie im Buch mit.

So könnt ihr mit Hör-Aufgaben umgehen:
Lest **vor dem Hören** die Aufgabe genau durch und beantwortet die folgenden Fragen:
- Was erfahrt ihr in der Aufgabenstellung über das Thema des Hörtextes?
- Was wisst ihr schon zu diesem Thema, welche Wörter kennt ihr?
- Was wird in der Aufgabenstellung verlangt? Geht es darum, insgesamt zu verstehen, worum es geht? Oder sollt ihr bestimmte Informationen heraushören?

Insgesamt verstehen, worum es geht

Hört die Tonaufnahme an und macht kurze Notizen zu diesen Fragen:
- **Wer** spricht?
- **Wie** sprechen die Leute? Achtet auf den Tonfall.
- **Was** geschieht? Worüber wird gesprochen? Achtet auch auf Geräusche. Sie können helfen, die Situation zu verstehen.

Qui?	Comment?	Quoi?
Wer?	Wie?	Was?

Bestimmte Informationen heraushören
Manchmal geht es darum, bestimmte Informationen zu verstehen. Ihr müsst nicht jedes einzelne Wort verstehen. Konzentriert euch auf Schlüsselwörter, die zum Thema passen. Wenn ihr z. B. herausfinden wollt, was jemand mag, achtet darauf, was er nach dem Schlüsselwort *J'aime …* sagt. Wenn ihr eine Uhrzeit verstehen wollt, konzentriert euch auf das Schlüsselwort *heure(s)* und die Zahlen, die ihr hört.

ÉCOUTER REGARDER

Hörsehverstehen

Hört zu und seht genau hin: In Filmen und Videoclips enthalten die Bilder schon viele Informationen (Wer? Was? Wo?). Achtet auf den Tonfall, die Bewegungen und den Gesichtsausdruck der Menschen. Sie können euch dabei helfen, zu verstehen, was gesagt wird. Achtet auch auf die Kameraeinstellung. Wenn z. B. etwas plötzlich in Großaufnahme erscheint, ist es für den Inhalt besonders wichtig.

LIRE

Leseverstehen

Insgesamt verstehen, worum es geht

- **Vor dem Lesen**
  Was für eine Art Text ist es? Ist es ein Dialog, eine E-Mail, ein Prospekt, …?
  Welche Informationen enthalten die Überschrift und die Bilder, wenn es welche gibt? Stellt euch vor, worum es in dem Text gehen könnte.

- **Während des Lesens**
  Lest den Text einmal ganz durch. Wenn ihr ein Wort nicht versteht, lest trotzdem weiter. Notiert kurze Stichworte zu den „W-Fragen".

Qui?	Comment?	Quoi?
Wer?	Wie?	Was?

- **Nach dem Lesen**
  Seht eure Notizen durch. Formuliert kurze Sätze zu euren Stichworten.
  So gebt ihr die Hauptaussage des Textes wieder.

Bestimmte Informationen herauslesen

Überlegt, was ihr schon wisst und welche Wörter zu der gesuchten Information ihr schon kennt. Das sind mögliche Schlüsselwörter für eure Suche. Hier ein paar Beispiele:

Gesuchte Information		Mögliche Schlüsselwörter für die Suche
Was wird im Text über Fußball gesagt?	→	foot, match, club, PSG, Mbappé, but, …
Was kostet der Eintritt?	→	Zahlen, Euro, …
Wer kommt zu spät?	→	tard, arriver, …

Überfliegt den Text mit den Augen und sucht nach solchen Schlüsselwörtern. Sobald ihr ein Schlüsselwort entdeckt habt, beginnt, genau zu lesen. Schreibt die gefundene Information auf.

Wörter erschließen

Manche französische Wörter sind leicht, weil sie in anderen Sprachen ganz ähnlich sind. Manche Wörter könnt ihr verstehen, wenn ihr auf den Zusammenhang des Textes achtet.

Französisch	Weitere Sprache	Muttersprache	Wortfamilie	Zusammenhang
arriver	Englisch: to arrive			
une pièce	Englisch: piece	Türkisch: piyes		Es geht um eine Theater-AG
une invitée	Englisch: to invite		→ inviter qn	Es geht um ein Fest

Die markierten Wörter in den folgenden Sätzen habt ihr noch nicht gelernt:
Was hilft euch dabei, die Sätze trotzdem zu verstehen?

Mme Bertucat est policière. Elle aime son travail.
Aujourd'hui, elle cherche sa carte de police.

Stratégies

PARLER

Sprechen

Aussprache
Bei der richtigen Aussprache der Wörter und Sätze helfen euch

- die Tonaufnahmen zu eurem Buch: hört zu und sprecht nach,
- euer Französischlehrer / eure Französischlehrerin,
- die Prononciation-Übungen (z. B. Übung 4, S. 18),
- die Lautzeichen S. 157 und Übungen dazu, z. B. S. 52/9.
- Wörter, die ihr schon gelernt habt, z. B.
  neu: escalier (Treppe)   →   **schon gelernt:** escalade, quartier

Fließend sprechen
Das Vorlesen kann euch helfen, fließend sprechen zu lernen. So könnt ihr mit einem Partner üben: Nehmt euer Buch und setzt euch eurem Partner gegenüber. Lest nun einen Satz leise, bis ihr ihn auswendig könnt. Blickt dann eurem Partner in die Augen. Sprecht den Satz laut, aber ohne dabei ins Buch zu sehen. Wechselt euch ab, bis der ganze Text gelesen ist.

Redewendungen griffbereit
Nützliche Wendungen für den Alltag findet ihr in den Unités in den gelben *On-dit*-Kästen. Auf Seite 92 steht z. B., wie ihr etwas zu trinken bestellt.

Sammelt diese Wendungen, damit ihr sie jederzeit schnell zur Verfügung habt. Ihr könnt euch auch einen **„Sprechfächer"** basteln. Schreibt oben auf das jeweilige Fächerblatt das Thema, z. B. „Verabreden" und darunter wichtige Wendungen.

Wichtige Wörter zum Thema (dico personnel) könnt ihr auf die Rückseite der Fächerblätter schreiben. Verwendet verschiedene Farben für verschiedene Themen.

Für den Sprechfächer braucht ihr Pappe, Schere und eine Klammer.

Dialoge und Rollenspiele vorbereiten
Manchmal geht es darum, Dialoge nachzusprechen.
In manchen Aufgaben müsst ihr auch selbst Szenen erfinden.
Klärt folgende Punkte, bevor es losgeht:

- Haben wir alle verstanden, was wir tun müssen?
- Haben wir die Rollen verteilt?
- Haben wir Notizen, die uns helfen?
- Welche Aussagen sind wichtig und müssen betont werden? Was können wir tun, damit es nicht eintönig klingt?
- Welche Bewegungen und welcher Gesichtsausdruck passen zu unseren Aussagen?

Versucht bei Rollenspielen, lebendig zu sprechen und möglichst wenig vom Blatt abzulesen. Merkt euch ganze Satzteile und Sätze und sprecht sie am Stück.

Etwas vortragen / Präsentieren

Ein Vortrag richtet sich an Zuhörer. Ihr Interesse soll geweckt werden und sie sollen alles verstehen. Wichtige Punkte für einen Vortrag sind z. B:

Thema	Die Zuhörer wissen, worum es geht.
Inhalt	Der Inhalt und die Gliederung ist klar, es gibt einen roten Faden.
Sprechweise	Der Vortrag ist deutlich zu verstehen. Die Betonung ist lebendig und abwechslungsreich.
Kontakt zu Zuhörern	Die Zuhörer werden angeschaut, es wird nicht alles abgelesen.
Bilder / Plakate / Medien	Bilder sind gut ausgewählt, Plakate sind gut gegliedert und lesbar.

Sprecht darüber, was zu einer guten Präsentation gehört. Ergänzt Punkte, die für eure jeweilige Aufgabenstellung wichtig sind.

Notizen für einen Vortrag machen

Knickt ein Blatt links zur Mitte (an der gestrichelten Linie). Schreibt links ganze Sätze auf, rechts nur Stichwörter. Klappt das Blatt zu. Seht beim Vortragen nur auf die Stichwörter. Falls ihr ins Stocken kommt, könnt ihr das Blatt kurz aufklappen und in euren Sätzen nachlesen. Übt zuhause mit euren Notizen. Versucht, frei zu sprechen. Orientiert euch dabei an euren Stichworten.

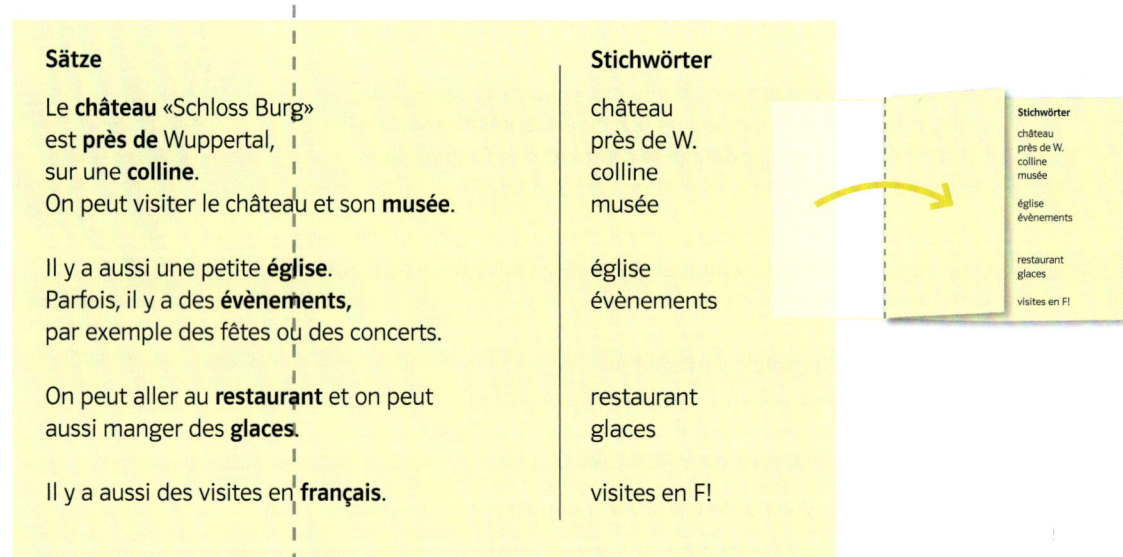

Sätze	Stichwörter
Le **château** «Schloss Burg» est **près de** Wuppertal, sur une **colline**. On peut visiter le château et son **musée**.	château près de W. colline musée
Il y a aussi une petite **église**. Parfois, il y a des **évènements,** par exemple des fêtes ou des concerts.	église évènements
On peut aller au **restaurant** et on peut aussi manger des **glaces**.	restaurant glaces
Il y a aussi des visites en **français**.	visites en F!

Vortragen

Begrüßt eure Zuhörer am Anfang. Sagt dann, worüber ihr sprecht. Seht die Zuhörer immer wieder an, während ihr sprecht. Achtet auf eine lebhafte Betonung. Fragt die Zuhörer am Ende, ob sie noch Fragen haben.

Aufgabe für die Zuhörer

Hört genau zu und macht euch Notizen. Gebt den Vortragenden nach dem Vortrag eine Rückmeldung *(feedback)*. Sagt, was ihr gut fandet und was ihr verbessern würdet. Grundlage sind die Punkte für eine gute Präsentation, auf die ihr euch zu Beginn geeinigt habt.

ON DIT

Etwas vortragen

Bonjour.
Je vais parler de …
…
Est-ce que vous avez des questions?

Stratégies

ÉCRIRE

Schreiben

Abschreiben

Abschreiben ist eine gute Übung für den Anfang. Versucht dabei, euch ein ganzes Wort zu merken und es auf einmal aufzuschreiben. Vergleicht dann Buchstabe für Buchstabe, ob ihr es genau so geschrieben habt, wie es im Buch steht. Nehmt euch die Zeit zu vergleichen, dann macht ihr weniger Fehler! Versucht es auch mit ganzen Sätzen.

Vor einer Schreibaufgabe

Wenn ihr einen eigenen Text schreibt, macht euch zuerst klar, um welche Art Text es geht. Was gehört zu dieser Art Text? Eine E-Mail braucht z. B. eine E-Mail-Adresse und einen „Betreff". Der Mailtext beginnt und endet mit einem Gruß.

Beginnt nicht sofort zu schreiben, sondern sammelt die wichtigen Punkte zuerst auf einem Stichwortzettel. Wenn ihr über eine Person schreibt, kann der Stichwortzettel z. B. so aussehen, wie rechts abgebildet.

Sucht in eurem Buch nach Mustern für euren eigenen Text. Ihr möchtet eure Familie vorstellen? Seht mal nach, wie Jules das macht (Unité 3, S. 49/1).

```
nom: _____
âge: _____
anniversaire: _____
frère: _____
sœur: _____
amis: _____
aime: _____
déteste: _____
```

Während des Schreibens

Verbindet eure Sätze mit Verbindungswörtern wie *et, mais, parce que, d'abord, après, puis, …*

Nach dem Schreiben

Macht eine kurze Pause. Lest den Text dann noch einmal genau durch.
- Versteht ihr, was ihr geschrieben habt?
- Fehlt etwas?
- Entdeckt ihr Fehler?

Verbessert sie und schreibt sie in euer Fehlerprotokoll (S. 147).
Bei Übungsaufgaben könnt ihr auch zusammenarbeiten und eure Texte gegenseitig korrigieren. Achtet besonders auf diese Fehlerquellen:

Angleichung von Begleiter und Nomen	un**e** maison, **des** cadeau**x**, **ma** copin**e**
Angleichung von Nomen und Adjektiv	un**e** maison blan**che**, Lola est conten**te**
Angleichung von Subjekt und Verb	elle**s** aim**ent**; tu habite**s**
Akzente, Apostrophe usw.	j'ai une idée, l'anniversaire d'Elsa, ça coûte 5 euros

MK
Mit dem Computer schreiben

Die meisten Schreibprogramme haben eine Rechtschreibprüfung. Markiert euren Text und legt die Sprache für die Korrektur fest. In Word geht das im Menü „Überprüfen" unter dem Punkt „Sprache". Falls ihr ein anderes Schreibprogramm benutzt, seht in der „Hilfe" nach, wie das bei euch funktioniert. Sucht nach dem Stichwort „Korrekturhilfe".

Auf der folgenden Seite seht ihr, wie ihr *accents, cédilles* usw. am Computer schreiben könnt.

cent-cinquante-trois 153

Französische Sonderzeichen auf der Tastatur
Für das Tippen von *accents, cédilles* usw. gibt es verschiedene Möglichkeiten.
Man muss dazu nicht unbedingt die Tastatur auf Französisch umstellen.

Smartphones und Tablets
Haltet die Taste für den Grundbuchstaben gedrückt und wählt dann das benötigte Zeichen aus. Seht unter *Einstellungen – Tastatur – Sprache* nach, ob französische Zeichen auf eurem Gerät schon installiert sind.

Notebook und PC

Caractères		Microsoft Windows	Apple MacIntosh
'	apostrophe	Taste rechts von Ä: shift + #	
´	accent aigu	Taste rechts von ß	
`	accent grave	Taste rechts von ß: shift + `	
^	accent circonflexe	Taste links von der Ziffer 1	
à	a accent grave	shift + ´ + a	
â	a accent circonflexe	^ + a	
é	e accent aigu	´ + e	
è	e accent grave	shift + ` + e	
ê	e accent circonflexe	^ + e	
î	i accent circonflexe	^ + i	
ù	u accent grave	shift + ` + u	
û	accent circonflexe	^ + u	
ç	c cédille	Alt + 0231	Alt (option) + c
Ç	c cédille majuscule	Alt + 0199	Alt (option) + shift + c
ë	e tréma	Alt + 0235	Alt (option) + u + e
Ë	e tréma majuscule	Alt +0203	Alt (option) + u + shift + e
ï	i tréma	Alt + 0239	Alt (option) + u + i
Ï	i tréma majuscule	Alt + 0207	Alt (option) + u + shift + i
œ	oe collés	Alt + 0156	Alt (option) + ö
Œ	oe collés majuscule	Alt + 0140	Alt (option) + shift + ö

Die **Ziffern** müssen auf dem **Nummernblock** der Tastatur eingegeben werden. Wenn ihr keinen Nummernblock habt, müsst ihr euch über die Eingabemöglichkeiten eures Geräts informieren.

---

1 Tastaturbelegung und Tastenkürzel können je nach Betriebssystem und Tastaturlayout abweichen.
2 shift – Taste für Großbuchstaben

Stratégies

MÉDIATION

Sprachmittlung

Bei der *Médiation* geht es darum, jemandem zu helfen, der die Sprache – Französisch oder Deutsch – nicht so gut kennt wie ihr. Es geht nicht darum, wörtlich zu übersetzen.

Entscheidend ist, was der andere wissen möchte. Am besten könnt ihr helfen, wenn ihr euch in den anderen hineinversetzt und euch klarmacht, welche Information wirklich interessant für ihn ist. Unwichtiges könnt ihr weglassen.

Drückt die Inhalte mit euren eigenen Worten aus. Wenn ihr ein wichtiges Wort nicht wisst, könnt ihr versuchen es zu **umschreiben**:

> **ON DIT**
> **Etwas umschreiben**
> c'est quelque chose comme …
> c'est pour faire …
> avec ça, on peut …
> comme ça, on …

1. mit einem **Oberbegriff**	Erdbeeren	→	C'est un fruit rouge.
2. mit einer **Erklärung**	Lebkuchen	→	Chez nous, c'est un petit gâteau de Noël.
3. mit einem **Vergleich**	tauchen	→	C'est comme nager mais sous l'eau.
4. mit dem **Gegenteil**	„Du isst langsam!"	→	Tu ne manges pas vite!
5. mit **Beispielen**	ein Tier	→	C'est par exemple un chat ou un dauphin.

MK

Informationen im Internet finden

Je genauer eure Suchbegriffe sind, desto besser sind die Suchergebnisse. Hier ein paar Tipps:

- Schreibt die **Suchbegriffe auf Französisch,** um französische Internetseiten zu finden.
- Setzt eure Suchbegriffe in **Anführungszeichen,** dann wird genau nach diesem Begriff gesucht.
- **Grenzt die Suche zeitlich ein:** Wenn ihr z. B. ein aktuelles Lied von Gims finden wollt, gebt z. B. „Gims" und eine Jahreszahl ein. Ihr könnt auch im Suchfilter des Browsers die Suche auf eine bestimmte Zeit eingrenzen, z. B. „letzter Monat".
- Wenn ihr eine Seite mit interessanten Inhalten findet, versucht nicht, alles durchzulesen. Konzentriert euch auf das, was ihr finden wollt (→ S. 150, „Bestimmte Informationen herauslesen").
- Du kannst mit **Strg + F** auch die Suchfunktion des Browsers nutzen, um innerhalb einer Internetseite einen bestimmten Begriff zu finden.

LE COIN MÉDIAS

Es gibt Apps, die Musik erkennen. Wenn ihr ein französisches Lied im Radio hört, könnt ihr mit einer solchen App gleich herausfinden, wie das Lied und die Gruppe heißen. Dann könnt ihr euch im Internet weiter über die Gruppe informieren.

Vocabulaire

Weitere Tipps zum Vokabellernen findest du in den **Stratégies** auf Seite 148–149!

Vokabeln lernen und nachschlagen

A131–180 🔊 Mit dem **Vocabulaire** kannst du die Wörter der Reihe nach im Zusammenhang lernen. Die Lernwörter kannst du anhören und nachsprechen.
Benutze die **alphabetische Wortliste** am Ende des Buchs oder ein Wörterbuch zum Nachschlagen.

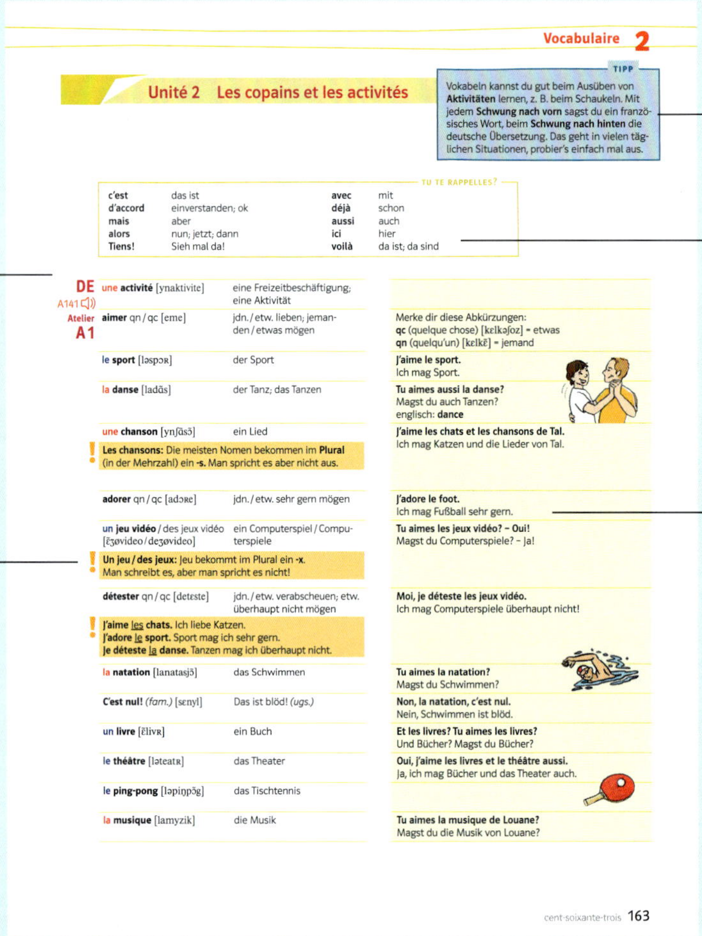

Der **Tipp** macht jeweils einen Vorschlag, wie du lernen kannst. Probiere aus, ob er dir beim Lernen und Behalten hilft.

Die **roten Buchstaben und Zahlen** zeigen dir, in welchen Texten die Wörter vorkommen.

Wiederholungskasten
Diese Wörter hast du schon gelernt. Prüfe, ob du sie noch kannst!

Formen, die du lernen musst oder **Hinweis** auf sprachliche Zusammenhänge.

Die **Beispielsätze** in der gelben Spalte zeigen dir, wie die Wörter verwendet werden. Damit kannst du dich gut auf Vokabeltests vorbereiten.

Mon dico personnel

Aus den blau gedruckten Wörtern kannst du **auswählen**. Lerne diejenigen, die wichtig sind, um deine persönlichen Interessen auszudrücken. Lege dafür ein Vokabelheft als **Persönliches Wörterbuch** an. Gliedere es nach Themen wie z. B. „Meine Hobbys" oder „Meine Lieblingsfeste".

🇫🇷 **Vis-à-vis** Diese Kästchen informieren dich über landeskundliche Besonderheiten, z. B. wie sich Franzosen begrüßen und vieles mehr.

AUF EINEN BLICK
Hier findest du **Zusammenfassungen** zu einem Thema. *Blaue Wörter* in den Kästen dienen der Ergänzung. Sie kommen später dran, du musst sie hier noch nicht unbedingt können.

156 cent-cinquante-six

Vocabulaire

A131–180 🔊 **Aussprache und Lautzeichen**

Die Aussprache der Lernwörter kannst du **anhören**.
Die **Lautzeichen** sind ebenfalls sehr hilfreich, um die Aussprache zu lernen.

Vokale (Selbstlaute)

[a]	m**a**d**a**me	wie in B**a**n**a**ne		[o]	**au**ssi	wie in R**o**se
[e]	**é**couter	wie in **E**lefant		[ɔ]	c**o**mment	wie in L**o**ch
[ə]	j**e** m'app**e**lle	wie in Tass**e**		[ø]	monsi**eu**r	wie in b**ö**se
[ɛ]	je m'app**e**lle	wie in b**e**llen		[œ]	t-sh**i**rt	wie in W**ö**rter
[i]	**i**l, b**i**zarre	wie in Br**i**lle, L**ie**be		[u]	bonj**ou**r	wie in M**u**t
				[y]	Sal**u**t!	wie in T**ü**r

Konsonanten (Mitlaute)

[ʒ]	**bon**jour	wie in **J**ournalist		[v]	**V**iens!	wie in **W**asser
[f]	**f**amille, **ph**oto	wie in **F**amilie, **F**oto		[ɲ]	Allema**gn**e	wie in Lasa**gn**e
[ʁ]	bonjou**r**	wie in **R**ad, hö**r**en		[ŋ]	pi**ng**-po**ng**	wie in Pi**ng**-Po**ng**
[s]	dé**t**e**s**ter	wie in Fe**s**t		[ʃ]	**ch**at	wie in **sch**ön
[z]	bi**z**arre	wie in **S**aal, Ro**s**e				

Nasalvokale

[ɔ̃]	b**on**jour	
[ɑ̃]	croiss**ant**	werden durch die Nase gesprochen und deshalb **Nasalvokale** genannt
[ɛ̃]	bi**en**	

Halbkonsonanten

[j]	b**i**en	wie in **j**a
[w]	t**oi**	wie in englisch: **w**ater
[ɥ]	je s**u**is	kurz gesprochenes [y], gehört zum folgenden Vokal

Symbole und Abkürzungen

fam.	familier (= umgangssprachlich)
ugs.	umgangssprachlich
f.	féminin (= feminin, weiblich)
m.	masculin (= maskulin, männlich)
sg.	singulier (= Singular, Einzahl)
pl.	pluriel (= Plural, Mehrzahl)
qc	quelque chose (= etwas)
qn	quelqu'un (= jemand)

→	Wortfamilie
↔	Gegensatz, Antonym
⌾	Hinweis auf die Aussprache
‿	Liaison: Zwei Wörter werden wie ein Wort ausgesprochen, z. B. les‿amis [lezami]
✏	Schreibung beachten!

Au début

Au début

1 **Bienvenue!** [bjɛ̃vny] — Willkommen! ⇔ Das **en** in b**ien**venue wird „durch die Nase" ausgesprochen [ɛ̃]. Das geht leichter, wenn du dabei lächelst.

A131

Bonjour. [bɔ̃ʒuʁ] — Guten Tag! ⇔ B**on**jour: Das **j** wird [ʒ] ausgesprochen wie in „**J**ournalist".

je m'appelle [ʒəmapɛl] — ich heiße

⇔ **Bonjour! Je m'appelle Célia.**
Guten Tag! Ich heiße Célia.
je m'app**elle**: [ɛ] wie in b**ell**en

moi [mwa] — ich *(betont)* — Sag mal „**W**ow!" Damit bist du schon ganz nah an dem Laut -**oi**-[wa].

c'est [sɛ] — das ist — **C'est Hugo.** Das ist Hugo. c'**est**: [ɛ] wie in b**ell**en

Salut! *(fam.)* [saly] — Hallo! *(ugs.)*; Grüß dich! *(ugs.)* ; Tschüs! *(ugs.)* ⇔ sal**ut**: [y] wie in T**ü**r. Das **t** am Ende spricht man nicht.

> **Vis-à-vis** — Mit **Salut!** kann man Freunde begrüßen und auch verabschieden. Kennt man sich nicht so gut oder grüßt man Erwachsene, dann sagt man «**Bonjour madame!**» (zu einer Frau) oder «**Bonjour monsieur!**» (zu einem Mann).

et [e] — und ⇔ et: Das **t** am Ende spricht man nicht aus. Es bleibt „stumm" wie bei „Salut".

toi [twa] — du *(betont)* ⇔ toi: [w] wie das **w** bei „**W**ow!".

comment [kɔmɑ̃] — wie *(Frage)* ⇔ Auch der Laut [ɑ̃] in comm**en**t wird „durch die Nase" ausgesprochen.

Tu t'appelles comment? [tytapɛlkɔmɑ̃] — Wie heißt du? — **Moi, je m'appelle Liane. Et toi, tu t'appelles comment?** Ich heiße Liane. Und du, wie heißt du?

2 **Ça va?** [sava] — Wie geht's? ⇔ Das Häkchen unter dem **ç** bedeutet, dass man das **c** [s] ausspricht. Es klingt, wie wenn eine Schlange zischt. Das Häkchen nennt man „**une cédille**".

A132

un bisou [ɛ̃bizu] — ein Küsschen ⇔ Das **s** spricht man stimmhaft: [z]. Es klingt, wie wenn eine Biene **s**ummt.

merci [mɛʁsi] — danke — **Ça va? – Ça va, merci.** Wie geht's? – Es geht mir gut, danke.

5 **À bientôt !** [abjɛ̃to] — Bis bald! ⇔ Das **t** am Ende spricht man nicht, wie bei **Salut.**

A133

oui [wi] — ja

à plus *(fam.)* [aplys] — Bis später!

bien *adv.* [bjɛ̃] — gut *(Adv.)* ⇔ Fällt dir der Nasalvokal [ɛ̃] schwer? Versuche mal, bei der Aussprache zu lächeln.

Ça va bien. [savabjɛ̃] — Es geht (mir) gut.

Au revoir! [ɔʁvwaʁ] — Auf Wiedersehen! ⇔ **au** revoir: [ɔ] wie in L**o**ch.

voilà [vwala] — da ist / das ist; da sind / das sind — **Voilà Arthur!** Das ist Arthur! [wa] wie bei **toi** und **moi.**

Bonjour les amis! [bɔ̃ʒuʁlezami] — Guten Tag, Freunde! ⇔ **les amis** wird gesprochen wie **ein** Wort: [lezami].

Vocabulaire 1

Unité 1   Bonjour Paris!

> **TIPP**
> **un** oder **une**? Lerne die Nomen immer mit ihren Begleitern! Du kannst die **männlichen** Nomen **blau**, die **weiblichen** Nomen **rot** aufschreiben oder markieren.

— TU TE RAPPELLES? —

Die *Tu te rappelles?*-Kästen erinnern dich an Wörter, die du schon gelernt hast und die in dieser Unité wieder vorkommen.

Bonjour!	Guten Tag!	Ça va bien.	Es geht mir gut.
Je m'appelle …	Ich heiße …	À bientôt!	Bis bald!
Ça va?	Wie geht's?	Au revoir!	Auf Wiedersehen!

DE
A134

Paris [paʀi]		Hauptstadt Frankreichs	⇔ Im Französischen wird das **s** von Pari**s** nicht ausgesprochen.
la **tour Eiffel** [latuʀɛfɛl]		der Eiffelturm	
une **place** [ynplas]		ein Platz	Wer hätte das gedacht? Einige englische Wörter kommen aus dem Französischen! englisch: **place**
un **parc** [ɛ̃paʀk]		ein Park	englisch: **park**
une **station** [ynstasjɔ̃]		eine Station; eine Haltestelle	⇔ Das zweite **t** in sta**t**ion wird [s] ausgesprochen. englisch: **station**
le **métro** [ləmetʀo]		die Metro; die U-Bahn	une **station de métro** eine Metro-Station
une **rue** [ynʀy]		eine Straße	une **rue à Paris** eine Straße in Paris
un **café** [ɛ̃kafe]		ein Café	
un **quartier** [ɛ̃kaʀtje]		ein Stadtviertel	⇔ Das **qu** wird im Französischen **als** [k] ausgesprochen.

Atelier A1
A135

cool (fam.) [kul]	cool (ugs.)	
Où est …? [uɛ]	Wo ist …?	**Où est Max? Où est Lola?** Wo ist Max? Wo ist Lola?
on est [ɔ̃nɛ]	man ist; wir sind (ugs.)	**On** heißt „man". Umgangssprachlich (Abkürzung: ugs.) wird es häufig für „wir" verwendet.
là [la]	da; dort	**On est là, maman!** Wir sind da, Mama!
maman (f.) [mamɑ̃]	Mama; Mutti	⇔ Das **an** am Ende von **maman** wird [ɑ̃] ausgesprochen, wie bei **comment**.
madame … [madam]	Frau …	**Bonjour madame!** Guten Tag! (zu einer Frau)

> 🇫🇷 **Vis-à-vis** Im Französischen ist man gerne höflich. **Bonjour madame** ist höflicher als ein einfaches **Bonjour**.

Attention! [atɑ̃sjɔ̃]	Achtung!; Vorsicht!	⇔ atten**t**ion: [s] wie bei sta**t**ion.
Pardon. [paʀdɔ̃]	Verzeihung.; Entschuldigung.	Als Frage bedeutet **Pardon?** auch **Wie bitte?**
je suis [ʒəsɥi]	ich bin	
un **ami** / une **amie** [ɛ̃nami / ynami]	ein Freund / eine Freundin	**Je suis une amie.** Ich bin eine Freund**in**.
de / **d'** [də]	aus; von	**Je suis une amie d'Elsa.** Ich bin eine Freundin von Elsa.

> ❗ **Apostrophierung:** Wenn das folgende Wort mit einem **Vokal** beginnt (**a, e, i, o, u**), dann wird bei dem Wörtchen **de** das **e** abgeschnitten und durch einen **Apostroph** ersetzt.

un **voisin** / une **voisine** [ɛ̃vwazɛ̃ / ynvwazin]	ein Nachbar / eine Nachbarin	**Safia est une voisine de Max et Lola.** Safia ist eine Nachbarin von Max und Lola.
tu es [tyɛ]	du bist	**Tu es où, Merlin? Ah, tu es là!** Wo bist du, Merlin? Ah, da bist du!

cent-cinquante-neuf **159**

1

un **chat** [ɛ̃ʃa]	eine Katze	⇔	Der Laut [ʃ] in **ch**at wird -**sch**- ausgesprochen wie in **sch**ön.
il est [ilɛ]	er ist		
sympa *(fam.)* [sɛ̃pa]	nett; toll		**Oh, un chat! Il est sympa!** Oh, eine Katze! Die ist aber nett!
on fait un tour *(fam.)* [ɔ̃fɛɛ̃tuʀ]	wir drehen eine Runde		**On fait un tour?** Drehen wir eine Runde?

> ❗ **Fragen stellen:** Wenn du am Ende des Satzes die Stimme anhebst, wird aus einer Aussage eine Frage: **On fait un tour.** (Aussage) – **On fait un tour?** (Frage).

Viens! [vjɛ̃]	Komm! *(Aufforderung)*		**vien**s: [ɛ̃] „Nasalvokal" wie in vois**in**.
d'accord [dakɔʀ]	einverstanden; o.k.		**Tu es d'accord? – Oui!** Bist du einverstanden? – Ja!
papa [papa]	Papa	⇔	Die Betonung liegt auf dem zweiten **-a**!
Regarde! [ʀəgaʀd]	Schau! *(Aufforderung)*; Sieh mal!		
ici [isi]	hier; hierher		
non [nɔ̃]	nein		**C'est bien ici, non?** Das ist gut hier, nicht wahr?

A2
A136 🔊

une **question** [ynkɛstjɔ̃]	eine Frage	⇔	Das **qu** wird im Französischen als [k] ausgesprochen. englisch: **question**

> ❗ **Das ist praktisch:** Die Bedeutung mancher französischer Wörter kannst du aus dem **Englischen** ableiten, z. B. **place, attention, station** oder **question.**

A4
A137 🔊

une **fille** [ynfij]	ein Mädchen; eine Tochter	⇔	Sprich den Laut [ij:] in f**ille** wie **i** + ein starkes **j** aus.
un **copain** / une **copine** *(fam.)* [ɛ̃kɔpɛ̃ / ynkɔpin]	ein Freund / eine Freundin		Maskulin (männlich) und feminin (weiblich): Vergleiche mit **un voisin / une voisine.**

> ❗ **Copain / copine** ist **umgangssprachlich** (französisch: *familier*). Das «normale» Wort für Freund / Freundin ist **un ami / une amie (Standardsprache).**

une **dame** [yndam]	eine Dame; eine Frau		
un **monsieur** [ɛ̃məsjø]	ein Herr; ein Mann		**Bonjour monsieur!** Guten Tag! (zu einem Mann) Sprich den Laut [ø] in monsi**eur** als langes **-ö-** wie in b**ö**se.
un **garçon** [ɛ̃gaʀsɔ̃]	ein Junge		
Allez! [ale]	Los! *(Aufforderung)*		

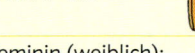

A6
A138 🔊

il [il]	er		**Voilà un garçon. Il est de Nice.** Da ist ein Junge. Er ist aus Nizza.
elle [ɛl]	sie		**Voilà une fille. Elle est de Nice.** Da ist ein Mädchen. Sie ist aus Nizza.

m. (maskulin)		f. (feminin)	
il	er	**elle**	sie
un **garçon**	ein Junge	une **fille**	ein Mädchen
un **cop**a**in** *(fam.)*	ein Freund *(ugs.)*	une **cop**in**e** *(fam.)*	eine Freundin *(ugs.)*
un **ami**	ein Freund	une **ami**e	eine Freundin
un **monsieur**	ein Herr	une **dame**	eine Dame
un **vois**i**n**	ein Nachbar	une **vois**in**e**	eine Nachbarin

Vocabulaire 1

Atelier B 1
A139

un **perroquet** [ɛ̃pɛʀɔkɛ]	ein Papagei	**Arthur est un perroquet.** Arthur ist ein Papagei.	
être [ɛtʀ]	sein	**Max et Lola sont à Paris.** Max und Lola sind in Paris.	

! **être: je suis** ich bin, **tu es** du bist, **il est** er ist, **elle est** sie ist, **on est** man ist / wir sind, **nous sommes** wir sind, **vous êtes** ihr seid, **ils sont / elles sont** sie sind.
Vous steht auch für die höfliche Anrede (= «Sie»).

avec [avɛk]	mit		
dans [dɑ̃]	in	**Ils sont dans le parc.** Sie sind im Park.	
Tiens ! [tjɛ̃]	Sieh mal da!		
C'est quoi, ça? *(fam.)* [sɛkwa]	Was ist (denn) das?		
ça [sa]	das		
un **portable** [ɛ̃pɔʀtabl]	ein Handy; ein Mobiltelefon		
mais [mɛ]	aber		
C'est qui? *(fam.)* [sɛki]	Wer ist das?	**C'est qui? – C'est Arthur.** Wer ist das? – Das ist Arthur.	
mamie *(fam.)* [mami]	Omi *(ugs.)*	**Arthur est le perroquet de mamie.** Arthur ist der Papagei von Omi.	
super *(fam.)* [sypɛʀ]	toll *(ugs.)*; super *(ugs.)*	**Il est super.** Er ist super.	
J'ai douze ans. [ʒeduzɑ̃]	Ich bin zwölf (Jahre alt).	**Je suis Lola. J'ai 12 ans.** Ich bin Lola. Ich bin 12.	
un **frère** [ɛ̃fʀɛʀ]	ein Bruder	**Max est le frère de Lola.** Max ist Lolas Bruder.	
une **sœur** [ynsœʀ]	eine Schwester	**Nous sommes frère et sœur.** Wir sind Geschwister.	
Il / Elle a onze ans. [il/ɛlaɔ̃zɑ̃]	Er / sie ist 11 (Jahre alt).	**Jules a onze ans.** Jules ist elf.	
aussi [osi]	auch	**Moi aussi!** Ich auch!	
alors [alɔʀ]	nun; jetzt; dann	**Alors, à bientôt!** Na dann bis bald!	
déjà [deʒa]	schon	**Nous sommes déjà là.** Wir sind schon da.	
pour [puʀ]	für	**C'est une copine pour toi.** Das ist eine Freundin für dich.	

B 2 A140
ce sont [səsɔ̃]	das sind	**Voilà un garçon et une fille. Ce sont Jules et Zoé.** Da ist ein Junge und ein Mädchen. Das sind Jules und Zoé.	

B 5
une **réponse** [ynʀepɔ̃s]	eine Antwort	↔ **une question** (eine Frage) Der Doppelpfeil bedeutet „das Gegenteil" von.	

B 6
Coucou! [kuku]	Kuckuck!; Hallo!	**Un, deux, trois, coucou, c'est moi!** Eins, zwei, drei, Kuckuck! Ich bin's!	

Un, deux, trois ... So zählt man auf Französisch

0	**zéro** [zeʀo]	4	**quatre** [katʀ]	8	**huit** [ɥit]	12	**douze** [duz]
1	**un** [ɛ̃]	5	**cinq** [sɛ̃k]	9	**neuf** [nœf]	13	**treize** [tʀɛz]
2	**deux** [dø]	6	**six** [sis]	10	**dix** [dis]	14	**quatorze** [katɔʀz]
3	**trois** [tʀwa]	7	**sept** [sɛt]	11	**onze** [ɔ̃z]		

1

B 10 Pour faire une fiche personnelle — seine persönlichen Angaben machen

AUF EINEN BLICK

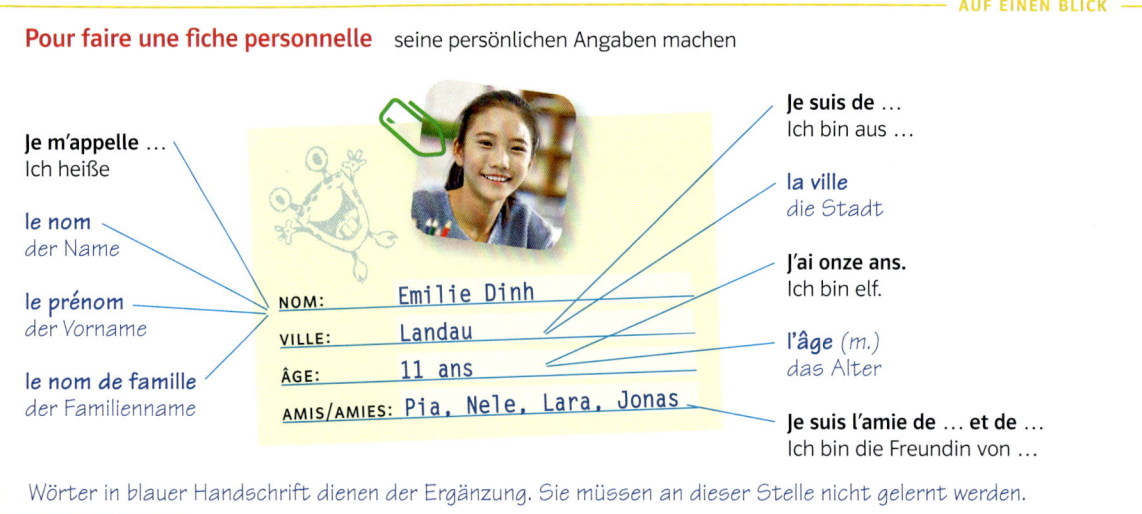

Je m'appelle …
Ich heiße

le nom
der Name

le prénom
der Vorname

le nom de famille
der Familienname

NOM: Emilie Dinh
VILLE: Landau
ÂGE: 11 ans
AMIS/AMIES: Pia, Nele, Lara, Jonas

Je suis de …
Ich bin aus …

la ville
die Stadt

J'ai onze ans.
Ich bin elf.

l'âge (m.)
das Alter

Je suis l'amie de … et de …
Ich bin die Freundin von …

Wörter in blauer Handschrift dienen der Ergänzung. Sie müssen an dieser Stelle nicht gelernt werden.

SP 3

Mon dico personnel

Je suis de …   Ich bin aus …

Cologne [kɔlɔɲ]	Köln	**Hambourg** [ãbuʀ]	Hamburg	**Brême** [bʀɛm]	Bremen
Aix-la Chapelle [ɛkslaʃapɛl]	Aachen	**Fribourg** [fʀibuʀ]	Freiburg	**Bâle** [bal]	Basel
Berlin [bɛʀlɛ̃]	Berlin	**Hanovre** [anɔvʀə]	Hannover	**Berne** [bɛʀn]	Bern
Cassel [kasɛl]	Kassel	**Jéna** [jena]	Jena	**Zurich** [zyʀik]	Zürich
Coblence [koblɑ̃s]	Koblenz	**Magdebourg** [magdəbuʀ]	Magdeburg	**Genève** [ʒənɛv]	Genf
Dresde [dʀɛsd]	Dresden	**Mayence** [majɑ̃s]	Mainz	**Salzbourg** [saltsbuʀ]	Salzburg
Francfort [fʀɑ̃kfɔʀ]	Frankfurt	**Sarrebruck** [saʀbʀyk]	Saarbrücken	**Vienne** [vjɛn]	Wien

Vocabulaire 2

Unité 2 Les copains et les activités

TIPP

Vokabeln kannst du gut beim Ausüben von **Aktivitäten** lernen, z. B. beim Schaukeln. Mit jedem **Schwung nach vorn** sagst du ein französisches Wort, beim **Schwung nach hinten** die deutsche Übersetzung. Das geht in vielen täglichen Situationen, probier's einfach mal aus.

TU TE RAPPELLES?

c'est	das ist	avec	mit
d'accord	einverstanden; ok	déjà	schon
mais	aber	aussi	auch
alors	nun; jetzt; dann	ici	hier
Tiens!	Sieh mal da!	voilà	da ist; da sind

DE
A141 🔊
Atelier
A1

une **activité** [ynaktivite]	eine Freizeitbeschäftigung; eine Aktivität	
aimer qn / qc [eme]	jdn. / etw. lieben; jemanden / etwas mögen	Merke dir diese Abkürzungen: **qc** (quelque chose) [kɛlkəʃoz] = etwas **qn** (quelqu'un) [kɛlkɛ̃] = jemand
le **sport** [ləspɔʀ]	der Sport	**J'aime le sport.** Ich mag Sport.
la **danse** [ladɑ̃s]	der Tanz; das Tanzen	**Tu aimes aussi la danse?** Magst du auch Tanzen? englisch: **dance**
une **chanson** [ynʃɑ̃sɔ̃]	ein Lied	**J'aime les chats et les chansons de Tal.** Ich mag Katzen und die Lieder von Tal.

! **Les chansons:** Die meisten Nomen bekommen im **Plural** (in der Mehrzahl) ein **-s.** Man spricht es aber nicht aus.

adorer qn / qc [adɔʀe]	jdn. / etw. sehr gern mögen	**J'adore le foot.** Ich mag Fußball sehr gern.
un **jeu vidéo** / des jeux vidéo [ɛ̃ʒøvideo / deʒøvideo]	ein Computerspiel / Computerspiele	**Tu aimes les jeux vidéo? – Oui!** Magst du Computerspiele? – Ja!

! **Un jeu / des jeux:** Jeu bekommt im Plural ein **-x.** Man schreibt es, aber man spricht es nicht!

détester qn / qc [detɛste]	jdn. / etw. verabscheuen; etw. überhaupt nicht mögen	**Moi, je déteste les jeux vidéo.** Ich mag Computerspiele überhaupt nicht!

! **J'aime** les chats. Ich liebe Katzen.
J'adore le sport. Sport mag ich sehr gern.
Je déteste la danse. Tanzen mag ich überhaupt nicht.

la **natation** [lanatasjɔ̃]	das Schwimmen	**Tu aimes la natation?** Magst du Schwimmen?
C'est nul! (fam.) [sɛnyl]	Das ist blöd! (ugs.)	**Non, la natation, c'est nul.** Nein, Schwimmen ist blöd.
un **livre** [ɛ̃livʀ]	ein Buch	**Et les livres? Tu aimes les livres?** Und Bücher? Magst du Bücher?
le **théâtre** [ləteatʀ]	das Theater	**Oui, j'aime les livres et le théâtre aussi.** Ja, ich mag Bücher und das Theater auch.
le **ping-pong** [ləpiŋpɔ̃g]	das Tischtennis	
la **musique** [lamyzik]	die Musik	**Tu aimes la musique de Louane?** Magst du die Musik von Louane?

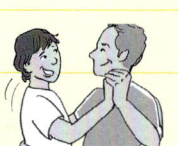

cent-soixante-trois **163**

2

l'**escalade** (f.) [lɛskalad]	das Klettern	
le **foot** [ləfut]	der Fußball (als Sportart)	

A 2 A142 🔊 **chez** qn [ʃe]	bei jdm.	**Nous sommes chez Max et Lola.** Wir sind bei Max und Lola.
les **Bertucat** [lebɛʀtyka]	die Bertucats (Familienname)	Im Französischen wird an den Familiennamen kein **-s** angehängt!
écouter qn/qc [ekute]	jdm. zuhören; etw. anhören	**Lola écoute une chanson.** Lola hört ein Lied an.
entrer [ãtʀe]	eintreten; hereinkommen	**Max entre.** Max kommt herein.
le **silence** [ləsilãs]	die Ruhe; die Stille	englisch: **silence**
s'il te plaît [siltəplɛ]	bitte (wenn man jemanden duzt)	**Lola, silence, s'il te plaît!** Lola, Ruhe, bitte!
s'il vous plaît [silvuplɛ]	bitte (wenn man mehrere Personen anspricht oder jdn. siezt)	**Max et Lola, silence, s'il vous plaît.** Max und Lola, Ruhe bitte!
travailler [tʀavaje]	arbeiten	**Je travaille.** Ich arbeite.
danser [dãse]	tanzen	→ **la danse** (der Tanz) Wörter aus der gleichen Wortfamilie kann man leicht verstehen, auch wenn man sie noch nicht gelernt hat.
en silence [ãsilãs]	still; ohne Lärm zu machen	
un **casque** [ɛ̃kask]	ein Kopfhörer	

tard [taʀ]	spät	
plus tard [plytaʀ]	später	
une **chambre** [ynʃãbʀ]	ein (Schlaf-)Zimmer	**Lola entre dans la chambre de Max.** Lola kommt in Max Zimmer herein.
jouer [ʒwe]	spielen	**Tu travailles? – Non, je joue.** Arbeitest du? – Nein, ich spiele. → **un jeu** (ein Spiel)
regarder qn/qc [ʀəgaʀde]	jdn./etw. ansehen; etw. betrachten	**Regarde!** Sieh mal!
un **match** [ɛ̃matʃ]	ein Spiel; ein Wettkampf	**On regarde le match de foot?** Sehen wir das Fußballspiel an?
Ah, bon? [abɔ̃]	Ach ja?; Wirklich?	
ensemble [ãsãbl]	gemeinsam; zusammen	**Nous regardons le match ensemble.** Wir schauen zusammen das Spiel an.
un **but** [ɛ̃by(t)]	ein Ziel; ein Tor (beim Ballspiel)	
A 4 A143 🔊 **chanter** [ʃãte]	singen	Nur die Endungen **-ons** und **-ez** werden **ausgesprochen**. Die anderen (-e, -es, -e, -e, -ent) schreibt man zwar, aber man spricht sie nicht aus. → **une chanson** (ein Lied)

chanter ist ein regelmäßiges Verb. Es hat dieselben **Endungen** wie alle regelmäßigen Verben auf **-er**: je chant**e** (ich singe), tu chant**es** (du singst), il/elle/on chant**e** (er/sie/man singt), nous chant**ons** (wir singen), vous chant**ez** (ihr singt), ils/elles chant**ent** (sie singen).

Vocabulaire 2

chercher qn / qc [ʃɛʀʃe]	jdn. / etw. suchen	
trouver qn / qc [tʀuve]	jdn. / etw. finden	
parler [paʀle]	sprechen	
A7 ou [u]	oder	**Pile ou face?** Kopf oder Zahl? (Name eines Spiels)

A144 🔊 ❗ Verwechsle **ou** = oder nicht mit **où** = wo, das einen *accent grave* trägt. Merke dir den Spruch: «Auf der Oder schwimmt kein Graf.»

A 10 le rock [ləʀɔk]	die Rockmusik	**J'aime bien le rock, et toi?** Ich mag gerne Rock und du?
le rap [ləʀap]	der Rap	**Moi, je déteste le rock. J'adore le rap.** Ich mag Rock überhaupt nicht. Ich mag gerne Rap.
la pop [lapɔp]	der Pop	
le hip-hop [lə'ipɔp]	der Hip-Hop	
l'électro (f.) [lelɛktʀo]	die Elektro-Musik	
la musique classique [lamyzikklasik]	die klassische Musik	**Qui aime la musique classique?** Wer mag klassische Musik?
Atelier B1 Qu'est-ce que …? [kɛskə]	Was …?	**Qu'est-ce que tu cherches?** Was suchst du?
A145 🔊 il y a [ilja]	es gibt; es ist; es sind	
Qu'est-ce qu'il y a? [kɛskilja]	Was gibt es?	Wenn das folgende Wort mit einem Vokal beginnt, dann bleibt von **que** nur **qu'** übrig.
un collège [ɛ̃kɔlɛʒ]	ein Collège	⇔ Das **-g-** wird vor Vokal als **stimmhaftes -sch-** ausgesprochen ausgesprochen: [ʒ].

❗ **Le collège:** Nach der Grundschule (fünf Jahre) gehen alle französischen Kinder für vier Jahre aufs **collège**.

au collège [okɔlɛʒ]	im Collège	**Qu'est-ce qu'il y a au collège?** Was gibt es im Collège?
une cour [ynkuʀ]	ein (Schul-)Hof	**Au collège, il y a une cour.** Im Collège gibt es einen Hof.
un élève / une élève [ɛ̃nelɛv / ynelɛv]	ein Schüler / eine Schülerin	**Les‿élèves jouent dans la cour.** Die Schüler spielen im Hof. ⇔ Achte auf die liaison: [lezelɛv].
un ballon [ɛ̃balɔ̃]	ein Ball	**un ballon de foot** ein Fußball
là-bas [laba]	dort(hin); da drüben	– **Il y a des ballons là-bas.** – Da drüben gibt es Bälle. ǂ **ici** (hier)
encore [ɑ̃kɔʀ]	noch	**Il y a encore des ballons.** Es gibt noch Bälle.
une table [yntabl]	ein Tisch	**une table de ping-pong** eine Tischtennisplatte englisch: **table**
une affiche [ynafiʃ]	ein Plakat; ein Poster	**Lola et Zoé regardent une affiche.** Lola und Zoé sehen ein Plakat an.
un stylo [ɛ̃stilo]	ein Füller; ein Kuli	
un sac [ɛ̃sak]	eine Tasche	
un cahier [ɛ̃kaje]	ein Heft	

2

B 2 A146 🔊	**retrouver** qn / qc [ʀətʀuve]	jdn. treffen; etw. wiederfinden		**Jules retrouve Tom au collège.** Jules trifft Tom im Collège. → **trouver** (finden)
	autre / autre [otʀ]	anderer / andere / anderes	⇔	**les autres élèves** die anderen Schüler Achte auf die liaison: [lezotʀ].
	une idée [ynide]	eine Idee; ein Gedanke		**C'est une idée super.** Das ist eine super Idee.

comme [kɔm]	wie; als	**Qu'est-ce qu'il y a comme activités?** Was gibt es an Aktivitäten?
Je ne sais pas. [ʒənəsɛpa]	Ich weiß (es) nicht.	
arriver [aʀive]	(an)kommen	**Lola et Zoé arrivent.** Lola und Zoé kommen. englisch: **to arrive**
un professeur / une professeure [ɛ̃pʀɔfesœʀ / ynpʀɔfesœʀ]	ein Lehrer / eine Lehrerin	**un professeur de sport / une professeure de sport** ein Sportlehrer / eine Sportlehrerin Kurzform (umgangssprachlich): **un prof / une prof**
un club [ɛ̃klœb]	ein Klub; eine AG *(in der Schule)*	**le club théâtre, le club escalade** die Theater-AG, die Kletter-AG

❗ **Club** [klœb]: Die **französische Aussprache** ursprünglich **englischer Wörter** und Namen klingt oft anders als die richtige englische Aussprache.

une scène [ynsɛn]	eine Szene; eine Bühne	**Nous jouons des scènes.** Wir spielen Szenen. englisch: **scene**
préparer qc [pʀepaʀe]	etw. vorbereiten	englisch: **to prepare**
une pièce (de théâtre) [ynpjɛs]	ein (Theater-)Stück	**Nous préparons une pièce.** Wir bereiten ein Stück vor. englisch: **a piece**
une BD [ynbede]	ein Comic *(Abkürzung von une bande dessinée)*	Abkürzungen bekommen i**m Plural kein -s:** une BD (ein Comic), trois BD (drei Comics).
Qu'est-ce que tu fais?	Was machst du?	**Et toi, Jules, qu'est-ce que tu fais?** Und du Jules, was machst du?
(je suis) désolé / désolée [dezole]	es tut mir leid	
trop [tʀo]	zu viel; zu sehr	
trop tard [tʀotaʀ]	zu spät	**Désolé mais tu arrives trop tard.** Tut mir leid, aber du kommst zu spät.
Que fait …? [kəfɛ]	Was macht …?	**Que fait Jules alors?** Was macht Jules nun?
Pourquoi pas? [puʀkwapa]	Warum nicht?	

Vocabulaire 2

Au collège (I) — In der Schule

le collège	das Collège
un/une élève	ein/eine Schüler(in)
un prof(esseur)	ein Lehrer
une prof(esseure)	eine Lehrerin
une cour	ein Schulhof
une salle de classe [ynsaldəklas]	ein Klassenraum
un gymnase [ɛ̃ʒimnaz]	eine Sporthalle
une cantine [ynkɑ̃tin]	eine Kantine
un stylo	ein Füller; ein Kuli
un sac	eine Tasche
un livre	ein Buch
un cahier	ein Heft
une affiche	ein Plakat

Poser des questions (I) — Fragen stellen

Ohne Fragewort

Tu travailles?	Arbeitest du?
Tu es de Paris?	Bis du aus Paris?
On fait un tour?	Machen wir eine Tour?
Vous êtes d'accord?	Seid ihr einverstanden?
Et toi, Elsa?	Und du, Elsa?
C'est un copain?	Ist das ein Freund?
Ça va?	Wie geht's?
C'est ça?	Stimmt's?

Mit Fragewort

Tu es où?	Wo bist du?
C'est qui?	Wer ist das?
C'est quoi?	Was ist das?
Il est comment?	Wie ist er?
Où est Max?	Wo ist Max?
Que fait Jules?	Was macht Jules?
Qu'est-ce qu'il y a ?	Was gibt es ?
Qu'est-ce que tu fais, Tom?	Was machst du, Tom?

Des verbes en -er — Verben auf -er

aimer qc/qn	Tu **aimes** le foot?	Magst du Fußball?
adorer qc/qn	J'**adore** le foot.	Ich mag Fußball sehr.
arriver	Regarde, le prof **arrive**.	Sieh, da kommt der Lehrer.
chanter	Louane **chante** bien.	Louane singt gut.
chercher qc/qn	Nous **cherchons** le chat.	Wir suchen die Katze.
danser	Les élèves **dansent**.	Die Schüler tanzen.
détester qc/qn	Max **déteste** danser.	Max tanzt überhaupt nicht gerne.
écouter qc/qn	Ils **écoutent** des chansons.	Sie hören Lieder an.
entrer	Lola **entre**.	Lola kommt herein.
jouer	Les élèves **jouent**.	Die Schüler spielen.
parler	Jules **parle** avec le prof.	Jules spricht mit dem Lehrer.
préparer qc	Les élèves **préparent** un jeu.	Die Schüler bereiten ein Spiel vor.
regarder qc/qn	Je **regarde** un match de foot.	Ich sehe mir ein Fußballspiel an.
retrouver	Au collège, Lola **retrouve** les autres.	In der Schule trifft Lola die anderen.
travailler	Vous **travaillez** pour le collège?	Arbeitet ihr für die Schule?
trouver qc/qn	Je **trouve** ça bien.	Das finde ich gut.

SP 3

Mon dico personnel

J'aime / J'adore ...   Ich mag / Ich mag sehr ...

la musique   die Musik
    l'**accordéon** *m.* [lakɔʀdeɔ̃]   das Akkordeon
    la **batterie** [labatəʀi]   das Schlagzeug
    la **guitare** [lagitaʀ]   die Gitarre
    le **piano** [ləpjano]   das Klavier

le sport   der Sport
    l'**athlétisme** *m.* [latletism]   Leichtathletik
    le **basket** [ləbaskɛt]   der Basketball
    le **judo** [ləʒydo]   das Judo
    le **roller** [ləʀɔlœʀ]   Rollerskaten
    le **vélo** [ləvelo]   das Fahrrad / das Radfahren

la nature [lanatyʀ]   die Natur
    un **animal / les animaux**   ein Tier / Tiere
    le **chien** [ləʃjɛ̃]   der Hund
    le **cheval** [ləʃəval]   das Pferd
    le **lapin** [ləlapɛ̃]   das Kaninchen

La technique [latɛknik]   die Technik
    la **voiture** [lavwatyʀ]   das Auto
    le **drone** [lədʀon]   die Drohne
    la **moto** [lamoto]   das Motorrad
    l'**ordinateur** *m.* [lɔʀdinatœʀ]   der Computer

Les médias [lemedja]   die Medien
    les **jeux en ligne** *m.* [leʒøɑ̃liɲ] Online-Spiele
    la **télé(vision)** [latelevizjɔ̃]   Fernsehen
    le **ciné(ma)** [ləsinema]   Kino
    les **réseaux sociaux** *m.* [leʀezosɔsjo]   soziale Netzwerke
    les **séries télévisées** *f.* [leseʀitelevize]   (Fernseh-)Serien

Vocabulaire 3

Unité 3   L'anniversaire de Jules

TIPP
Lerne die neuen Wörter in **kleinen Portionen** von höchstens 10-15 Wörtern. Weniger ist oft mehr: wenn du **regelmäßig 10 Minuten** übst, ist das viel besser als nur ab und zu. Beim nächsten Vokabeltest wirst du punkten!

TU TE RAPPELLES?

chez	bei	Tu es où?	Wo bist du?
il y a	es gibt; es ist; es sind	Qu'est-ce que tu fais?	Was machst du?
plus tard	später	Qu'est-ce que tu as?	Was hast du?
bientôt	bald		

DE

A147

un **anniversaire** [ɛ̃nanivɛʁsɛʁ]	ein Geburtstag	
le dix novembre [lədinɔvɑ̃bʁə]	am zehnten November	L'anniversaire de Jules, c'est le dix novembre. Jules Geburtstag ist am zehnten November.
une **fête** [ynfɛt]	ein Fest	
Joyeux anniversaire! [ʒwajøzaniveʁsɛʁ]	Alles Gute zum Geburtstag!; Herzlichen Glückwunsch zum Geburtstag!	⇔ Achte auf die *liaison*: [ʒwajøzaniveʁsɛʁ].
un **gâteau** / des **gâteaux** [ɛ̃gato / degato]	ein Kuchen	Plural mit -x: un gâteau – deux gâteaux.
une **bougie** [ynbuʒi]	eine Kerze	
un **cadeau** / des **cadeaux** [ɛ̃kado]	ein Geschenk; Geschenke	Plural mit -x: un cadeau – deux cadeaux.

Atelier A1

A148

une **famille** [ynfamij]	eine Familie	⇔ Sprich den Laut [ij]: in **famille** wie **i** + ein starkes **j** aus, wie bei **une fille** (ein Mädchen).
aujourd'hui [oʒuʁdɥi]	heute	Aujourd'hui, c'est mon anniversaire. Heute habe ich Geburtstag.
dimanche [dimɑ̃ʃ]	am Sonntag; Sonntag	C'est dimanche. Es ist Sonntag.
mon / ma / mes [mɔ̃ / ma / me]	mein; meine	Voilà mes parents: ma mère et mon père. Das sind meine Eltern: Mein Vater und meine Mutter.
des **grands-parents** (m., pl.) [degʁɑ̃paʁɑ̃]	Großeltern	La fête est chez mes grands-parents. Das Fest ist bei meinen Großeltern.
habiter [abite]	wohnen	Ils habitent à Fontainebleau. Sie wohnen in Fontainebleau.
une **mère** [ynmɛʁ]	eine Mutter	ma mère meine Mutter
un **père** [ɛ̃pɛʁ]	ein Vater	mon père mein Vater
une **belle-mère** [ynbɛlmɛʁ]	eine Stiefmutter	Voilà ma belle-mère. Das ist meine Stiefmutter.
un **beau-père** [ɛ̃bopɛʁ]	ein Stiefvater	Et voilà mon beau-père. Und das ist mein Stiefvater.
il s'appelle / elle s'appelle [ilsapɛl / ɛlsapɛl]	er heißt / sie heißt	La belle-mère de Jules s'appelle Sophie. Jules' Stiefmutter heißt Sophie.
un **enfant** [ɛ̃nɑ̃fɑ̃]	ein Kind	⇔ Achte auf die Bindung: le**s_e**nfants [lezɑ̃fɑ̃].
bien sûr [bjɛ̃syʁ]	sicherlich; na klar!	
un **grand-père** [ɛ̃gʁɑ̃pɛʁ]	ein Großvater	Mon grand-père s'appelle Pierre. Mein Großvater heißt Pierre.
une **grand-mère** [yngʁɑ̃mɛʁ]	eine Großmutter	Ma grand-mère s'appelle Caroline. Meine Großmutter heißt Caroline.

cent-soixante-neuf **169**

3

les **parents** *(m.) (pl.)* [leparɑ̃]	die Eltern	**Voilà mes parents.** Das sind meine Eltern. englisch: **my parents**
un **fils** [ɛ̃fis]	ein Sohn	Das **-l-** wird geschrieben, aber nicht gesprochen: [ɛ̃fis]!
un **frère** [ɛ̃fʀɛʀ]	ein Bruder	**Max est le frère de Lola.** Max ist Lolas Bruder.
une **sœur** [ynsœʀ]	eine Schwester	**Nous sommes frère et sœur.** Wir sind Geschwister.

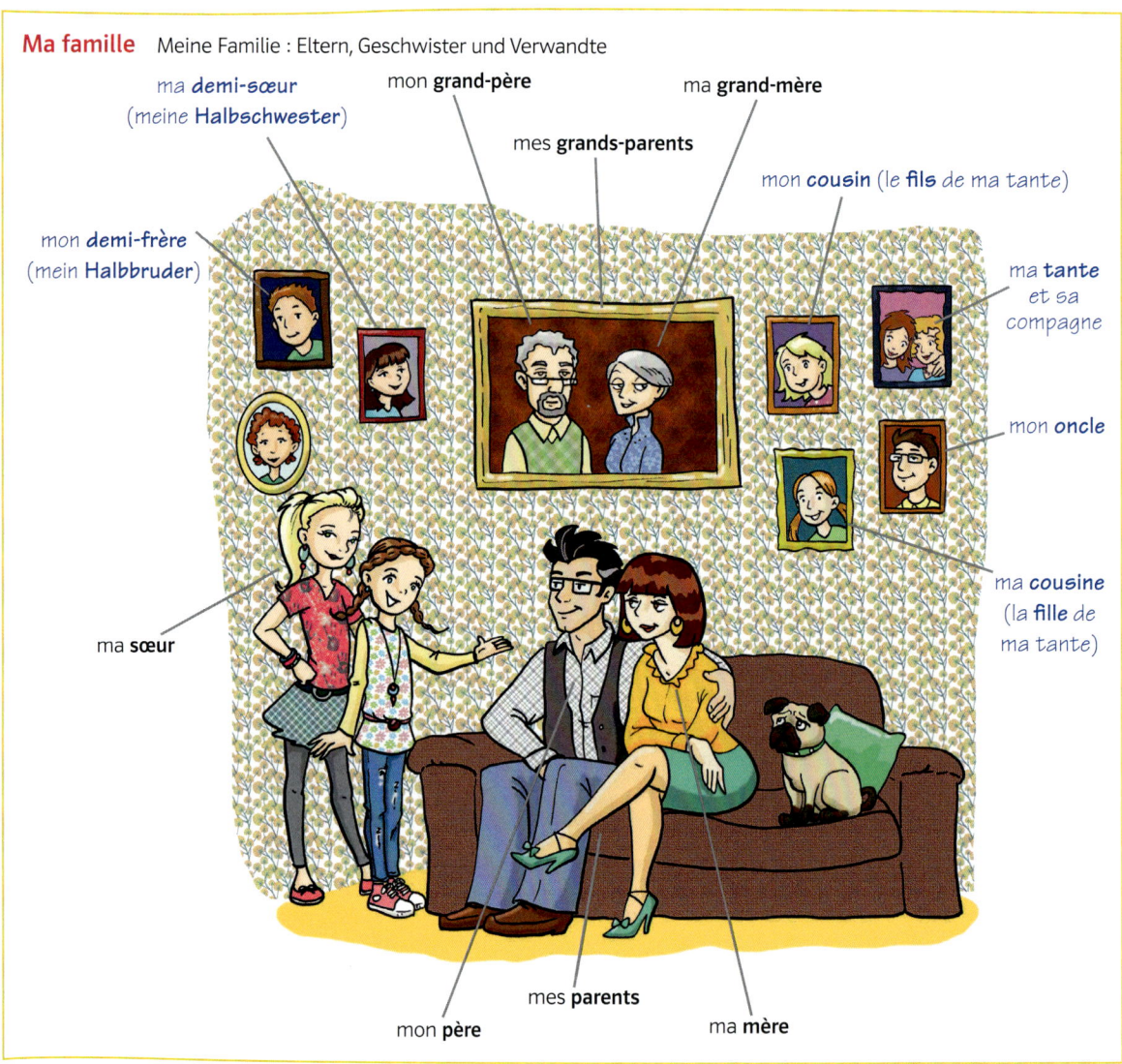

Ma famille Meine Familie : Eltern, Geschwister und Verwandte

ma **demi-sœur** (meine **Halbschwester**)
mon **grand-père**
ma **grand-mère**
mes **grands-parents**
mon **cousin** (le **fils** de ma tante)
mon **demi-frère** (mein **Halbbruder**)
ma **tante** et sa compagne
mon **oncle**
ma **cousine** (la **fille** de ma tante)
ma **sœur**
mon **père**
mes **parents**
ma **mère**

A3
A149

un **jour** [ɛ̃ʒuʀ]	ein Tag	**un jour de fête** ein Festtag
une **gare** [yngaʀ]	ein Bahnhof	
un **train** [ɛ̃tʀɛ̃]	ein Zug	**À la gare, ils cherchent le train pour Fontainebleau.** Am Bahnhof suchen sie den Zug nach Fontainebleau. englisch: **train**
sur [syʀ]	auf; über	**Sur la table, il y a un livre sur Paris.** Auf dem Tisch liegt ein Buch über Paris.

Vocabulaire 3

un **message** [ɛ̃mɛsaʒ]	eine Mitteilung, eine Nachricht;	Bip! Sur le portable de Jules, il y a un message de Tom. Pieps! Auf Jules' Mobiltelefon ist eine Nachricht von Tom. **englisch: message**
ton / ta / tes [tɔ̃/ta/te]	dein; deine	C'est quand, ton anniversaire? Wann hast du Geburtstag?
quand [kɑ̃]	wann	
La chance! [laʃɑ̃s]	Du Glückspilz!; Glück muss man haben!	
fêter qc [fete]	etw. feiern	Jules fête son anniversaire à Fontainebleau. Jules feiert seinen Geburtstag in Fontainebleau.
génial (fam.) [ʒenjal]	genial; toll	
un **rocher** [ɛ̃ʁɔʃe]	ein Fels	Il y a des rochers pour l'escalade. Da gibt es Felsen zum Klettern. **englisch: rock** 
inviter qn [ɛ̃vite]	jdn. einladen	Jules invite Lola. Jules lädt Lola ein. ⇔ **in-** wird durch die Nase ausgesprochen: [ɛ̃] **englisch: to invite**
en famille [ɑ̃famij]	mit der Familie	Il fête son anniversaire en famille. Er feiert seinen Geburtstag mit der Familie.
son / sa / ses [sɔ̃/sa/se]	sein / seine; ihr / ihre	Jules parle avec son père. Lola parle avec son père. Jules spricht mit seinem Vater. Lola spricht mit ihrem Vater.
en plus [ɑ̃plys]	außerdem; zusätzlich	un cadeau en plus ein zusätzliches Geschenk
maintenant [mɛ̃tnɑ̃]	jetzt	Le train arrive maintenant à la gare. Der Zug kommt jetzt am Bahnhof an.
une **maison** [ynmɛzɔ̃]	ein Haus	La maison des grands-parents est à Fontainebleau. Das Haus der Großeltern ist in Fontainebleau.
! **La maison des grands parents: Des** setzt sich hier zusammen aus **de + les**.		
papi (m.) (fam.) [papi]	Opa (ugs.)	Bonjour mamie, bonjour papi! Guten Tag Oma, guten Tag Opa! 
une **photo** [ynfoto]	ein Foto	Abkürzung von **une photographie**
C'est l'horreur! [sɛlɔʁœʁ]	Das ist schrecklich!	

quinze, seize ... So zählt man ab 15. Die Zahlen bis 14 findest du auf S. 161.

Die Zahlen stehen übrigens auch auf jeder Seite unten bei den Seitenzahlen!

		20	**vingt** [vɛ̃]		30	**trente** [tʁɑ̃t]	
		21	**vingt-et-un** [vɛ̃teɛ̃]		31	**trente-et-un** [tʁɑ̃teɛ̃]	
		22	**vingt-deux** [vɛ̃tdø]		32	**trente-deux** [tʁɑ̃tdø]	
		23	**vingt-trois** [vɛ̃ttʁwa]		33	**trente-trois** [tʁɑ̃ttʁwa]	
		24	**vingt-quatre** [vɛ̃tkatʁ]		34	**trente-quatre** [tʁɑ̃tkatʁ]	
15	**quinze** [kɛ̃z]	25	**vingt-cinq** [vɛ̃tsɛ̃k]		35	**trente-cinq** [tʁɑ̃tsɛ̃k]	
16	**seize** [sɛz]	26	**vingt-six** [vɛ̃tsis]		36	**trente-six** [tʁɑ̃tsis]	
17	**dix-sept** [disɛt]	27	**vingt-sept** [vɛ̃tsɛt]		37	**trente-sept** [tʁɑ̃tsɛt]	
18	**dix-huit** [dizɥit]	28	**vingt-huit** [vɛ̃tɥit]		38	**trente-huit** [tʁɑ̃tɥit]	
19	**dix-neuf** [diznœf]	29	**vingt-neuf** [vɛ̃tnœf]		39	**trente-neuf** [tʁɑ̃tnœf]	

3

A 8	**février** (m.) [fevʁije]	Februar	
A 9	un **mois** [ɛ̃mwa]	ein Monat	
	une **année** [ynane]	ein Jahr	**L'année a douze mois.** Das Jahr hat zwölf Monate.

Les mois de l'année   Von Januar bis Dezember

janvier [ʒɑ̃vje]	Januar		**juillet** [ʒɥijɛ]	Juli
février [fevʁije]	Februar		**août** [ut]	August
mars [maʁs]	März		**septembre** [sɛptɑ̃bʁ]	September
avril [avʁil]	April		**octobre** [ɔktɔbʁ]	Oktober
mai [mɛ]	Mai		**novembre** [nɔvɑ̃bʁ]	November
juin [ʒɥɛ̃]	Juni		**décembre** [desɑ̃bʁ]	Dezember

Die Monate sind im Französischen alle **maskulin**:

le premier janvier, le premier février …   der erste Januar, der erste Februar, …

le deux mars, le trois avril, le quatre mai …   der 2. März, der 3. April, der 4. Mai, …

A 10	un **calendrier** [ɛ̃kalɑ̃dʁije]	ein Kalender	**le calendrier des anniversaires** der Geburtstagskalender
A 7	**âge** (m.) [lɑʒ]	das Alter	englisch: age
A150 🔊	**Tu as quel âge?** [tyakɛlɑʒ]	Wie alt bist du?	**Tu as quel âge? – J'ai douze ans.** Wie alt bist du? – Ich bin 12.
	le premier [ləpʁəmje]	der erste	**Mon anniversaire, c'est le premier mai.** Ich habe am 1. Mai Geburtstag.
Atelier A151 🔊 **B 1**	**Allô?** [alo]	Hallo? (am Telefon)	

Vis-à-vis   **Allô:** Wenn man angerufen wird, meldet man sich in Frankreich nicht sofort mit seinem Namen, sondern zuerst nur mit «Oui» oder «Allô?».

	parfois [paʁfwa]	manchmal	**Dans le train, on trouve parfois des choses.** Im Zug findet man manchmal Sachen.
	une **chose** [ynʃoz]	eine Sache; ein Ding	**quelque chose:** etwas
	avoir [avwaʁ]	haben	**J'ai un cadeau pour toi.** Ich habe ein Geschenk für dich. Im Französischen gibt man sein **Alter** mit dem Verb **avoir** an: **J'ai douze ans.** (Wörtlich: „Ich habe 12 Jahre.")
!	j'**ai** [ʒe], tu **as** [tya], il **a** [ila], elle **a** [ɛla], on **a** [ɔ̃na], nous_**avons** [nuzavɔ̃], vous_**avez** [vuzave], ils_**ont** [ilzɔ̃], elles_**ont** [ɛlzɔ̃].		
	très [tʁɛ]	sehr	**Les grands-parents ont une maison très sympa.** Die Großeltern haben ein sehr nettes Haus.
	un **invité** / une **invitée** [ɛ̃nɛ̃vite / ynɛ̃vite]	ein Gast	**Jules a une invitée. C'est Lola.** Jules hat einen Gast. Es ist Lola. → **inviter qn** (jdn. einladen)
	une **surprise** [ynsyʁpʁiz]	eine Überraschung	englisch: surprise
	je voudrais [ʒəvudʁɛ]	ich möchte gerne	**Je voudrais parler avec Caroline** Ich möchte gerne mit Caroline sprechen.
B 3 A152 🔊	**puis** [pɥi]	dann	**On chante, puis il y a le gâteau.** Man singt, dann gibt es den Kuchen.
	compter qc [kɔ̃te]	etw. zählen	**Jules compte: un, deux, trois,** … Jules zählt: ein, zwei, drei, … ⇔ Das **-p-** in **compter** spricht man nicht: [kɔ̃te]. englisch: to count

cent-soixante-douze

Vocabulaire 3

notre / nos [nɔtʀ/no]	unser / unsere	**notre cadeau, nos cadeaux** unser Geschenk, unsere Geschenke
un **t-shirt** [ɛtiʃœʀt]	ein T-Shirt	
une **casquette** [ynkaskɛt]	eine Kappe; eine Schirmmütze	
Qu'est-ce que c'est? [kɛskəsɛ]	Was ist das?	**Qu'est-ce que c'est, leur cadeau?** Was ist ihr Geschenk?
leur / leurs [lœʀ]	ihr; ihre	
un **baudrier** [ɛ̃bodʀije]	ein Klettergurt	
une **corde** [ynkɔʀd]	ein Seil	**Jules a un baudrier et une corde pour l'escalade.** Jules hat einen Klettergurt und ein Seil zum Klettern.
votre / vos [vɔtʀ/vo]	euer / eure; ihr / ihre	**Merci pour vos cadeaux.** Danke für eure Geschenke.
embrasser qn [ɑ̃bʀase]	jdn. küssen; jdn. umarmen	**Jules embrasse ses parents.** Jules umarmt seine Eltern.
manger qc [mɑ̃ʒe]	etw. essen	**Nous mangeons ensemble.** Wir essen zusammen.
❗ **manger**: je mange, tu manges, il / elle / on mange, nous mang**e**ons, vous mangez, ils / elles mangent		
… hein? (fam.) [ˈɛ̃]	…, oder?	
une **affaire** [ynafɛʀ]	eine Sache, eine Angelegenheit;	**Ce sont tes affaires?** Sind das deine Sachen?
peut-être [pøtɛtʀ]	vielleicht	**Où est Alice? Elle joue peut-être avec son ballon.** Wo ist Alice? Sie spielt vielleicht mit ihrem Ball.
un **jardin** [ɛ̃ʒaʀdɛ̃]	ein Garten	**Elle est peut-être dans le jardin.** Sie ist vielleicht im Garten.
un **arbre** [ɛ̃naʀbʀ]	ein Baum	**Alice est dans l'arbre.** Alice ist auf dem Baum.
avoir peur [avwaʀpœʀ]	Angst haben	**Elle a peur.** Sie hat Angst.
monter [mɔ̃te]	hinaufgehen; einsteigen	**Jules monte dans l'arbre.** Jules steigt auf den Baum.
comme ça [kɔmsa]	so; auf diese Weise	**Ça va comme ça?** Geht das so?
deviner qc [dəvine]	etw. erraten	**Qu'est-ce que c'est? – Devine.** Was ist das? – Rate mal.

AUF EINEN BLICK

Wendungen mit *avoir*

mit Artikel
↓

avoir un message	Jules **a** un message de Tom.	Jules hat eine Nachricht von Tom (bekommen).
avoir une idée	Tu **as** une idée?	Hast du eine Idee?
avoir des invités	Ils **ont** des invités.	Sie haben Gäste.

ohne Artikel
↓

avoir 12 ans	J'**ai** 12 ans.	Ich bin 12.
avoir peur	Vous **avez** peur?	Habt ihr Angst?
avoir mal	J'ai mal, ici!	Mir tut hier etwas weh.

3

AUF EINEN BLICK

Poser des questions (II)   Fragen stellen

Qu'est-ce que c'est ?	Was ist das?	Qu'est-ce que tu as?	Was hast du?
Qu'est-ce que tu fais?	Was machst du?	Qu'est-ce qu'il y a?	Was gibt es?
Tu as quel âge?	Wie alt bist du?	Ton anniversaire, c'est quand?	Wann hast du Geburtstag?

Qu'est-ce que: Geschrieben **10 Buchstaben**, aber gesprochen nur **2 Silben:** [kɛskə]! Das gefällt mir!

Les fêtes en France   Feste, die in Frankreich gefeiert werden.

l'anniversaire (m.) [lanivɛʀsɛʀ]	der Geburtstag
la fête des rois (m.) [lafɛtdeʀwa]	Heilige Drei Könige
le « poisson d'avril » [ləpwasɔ̃davʀil]	der „Aprilfisch" (französischer Aprilscherz)
Pâques (f.) [pak]	Ostern
la Fête de la musique [lafɛtdəlamysik]	„Fest der Musik" in Frankreich am 21. Juni
le 14 Juillet: la Fête nationale [ləkatɔʀzjɥjɛ]	14. Juli: Nationalfeiertag
Noël (m.) [nɔɛl]	Weihnachten
le nouvel An [lənuvɛlɑ̃]	Neujahr
un mariage [ɛ̃maʀjaʒ]	eine Hochzeit
un baptême [ɛ̃batɛm]	eine Taufe

SP 3

Mon dico personnel

Notre fête   Unser Fest

une **tombola** [yntɔ̃bola]	eine Tombola
un **buffet** [ɛ̃byfɛ]	ein Buffet
la **décoration** [ladekɔʀasjɔ̃]	die Dekoration
une **crêpe** [ynkʀɛp]	eine Crêpe (ein französischer Pfannkuchen)
une **quiche** [ynkiʃ]	eine Quiche (salziger Kuchen)
des **petits gâteaux** [depətigato]	Kekse
des **chips** [deʃips]	Chips
un **orangina** [ɛ̃nɔ̃ʀɑ̃ʒina]	eine Orangenlimonade

Vocabulaire 4

Unité 4 — Une journée de surprises

TIPP

Schaffe dir ein **angenehmes Lernumfeld**, in dem du ungestört bist.
Bahn, Bus, Bett, Badewanne: Hilfreich ist auch, wenn du **immer an denselben Orten** lernst. So wird Lernen zur Gewohnheit und das gibt gute Noten!

TU TE RAPPELLES?

encore	noch	ensemble	gemeinsam
aujourd'hui	heute	comme ça	so, solch
en plus	außerdem, zusätzlich	peut-être	vielleicht
là-bas	dort; dorthin	Mais pourquoi?	Aber warum?
C'est génial!	Das ist super!/genial!	C'est nul!	Das ist blöd!

Atelier A1 — A153 🔊

mercredi *(m.)* [mɛʀkʀədi]	Mittwoch; am Mittwoch	
un matin [ɛ̃matɛ̃]	ein Morgen	
avant [avɑ̃]	vor	**Avant les cours, Zoé prépare son sac.** Vor dem Unterricht bereitet Zoé ihre Tasche vor.
un cours [ɛ̃kuʀ]	eine Unterrichtsstunde	
un lit [ɛ̃li]	ein Bett	**Jules est encore au lit.** Jules liegt noch im Bett.
un bus [ɛ̃bys]	ein Bus	**Le bus arrive!** Der Bus kommt!
un arrêt de bus [ɛ̃naʀɛdəbys]	eine Bushaltestelle	**Tom est à l'arrêt de bus.** Tom ist an der Bushaltestelle.
l'allemand *(m.)* [lalmɑ̃]	Deutsch	**Il regarde son livre d'allemand.** Er sieht sein Deutschbuch an.
une boulangerie [ynbulɑ̃ʒʀi]	eine Bäckerei	**Lola est à la boulangerie.** Lola ist in der Bäckerei.
le matin [ləmatɛ̃]	morgens	Achte auf den Unterschied: **un matin**: ein Morgen, **le matin**: morgens.
toujours [tuʒuʀ]	immer	**Le matin, elle retrouve toujours les autres au collège.** Morgens trifft sie die anderen immer im Collège.

A2 — A154 🔊

après [apʀɛ]	nach; danach	**Qu'est-ce que tu fais après les cours?** Was machst du nach dem Unterricht?
un après-midi [ɛ̃napʀɛmidi]	ein Nachmittag	
un soir [ɛ̃swaʀ]	ein Abend	

A3

une heure [ynœʀ]	eine Stunde; eine Uhrzeit	
commencer [kɔmɑ̃se]	anfangen	**Les cours commencent à huit heures.** Der Unterricht beginnt um acht Uhr.

❗ **commencer:** je commence, tu commences, il/elle/on commence, nous commençons, vous commencez, ils/elles commencent

une interrogation écrite [ynɛ̃teʀɔgasjɔ̃ekʀit]	eine *(schriftliche)* Klassenarbeit	**Aujourd'hui, Tom a une interrogation écrite d'allemand.** Tom schreibt heute eine Deutsch-Klassenarbeit. Abkürzung *(fam.)*: une interro
avoir cours [avwaʀkuʀ]	Unterricht haben	**Les élèves ont cours.** Die Schüler haben Unterricht.
Chut! [ʃyt]	Pst!	
une minute [ynminyt]	eine Minute	**Encore cinq minutes!** Noch fünf Minuten!

	la **récréation** [laʁekʁeasjɔ̃]	die Pause	**À dix heures moins dix, c'est la récréation.** Um zehn vor zehn ist Pause. Abkürzung *(fam.)*: la récré
	un **CDI** *(un centre de documentation et d'information)* [ɛ̃sedei]	ein CDI *(Dokumentations- und Informationsstelle einer Schule)*	
	avoir faim [avwaʁfɛ̃]	Hunger haben	**Lola a déjà faim.** Lola hat schon Hunger.
	midi [midi]	zwölf Uhr mittags	**Il est midi cinq.** Es ist fünf nach zwölf (Uhr mittags).
	une **cantine** [ynkɑ̃tin]	eine Kantine	**À la cantine, on mange bien.** In der Kantine isst man gut.
	à une heure	um ein Uhr	
	quitter qc [kite]	etw. verlassen	**Les amis mangent, puis ils quittent la cantine.** Die Freunde essen, dann verlassen sie die Kantine.
	les **toilettes** *(f.)* [letwalɛt]	die Toilette	**Jules est aux toilettes.** Jules ist auf der Toilette.
A 4 A155	**Quelle heure est-il?** [kɛlœʁɛtil]	Wie viel Uhr ist es?; Wie spät ist es?	
	à quelle heure? [akɛlœʁ]	um wie viel Uhr?	
	de … à [də … a]	von … bis	

AUF EINEN BLICK

L'heure Die Uhrzeit

sept heures — cinq — dix — et quart — vingt — vingt-cinq — et demie

Quelle heure est-il?	Wie viel Uhr ist es ?
Il est sept heures.	Es ist sieben Uhr.
Il est sept heures cinq.	Es ist sieben Uhr und fünf Minuten.
Il est sept heures et quart.	Es ist Viertel nach sieben.
Il est sept heures vingt.	Es ist zwanzig nach sieben.
Il est sept heures et demie.	Es ist halb acht.

huit heures — moins cinq — moins dix — moins le quart — moins vingt — moins vingt-cinq

Il est huit heures moins cinq.	Es ist fünf vor acht.
Il est huit heures moins le quart.	Es ist Viertel vor acht.
Il est huit heures moins vingt.	Es ist zwanzig vor acht.
Tu manges à quelle heure ?	Wann isst du ?
Je mange à une heure.	Ich esse um eins.
Je mange de une heure à une heure et demie.	Ich esse von eins bis halb zwei.

A 5 A156	**aller** [ale]	gehen; fahren	**Les élèves vont au collège.** Die Schüler gehen ins Collège.
!	**aller: je vais, tu vas, il/elle/on va, nous allons, vous allez, ils/elles vont**		
	ne … pas [nə pa]	nicht	**Les profs ne sont pas là.** Die Lehrer sind nicht da.
	rentrer [ʁɑ̃tʁe]	zurückkommen; heimgehen	**Après le collège, les élèves rentrent.** Nach dem Collège gehen die Schüler heim.

Vocabulaire 4

un **cinéma** [ɛ̃sinema]	ein Kino		
un **évènement** [ɛ̃nevɛnmɑ̃]	ein Ereignis; eine Veranstaltung	englisch: an event	
un **graffeur** / une **graffeuse** [ɛ̃gʁafœʁ/yngʁafœz]	ein Graffitisprayer / eine Graffitisprayerin		
un **musicien** / une **musicienne** [ɛ̃myzisjɛ̃/ynmyzisjɛn]	ein Musiker / eine Musikerin	englisch: **musician**	
c'est gratuit [sɛgʁatɥi]	es ist kostenlos		
un **concert** [ɛ̃kɔ̃sɛʁ]	ein Konzert	**On va au concert? C'est gratuit.** Gehen wir zum Konzert? Es ist kostenlos.	
sans [sɑ̃]	ohne	↔ **Sans** ist das Gegenteil von **avec**.	
C'est normal. [sɛnɔʁmal]	Das ist normal.		
un **policier** / une **policière** [ɛ̃pɔlisje/ynpɔlisjɛʁ]	ein Polizist / eine Polizistin	**La mère de Lola est policière.** Lolas Mutter ist Polizistin.	
un **magasin** [ɛ̃magazɛ̃]	ein Geschäft; ein Laden	Das **-s-** wird stimmhaft ausgesprochen: [z].	
une **piscine** [ynpisin]	ein Schwimmbad	**Tu aimes la natation? Alors, on va à la piscine.** Du schwimmst gerne? Dann gehen wir ins Schwimmbad.	
d'abord [dabɔʁ]	zuerst	**D'abord, ils regardent les graffitis, puis ils vont au concert.** Zuerst sehen sie die Graffitis an, dann gehen sie zum Konzert.	
pour + *Verb im Infinitiv* [puʁ]	um etw. zu tun	**Je vais là-bas pour regarder les graffitis.** Ich gehe dorthin, um die Graffitis anzusehen.	
un **graffiti** (*Abkürzung:* un graff) [ɛ̃gʁafiti]	ein Graffiti (*mit Farbspray gesprühte Figur oder Schrift*)		
On y va! [ɔ̃niva]	Gehen wir!; Auf geht's!	**On y va ensemble.** Wir gehen zusammen (dorthin).	
tout à coup [tutaku]	plötzlich	**Tout à coup, Lola a peur.** Plötzlich bekommt Lola Angst.	
un **choc** [ɛ̃ʃɔk]	ein Schock		
rester [ʁɛste]	bleiben	**Je ne reste pas ici.** Ich bleibe nicht hier.	
si [si]	doch	**Tu n'aimes pas le concert? - Si!** Gefällt dir das Konzert nicht? – Doch!	

— AUF EINEN BLICK

Zeit-Wörter

aujourd'hui	heute		après le collège	nach der Schule
bientôt	bald		d'abord	zuerst
déjà	schon		puis	dann
maintenant	jetzt		dans cinq minutes	in fünf Minuten
(trop) tard	(zu) spät		toujours	immer
plus tard	später		parfois	manchmal
avant le collège	vor der Schule		tout à coup	plötzlich

A 10
A157

un **rendez-vous** [ɛ̃ʁɑ̃devu]	eine Verabredung;	**Rendez-vous à quelle heure?** Um wie viel Uhr treffen wir uns?

4

A 11

Tu es libre? [tyɛlibʀ]	Hast du Zeit?	**Tu es libre, mercredi?** Hast du am Mittwoch Zeit?
bonne idée [bɔnide]	gute Idee	**Oui, c'est une bonne idée!** Ja, das ist eine gute Idee.
le **temps** [lətɑ̃]	die Zeit	englisch: **time**
avoir le temps [avwaʀlətɑ̃]	Zeit haben	**Je n'ai pas le temps.** Ich habe keine Zeit.
c'est intéressant [sɛtɛ̃teʀɛsɑ̃]	das ist interessant	
Bof! *(fam.)* [bɔf]	Na ja. *(ugs.)*; Ach. *(ugs.)*	

Atelier
B 1

A158 🔊

enfin [ɑ̃fɛ̃]	endlich; schließlich	**La mère de Lola quitte enfin le concert.** Lolas Mutter verlässt endlich das Konzert.
faire qc [fɛʀ]	etw. tun; etw. machen	**Qu'est-ce qu'elles font?** Was machen sie?

❗ **faire** je fai**s**, tu fai**s**, il fai**t**, elle fai**t**, on fai**t**, nous fai**sons**, vous fai**tes**, ils **font**, elles **font**

un **dessin** [ɛ̃desɛ̃]	eine Zeichnung	**Elles font des dessins super!** Sie machen super Zeichnungen!
on ne peut pas [ɔ̃nəpøpɑ]	man kann nicht	**On peut faire du graff dans la cour? – Non, on ne peut pas.** Können wir im Hof Graffitis sprühen? – Nein, das können wir nicht.
c'est interdit [sɛtɛ̃tɛʀdi]	das ist verboten	👄 Achte auf den Nasalvokal [ɛ̃] und die liaison.
pas mal *(fam.)* [pamal]	ganz gut *(ugs.)* ; nicht schlecht	
un **truc** *(fam.)* [ɛ̃tʀyk]	ein Ding *(ugs.)*	**Vous faites des trucs comme ça, au club?** Macht ihr in der AG auch so etwas?
travailler sur qc [tʀavajesyʀ]	arbeiten an etw.	**Oui, nous aussi, on travaille sur le rythme.** Ja, auch wir arbeiten am Rhythmus.
un **rythme** [ɛ̃ʀitm]	ein Rhythmus	
quand [kɑ̃]	wenn; als *(zeitlich)*	**Quand je regarde ça, …** Wenn ich mir das ansehe, …
avoir envie (de faire qc) [avwaʀɑ̃vi]	Lust haben (etw. zu tun)	**… j'ai envie de faire du théâtre aussi.** … bekomme ich Lust, auch Theater zu spielen.
un **carnet** [ɛ̃kaʀnɛ]	ein Notizbuch	
Qu'est-ce qu'on fait?	Was machen wir?	
une **adresse** [ynadʀɛs]	eine Adresse	englisch: **address**
un **numéro de téléphone** [ɛ̃nymeʀodətelefɔn]	eine Telefonnummer	
un **style** [ɛ̃stil]	ein Stil	**J'adore son style de dessin.** Ich mag ihren Zeichenstil.
vite *(adv.)* [vit]	schnell *(Adv.)*	**Vite! On commence.** Schnell! Wir fangen an.

Maxime Mercier
9 rue Truffaut
75017 PARIS

B 5

A159 🔊

un **sondage** [ɛ̃sɔ̃daʒ]	eine Umfrage	
un **ordinateur** [ɛ̃nɔʀdinatœʀ]	ein Computer	

AUF EINEN BLICK

faire   Was man alles machen kann

faire qc	etw. tun; etw. machen		**faire du théâtre**	Theater spielen
faire un tour	eine Runde drehen		**faire de la danse**	tanzen
faire ses devoirs	seine Hausaufgaben machen		**faire de l'escalade**	klettern

Vocabulaire 4

Les sports So bleibt man fit.

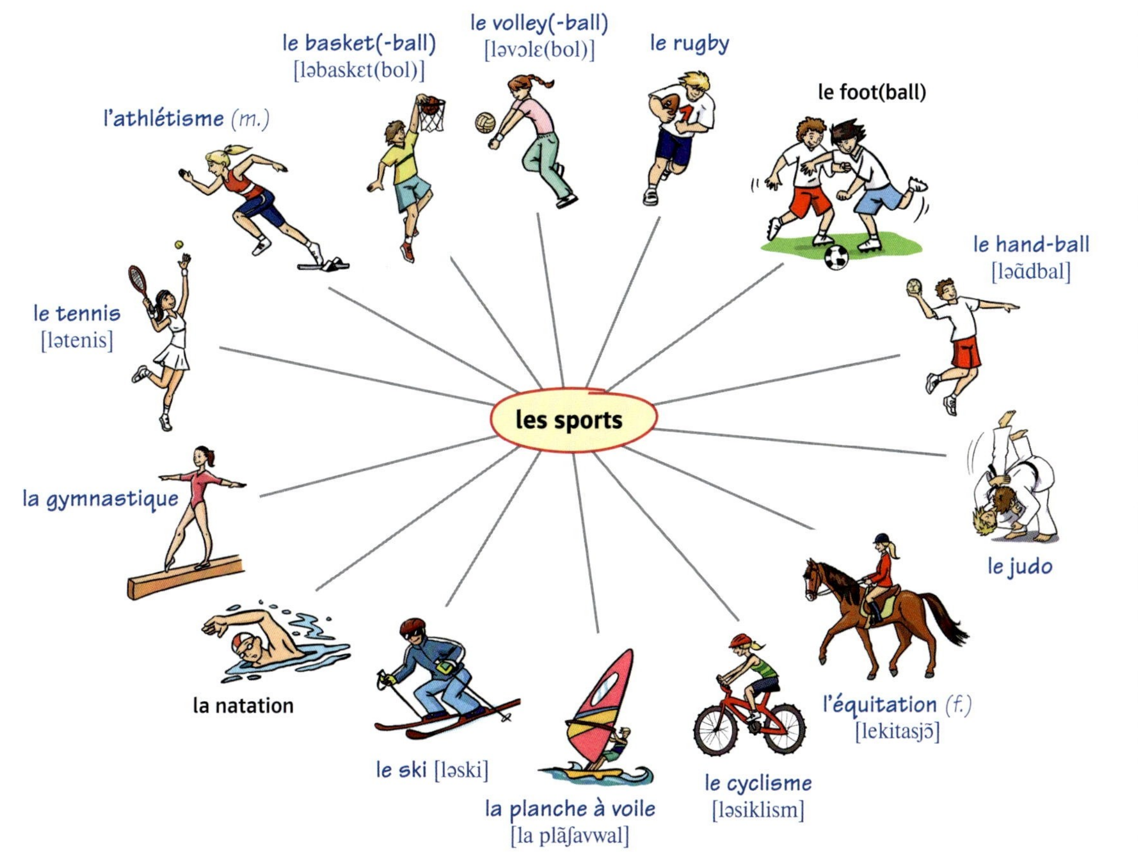

- l'athlétisme (m.)
- le basket(-ball) [ləbaskɛt(bol)]
- le volley(-ball) [ləvɔlɛ(bol)]
- le rugby
- le foot(ball)
- le hand-ball [ləɑ̃dbal]
- le tennis [lətenis]
- les sports
- le judo
- la gymnastique
- l'équitation (f.) [lekitasjɔ̃]
- la natation
- le ski [ləski]
- la planche à voile [la plɑ̃ʃavwal]
- le cyclisme [ləsiklism]

B 6 une **histoire** [ynistwaʀ] eine Geschichte
Plural: des_ histoires
Achte auf die liaison!
englisch: story

B 7 une **semaine** [ynsəmɛn] eine Woche
A160
Une semaine a sept jours.
Eine Woche hat sieben Tage.

Les jours de la semaine Montag, Dienstag, Mittwoch …

Aujourd'hui, c'est mercredi. Demain, c'est jeudi.
Heute ist Mittwoch. Morgen ist Donnerstag.

Bientôt, c'est le week-end.
Bald ist Wochenende.

Die Wochentage sind im Französischen alle **männlich**:
le lundi, **le** mardi … montags, dienstags …

cent-soixante-dix-neuf 179

4

AUF EINEN BLICK

Les matières au collège Die Unterrichtsfächer im Collège

anglais *(m.)*	Englisch	**éducation musicale** *(f.)*	Musik
allemand *(m.)*	Deutsch	**chimie** *(f.)*	Chemie
français *(m.)*	Französisch	**physique** *(f.)*	Physik
mathématiques *(f. pl.)*	Mathematik	**technologie** *(f.)*	Technik
E.P.S. *(f.)* (Education physique et sportive)	Sport	**arts plastiques** *(m. pl.)*	Kunst
S.V.T. *(f. pl.)* (Sciences de la vie et de la terre)	Biologie	**vie de classe** *(f.)*	Klassenlehrerstunde (wörtlich: Leben der Klasse)
histoire-géo *(f.)*	Geschichte und Erdkunde	**permanence** *(f.)*	beaufsichtigte Freistunde

B 9
A161 🔊 ❗

une journée [ynʒuʀne]	ein Tag; ein Tagesablauf	
un **jour** → une **journée** un **soir** → une **soirée** un **an** → une **année**		
un rêve [ɛ̃ʀɛv]	ein Traum	**une journée de rêve** ein traumhaft schöner Tag
un cauchemar [ɛ̃kɔʃmaʀ]	ein Albtraum	**une journée de cauchemar** ein Tag wie ein Alptraum (ein schrecklicher Tag)

SP 3

Mon dico personnel

Organiser un week-end avec un(e) amie(e) ein Wochenende planen

Qu'est-ce qu'on fait?	Was machen wir?
On va où? / On va à … ?	Wo gehen wir hin? Gehen wir nach / zu …?
Tu as envie d'aller à … ?	Hast du Lust, zu … zu gehen?
On peut …	Wir können …
retrouver nos copains / copines	unsere Freunde / Freundinnen treffen
aller en ville	in die Stadt gehen
aller au cinéma	ins Kino gehen
à la piscine	ins Schwimmbad
à la maison des jeunes	ins Jugendhaus
à la médiathèque	in die Mediathek
au terrain de basket	zum Basketballplatz
à un concert / aller au concert de …	zu einem Konzert / zum Konzert von …
à la fête de …	zum Fest / zur Party von …
faire du foot	Fußball spielen
faire des jeux vidéo	Computerspiele spielen
faire de la musique ensemble	zusammen Musik machen
faire du shopping [fɛʀdyʃɔpiŋ]	shoppen gehen
participer à la manifestation contre … [paʀtisipealamanifɛstasjɔ̃kɔ̃tʀ]	an der Demonstration gegen … teilnehmen

Vocabulaire 5

Unité 5 Le spectacle va commencer!

TIPP

Vokabeln lassen sich besonders gut einprägen, wenn man sie „**vernetzt**" lernt. Beispiele für Wortnetze findest du auf den Seiten 131 und 148. Von dem Ausgangswort in der Mitte gehen immer mehrere „Zweige" aus, an die du die passenden Begriffe schreibst. Probier's mal aus!

TU TE RAPPELLES?

une pièce de théâtre	ein Theaterstück	d'abord	zuerst
commencer	beginnen	Désolé,e!	Tut mir leid.
une histoire	eine Geschichte	Je n'ai pas le temps.	Ich habe keine Zeit.
C'est interdit.	Das ist verboten.	C'est comme ça.	So ist es.

DE
A162 🔊
Atelier **A1**

un **spectacle** [ɛ̃spɛktakl]	eine Darbietung; eine Vorstellung	
un **acteur** / une **actrice** [ɛ̃naktœʀ/ynaktʀis]	ein Schauspieler / eine Schauspielerin	**Les acteurs et actrices préparent le spectacle.** Die Schauspieler und Schauspielerinnen bereiten die Vorstellung vor.
discuter (de qc) [diskyte]	diskutieren (über etwas); sich unterhalten (über etwas)	**Les élèves discutent.** Die Schüler diskutieren.
aller faire qc [alefɛʀ]	etwas tun werden	**Florian et Baptiste vont faire le programme.** Florian und Baptiste werden das Programm machen.

❗ Mit der Verbindung **aller + Verb im Infinitiv** kannst du ausdrücken, was du in der Zukunft (z. B. morgen) machen wirst.

un **programme** [ɛ̃pʀɔgʀam]	ein Programm	
ce soir [səswaʀ]	heute Abend	**Ils vont faire ça ce soir? - Non.** Werden sie das heute Abend machen? - Nein.
demain [dəmɛ̃]	morgen	**Ils vont faire ça demain.** Sie werden das morgen machen.
un **spectateur** / une **spectatrice** [ɛ̃spɛktatœʀ/ynspɛktatʀis]	ein Zuschauer / eine Zuschauerin	→ un **spectacle** (eine Vorstellung)
la **radio** [laʀadjo]	das Radio	
une **interview** [ynɛ̃tɛʀvju]	ein Interview	⇔ Das Wort beginnt mit einem Nasalvokal: [ɛ̃]!

filmer qc [filme]	etw. filmen	**Qui va filmer notre pièce?** Wer wird unser Stück filmen?
un **film** [ɛ̃film]	ein Film	
une **caméra** [ynkameʀa]	eine (Film-)Kamera	
une **répétition** [ynʀepetisjɔ̃]	eine Wiederholung; eine Probe	**Je vais à la répétition.** Ich gehe zur Probe.

Quand? Von jetzt bis später.

demain	morgen	avant le collège	vor der Schule
demain matin	morgen früh	après le collège	nach der Schule
ce matin	heute Morgen	vendredi	am Freitag
ce soir	heute Abend	le vendredi après-midi	freitagnachmittags

cent-quatre-vingt-un **181**

5

A3	une **librairie** [ynlibʁɛʁi]	eine Buchhandlung	→ **un livre** (ein Buch)
A163 🔊	la **voix** [lavwa]	die Stimme	**Le nom de la pièce est «Le garçon sans voix».** Der Name des Stückes ist „Der Junge ohne Stimme".
	ne … plus [nə ply]	nicht mehr	**Le garçon ne parle plus.** Der Junge spricht nicht mehr.
	raconter qc [ʁakɔ̃te]	etwas erzählen	**raconter une histoire** eine Geschichte erzählen
	la **fin** [lafɛ̃]	das Ende; der Schluss	**Nous n'allons pas raconter la fin de l'histoire.** Wir werden nicht das Ende der Geschichte erzählen. → **enfin** (endlich / schließlich)
	une **entrée** [ynɑ̃tʁe]	ein Eingang; ein Eintritt	→ **entrer** (eintreten)
	un **billet** [ɛ̃bijɛ]	eine Fahrkarte; eine Eintrittskarte	**un billet d'entrée** eine Eintrittskarte
	parce que [paʁskə]	weil	**Pour toi, c'est gratuit. – Pourquoi? – Parce que tu es une amie.** Für dich ist es kostenlos. – Warum? – Weil du eine Freundin bist.
	un **problème** [ɛ̃pʁɔblɛm]	ein Problem	**Il y a un problème.** Es gibt ein Problem.
	un **rôle** [ɛ̃ʁol]	eine Rolle	**Florian joue le rôle du garçon sans voix.** Florian spielt die Rolle des Jungen ohne Stimme.
	à l'heure [alœʁ]	pünktlich	**Florian n'arrive pas à l'heure.** Florian kommt nicht pünktlich.
	Est-ce que …? [ɛskə]	*Frageformel*	**Est-ce qu'il va bientôt arriver?** Wird er bald kommen?
	malade [malad]	krank	**Est-ce qu'il est peut-être malade?** Ist er vielleicht krank? 
	vraiment [vʁɛmɑ̃]	wirklich	
	bizarre [bizaʁ]	komisch; merkwürdig	**C'est vraiment bizarre.** Das ist wirklich merkwürdig.
	appeler qn [apəle]	jdn. anrufen; jdn. rufen	**Florian n'appelle pas.** Florian ruft nicht an. Bei nous, vous und im Infinitiv nur ein -l-!
❗	**appeler**: j'appe**ll**e, tu appe**ll**es, il/elle/on appe**ll**e, nous appelons, vous appelez, ils/elles appe**ll**ent		
	C'est foutu. (fam.) [sɛfuty]	Alles ist im Eimer. (ugs.)	**Sans Florian, c'est foutu.** Ohne Florian ist alles im Eimer.

AUF EINEN BLICK

Poser des questions (III)   Fragen stellen

Ohne est-ce que		*Mit* est-ce que
C'est quoi?	Was ist das?	**Qu'est-ce que c'est?**
Tu fais quoi?	Was machst du?	**Qu'est-ce que tu fais?**
Tu travailles?	Arbeitest du?	**Est-ce que tu travailles?**
Pourquoi tu fais ça?	Warum machst du das?	**Pourquoi est-ce que tu fais ça?**
Il arrive quand?	Wann kommt er?	**Quand est-ce qu'il arrive?**
Il est où?	Wo ist er?	**Où est-ce qu'il est?**
Il est comment?	Wie ist er?	**Comment est-ce qu'il est?**
Ça coûte combien?	Wie viel kostet das?	**Combien est-ce que ça coûte?**
In gesprochener Umgangssprache sehr häufig.		Gesprochene und geschriebene Sprache.

Vocabulaire 5

A 6 — **Atelier B 1** — A164

une **solution** [ynsɔlysjɔ̃]	eine Lösung
une **salle** [ynsal]	ein Saal; ein Raum
derrière [dɛRjɛR]	hinter
une **équipe** [ynekip]	eine Mannschaft; ein Team
un **exercice** [ɛ̃nɛgzɛRsis]	eine Übung
contre [kɔ̃tR]	gegen
le **stress** [ləstRɛs]	der Stress
un **adolescent** / une **adolescente** [ɛ̃nadɔlesɑ̃ / ynadɔlesɑ̃t]	ein Jugendlicher / eine Jugendliche
une **tête** [yntɛt]	ein Kopf
faire oui de la tête [fɛRwidəlatɛt]	nicken
prendre qc [pRɑ̃dR]	etw. nehmen

! **prendre:** je prends, tu prends, il / elle / on prend, nous pre**n**ons, vous pre**n**ez, ils pre**nn**ent

oublier qc [ublije]	etwas vergessen
comprendre qc [kɔ̃pRɑ̃dR]	etwas verstehen

! **comprendre** wird genauso konjugiert wie **prendre:** je comprends, tu comprends, il / elle / on comprend, nous compre**n**ons, vous compre**n**ez, ils / elles compre**nn**ent

Merde! (fam.) [mɛRd]	Scheiße! (ugs.) (hier: Viel Glück!)

> **Vis-à-vis** — Merde! Schauspieler wünschen sich mit diesem Wort viel Erfolg für ihren Auftritt. Woher kommt das? Früher fuhren die Zuschauer mit der Pferdekutsche zum Theater. Die Pferde hinterließen überall ihren Pferdemist. Viel Pferdemist vor dem Theater bedeutete also viele Zuschauer – und viel Erfolg!

tout le monde [tulmɔ̃d]	alle; jeder
devant [dəvɑ̃]	vor (örtlich)
inventer qc [ɛ̃vɑ̃te]	etwas erfinden
mimer qn / qc	jdn. / etw. nachahmen; mimen
les **gens** (m.) (pl.) [leʒɑ̃]	die Leute
un **succès** [ɛ̃syksɛ]	ein Erfolg
une **star** [ynstaR]	ein Star

! **Une star:** Egal, ob es um einen Mann oder eine Frau geht, im Französischen heißt es immer **une star**.

une **bête** [ynbɛt]	ein Tier

Il y a un problème? On cherche une solution!
Gibt es ein Problem? Wir suchen nach einer Lösung.

la salle de théâtre
der Theatersaal

Avant le spectacle, les acteurs sont derrière la scène.
Vor der Vorstellung sind die Schauspieler hinter der Bühne.

Achtung, im Französischen mit -c-!
englisch: **exercise**

↔ **pour** (für)

Ils font des exercices contre le stress.
Sie machen Übungen gegen den Stress.

Abkürzung: **un ado / une ado** [ɛ̃nado / ynado]. (fam.)

Ça va? Les ados font oui de la tête.
Alles klar? Die Jugendlichen nicken.

Jules prend la place de Florian.
Jules nimmt Florians Platz ein.

N'oublie pas ton texte.
Vergiss deinen Text nicht.

Je ne comprends pas.
Ich verstehe nicht.

Dieses **Schimpfwort** solltest du verstehen, aber nicht unbedingt benutzen. Du hinterlässt sonst einen sehr schlechten Eindruck!

Tout le monde écoute.
Alle hören zu.

↔ **devant la scène** (vor der Bühne) **derrière la scène** (hinter der Bühne)

⇔ Nasalvokal [ɛ̃] wie bei **inviter qn** (jdn. einladen)
englisch: **to invent**

→ **die Mimik** (der Gesichtsausdruck, das Mienenspiel)

Les gens aiment la pièce.
Die Leute mögen das Stück.

Le spectacle est un succès.
Die Vorstellung ist ein Erfolg.

Jules est <u>une</u> star.
Jules ist ein Star.

une bête de scène
eine Schauspielerin / ein Schauspieler, der alles gibt

cent-quatre-vingt-trois **183**

5

Au théâtre — Alles rund ums Theater.

le théâtre	das Theater
une pièce de théâtre	ein Theaterstück
une salle de théâtre	ein Theatersaal
derrière la scène	hinter der Bühne
devant la scène	vor der Bühne
un programme	ein Programm
une affiche	ein Plakat
les spectateurs/spectatrices	die Zuschauer/Zuschauerinnen
un billet d'entrée	eine Eintrittskarte
une équipe de théâtre	ein Theater-Team
les acteurs/actrices	die Schauspieler/Schauspielerinnen

une répétition	eine Probe
jouer le rôle de …	die Rolle des/der … spielen
oublier son texte	seinen Text vergessen
mimer qc	etwas mimen/nachahmen
entrer en scène	auftreten
être une star	ein Star sein
faire une interview de qn	jdn. interviewen

B 6
A165

une **buvette** [ynbyvɛt]	ein Getränkestand	
avoir soif [avwaʀswaf]	Durst haben	**Tu as soif? – Oui, et j'ai faim aussi.** Hast du Durst? – Ja, und ich habe auch Hunger.
une **ambiance** [ynɑ̃bjɑ̃s]	eine Stimmung; eine Atmosphäre	**Après le spectacle, l'ambiance est super.** Nach der Vorstellung ist die Stimmung super.
acheter qc [aʃte]	etw. kaufen	**Qu'est-ce qu'on achète à la buvette?** Was kaufen wir am Getränkestand?
! **acheter:** j'ach**è**te, tu ach**è**tes, il/elle/on ach**è**te, nous achetons, vous achetez, ils/elles ach**è**tent		Mit *accent*, außer im Infinitiv und bei *nous* und *vous*!
une **crêpe** [ynkʀɛp]	eine Crêpe (*ein dünner Pfannkuchen*)	**Je voudrais une crêpe, s'il vous plaît.** Ich hätte gerne eine Crêpe, bitte.
un **fruit** [ɛ̃fʀɥi]	eine Frucht	**Il y a aussi des fruits?** Gibt es auch Obst? englisch: **fruit**
un **jus de fruits** [ɛ̃ʒydfʀɥi]	ein Fruchtsaft	**Prenons un jus de fruits.** Lasst uns einen Fruchtsaft nehmen. englisch: **juice**
une **boisson** [ynbwasɔ̃]	ein Getränk	**Qu'est-ce qu'il y a comme boissons?** Was gibt es an Getränken?
l'**eau** (f.) [lo]	das Wasser	**Moi, je prends une eau.** Ich nehme ein Wasser.
un **prix** [ɛ̃pʀi]	ein Preis	**Les prix sont sur l'affiche.** Die Preise stehen auf dem Plakat.
coûter [kute]	kosten	**L'eau coûte un euro et vingt centimes.** Das Wasser kostet einen Euro und zwanzig Cent.
un **euro** / des **euros** [ɛ̃nøʀo/dezøʀo]	ein Euro / Euro	Im **Plural** französisch **mit -s,** deutsch ohne -s.
un **centime** [ɛ̃sɑ̃tim]	ein Cent	**Un euro, c'est cent centimes.** Ein Euro sind hundert Cent.
Ça fait … [safɛ]	Das macht …	**Ça fait 3 euros.** Das macht 3 Euro.
combien [kɔ̃bjɛ̃]	wie viel	**Pardon? C'est combien?** Wie bitte? Wie viel kostet das?

184 cent-quatre-vingt-quatre

Vocabulaire 5

40 ... 100 Noch mehr Zahlen.
Die Zahlen von 0 bis 14 findest du auf Seite 161, die von 15 bis 39 auf Seite 171.

40	quarante	70	soixante-dix	80	quatre-vingts	90	quatre-vingt-dix
41	quarante-et-un	71	soixante-et-onze	81	quatre-vingt-un	91	quatre-vingt-onze
42	quarante-deux	72	soixante-douze	82	quatre-vingt-deux	92	quatre-vingt-douze
50	cinquante	73	soixante-treize	83	quatre-vingt-trois	93	quatre-vingt-treize
51	cinquante-et-un	74	soixante-quatorze	84	quatre-vingt-quatre	94	quatre-vingt-quatorze
52	cinquante-deux	75	soixante-quinze	85	quatre-vingt-cinq	95	quatre-vingt-quinze
60	soixante	76	soixante-seize	86	quatre-vingt-six	96	quatre-vingt-seize
61	soixante-et-un	77	soixante-dix-sept	87	quatre-vingt-sept	97	quatre-vingt-dix-sept
62	soixante-deux	78	soixante-dix-huit	88	quatre-vingt-huit	98	quatre-vingt-dix-huit
69	soixante-neuf	79	soixante-dix-neuf	89	quatre-vingt-neuf	99	quatre-vingt-dix-neuf
						100	cent [sã]

B 8
A166

le **café** [ləkafɛ]	der Kaffee	
une **eau minérale** [ynomineral]	ein Mineralwasser	
un **coca** [ɛ̃koka]	eine Cola	**Je voudrais un coca, s'il vous plaît.** Ich möchte gern eine Cola, bitte.
un **orangina** [ɛ̃nɔrɑ̃ʒina]	eine Orangenlimonade; eine Orangina	Orangina wie auch Cola ist im Französischen **maskulin**: **un** coca, **un** orangina.
une **gaufre** [yngofr]	eine Waffel	
un **sandwich** [ɛ̃sɑ̃dwi(t)ʃ]	ein Sandwich	
une **glace** [ynglas]	ein Eis	

Mon dico personnel

Quand on a faim et soif ... Wenn man Hunger und Durst hat.

une **buvette**	ein Getränkestand	une **eau plate** [ynoplat]	ein stilles Wasser
une **boisson**	ein Getränk	une **eau gazeuse** [ynogazøz]	ein Sprudelwasser
un **coca**	eine Cola	une **quiche** [ynkiʃ]	eine Quiche
un **jus de fruits**	ein Fruchtsaft	une **tarte flambée** [yntartflɑ̃be]	ein Flammkuchen
un **orangina**	eine Orangenlimonade	une **pizza** [ynpidza]	eine Pizza
une **eau minérale**	ein Mineralwasser	des **frites** f. [defrit]	Pommes frites
un **café**	ein Kaffee	des **chips** f. [deʃips]	Chips
une **crêpe**	eine Crêpe	du **pop-corn** [dypɔpkɔrn]	Popcorn
une **gaufre**	eine Waffel	une **tablette de chocolat** [yntablɛtdəʃɔkɔla]	eine Tafel Schokolade
un **gâteau**	ein Kuchen		
une **glace**	ein Eis		
un **sandwich**	ein Sandwich		

un soda   une crêpe    une quiche    une tarte flambée

cent-quatre-vingt-cinq **185**

B9
A167

un **vendeur** / **une** vendeuse [ɛ̃vɑ̃dœʀ/ynvɑ̃døz]	ein Verkäufer / eine Verkäuferin	
désirer qc [deziʀe]	etw. wünschen	**Vous désirez?** Sie wünschen? *(beim Einkauf)*
Et avec ça? [eavɛksa]	Sonst noch etwas?; Und außerdem?	
beaucoup [boku]	viel	**50 centimes? Ce n'est pas beaucoup.** 50 Cent? Das ist nicht viel.
Merci beaucoup ! [mɛʀsiboku]	Vielen Dank!	

Unité 6 Trois jours à Nice!

TIPP

Lerne bei **Verben** immer gleich die **Ergänzungen** mit, also: inviter **qn** – **jemanden** einladen; regarder **qc** – **etwas** ansehen. Es gibt Verben, die neben der Ergänzung **qn/qc** auch noch die Präposition **à** bei sich haben, auch die solltest du immer mitlernen, z. B. expliquer qc **à qn** – **jemandem** etwas erklären.

TU TE RAPPELLES?

comprendre qc	etw. verstehen	On y va!	Auf geht's!
faire un tour	eine Tour machen	une équipe	eine Mannschaft
retrouver qn	jdn. treffen	l'eau *(f.)*	das Wasser
monter	hinaufgehen, -steigen	un exercice	eine Übung
le premier / la première	der erste / die erste	tout le monde	alle, jeder

DE
A168

une **ville** [ynvil]	eine Stadt	**Nice est une ville en France.** Nizza ist eine Stadt in Frankreich.
entre [ɑ̃tʀ]	zwischen	**Entre Paris et Nice, il y a un train. Il y a aussi un bus.** Zwischen Paris und Nizza gibt es einen Zug. Es gibt auch einen Bus.
la **mer** [lamɛʀ]	das Meer	**On va à la mer!** Wir fahren ans Meer!
la **Méditerranée** [lamediteʀane]	das Mittelmeer	la Méditerranée = la mer Méditerranée
une **montagne** [ynmɔ̃taɲ]	ein Gebirge	**On va d'abord à la mer et puis à la montagne.** Zuerst fahren wir ans Meer und dann in die Berge. englisch: mountain

Atelier A1
A169

contacter qn [kɔ̃takte]	mit jdm. in Verbindung treten; jdn. kontaktieren	**En avril, Max contacte son ami.** Im April kontaktiert Max seinen Freund.
les **vacances** *(f.) (pl.)* [levakɑ̃s]	der Urlaub; die Ferien	**C'est enfin les vacances!** Endlich sind Ferien!
passer qc [pase]	etwas verbringen	**On va passer trois jours à Nice.** Wir werden drei Tage in Nizza verbringen.
un **stage** [ɛ̃staʒ]	ein Praktikum; ein Kurs	**Max va faire un stage de sauvetage.** Max wird einen Rettungskurs machen.
un **sauvetage** [ɛ̃sovətaʒ]	eine Rettung; eine Rettungsaktion	**un stage de sauvetage** ein Rettungskurs

Vocabulaire 6

une **sortie** [ynsɔʀti]	ein Ausgang; ein Ausflug	**une sortie en mer** eine Bootsfahrt auf dem Meer	
un **bateau** / des **bateaux** [ɛ̃bato/debato]	ein Boot / Boote; ein Schiff / Schiffe	**Les filles vont faire une sortie en bateau.** Die Mädchen werden einen Ausflug auf einem Schiff machen.	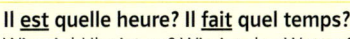
visiter qc [vizite]	etw. besichtigen	**Les amis vont visiter la ville.** Die Freunde werden die Stadt besichtigen.	
le **temps** [lətɑ̃]	das Wetter		
! **Le temps** hat zwei Bedeutungen: Die **Zeit** und das **Wetter**.			
Il fait quel temps? [ilfɛkɛltɑ̃]	Wie ist das Wetter?	**Il est quelle heure? Il fait quel temps?** Wie viel Uhr ist es? Wie ist das Wetter?	
Il fait beau. [ilfɛbo]	Es ist schönes Wetter.	**Il va faire beau, à Nice.** In Nizza wird schönes Wetter sein.	
le **soleil** [ləsɔlɛj]	die Sonne		
Il pleut. [ilplø]	Es regnet.	**À Nice, il fait beau. À Paris, il pleut.** In Nizza ist schönes Wetter. In Paris regnet es.	
A2 la **météo** [lameteo] A170	die Wettervorhersage	**On regarde la météo pour demain.** Wir sehen nach, wie das Wetter morgen wird. (Abkürzung für „la météorologie")	
le **vent** [ləvɑ̃]	der Wind	Vergleiche deutsch: **Ventilator** (ein Apparat, der Wind macht)	

— AUF EINEN BLICK —

Il fait quel temps? / Quel temps fait-il?   Wie ist das Wetter?

cent-quatre-vingt-sept **187**

6

A 3
A171 🔊

une **information** [ynɛ̃fɔʁmasjɔ̃]	eine Information	👄	**information**: Achte auf den Nasalvokal [ɛ̃].
un **endroit** [ɛ̃nɑ̃dʁwa]	ein Ort	👄	Zwei Nasalvokale und eine *liaison*: **un‿en**droit. Bei **un** werden die Lippen breit wie beim Lächeln. Bei **en** werden sie rund.
une **plage** [ynplaʒ]	ein Strand		**Il fait beau, on va à la plage!** Es ist schönes Wetter, wir gehen an den Strand.
une **spécialité** [ynspesjalite]	eine Besonderheit; eine Spezialität		**La socca est une spécialité de Nice.** Socca ist eine Spezialität aus Nizza.

🇫🇷 **Vis-à-vis** Eine typische **Spezialität** aus Nizza ist die **socca**, ein knuspriger Fladen aus Kichererbsenmehl. Man isst ihn ganz heiß mit Pfeffer und Salz.

la **vieille ville** [lavjɛjvil]	die Altstadt	👄	Sprich den Laut [j] in **vieille** wie ein starkes **j** aus.
une **colline** [ynkɔlin]	ein Hügel		**On monte sur la colline?** Gehen wir auf den Hügel hoch?
un **château** / des **châteaux** [ɛ̃ʃato / deʃato]	ein Schloss / Schlösser		englisch: **castle**

🇫🇷 **Vis-à-vis** **La colline du château** in Nizza ist ein Park auf einem Hügel. Dort hat man eine schöne Aussicht auf das Meer, den Strand und die Stadt. Ein Schloss gibt es dort aber schon lange nicht mehr!

A 4
A172 🔊

un **restaurant** [ɛ̃ʁɛstɔʁɑ̃]	ein Restaurant	**Les grands-parents de Max ont un restaurant à Nice.** Die Großeltern von Max haben ein Restaurant in Nizza.
montrer qc à qn [mɔ̃tʁe]	jdm. etw. zeigen	**Max et Lola montrent leur ville à leur amie Zoé.** Max und Lola zeigen ihrer Freundin Zoé ihre Stadt.
passer [pase]	vorbeigehen; vorübergehen	**Nous passons devant le théâtre.** Wir gehen am Theater vorbei.

❗ Das Verb **passer** hat mehrere Bedeutungen: Etwas **verbringen** (passer ses vacances) und **vorbeigehen**.

un **bâtiment** [ɛ̃batimɑ̃]	ein Bauwerk; ein Gebäude	
moderne [mɔdɛʁn]	modern	**Le théâtre national de Nice est un bâtiment très moderne.** Das Nationaltheater von Nizza ist ein sehr modernes Gebäude.
une **glace** [ynglas]	ein Eis	**Il fait chaud! On mange une glace?** Es ist heiß! Essen wir ein Eis?
demander qc à qn [dəmɑ̃de]	jdn. etw. fragen; jdn. um etwas bitten	**La grand-mère demande des glaces au vendeur.** Die Großmutter bittet den Verkäufer um Eis.
donner qc à qn [dɔne]	jdm. etw. geben	**Elle donne une glace à Zoé.** Sie gibt Zoé ein Eis.
sauter [sote]	springen	**Antoine monte sur le rocher et saute dans l'eau.** Antoine klettert auf den Felsen und springt ins Wasser.
poser qc [poze]	etw. legen; etw. stellen; etw. setzen	**Pose ton sac ici.** Stelle deine Tasche hierher.
un **pied** [ɛ̃pje]	ein Fuß	**Aïe! Mon pied!** Aua! Mein Fuß!
aider qn [ede]	jdm. helfen	**Max aide Antoine.** Max hilft Antoine.
avoir mal [avwaʁmal]	Schmerzen haben	**Antoine a mal au pied.** Antoines Fuß tut weh.

Vocabulaire 6

	proposer qc à qn [pʀɔpoze]	jdm. etw. vorschlagen	**Max propose une visite aux filles.** Max schlägt den Mädchen eine Besichtigung vor.
	une **visite** [ynvizit]	ein Besuch	→ **visiter** qc etw. besichtigen, etw. besuchen
	rigoler (fam.) [ʀigɔle]	lachen (ugs.)	**Lola rigole.** Lola lacht.
	un **escalier** [ɛ̃nɛskalje]	eine Treppe	**Les filles prennent l'escalier.** Die Mädchen nehmen die Treppe. 
	un **ascenseur** [ɛ̃nasɑ̃sœʀ]	ein Aufzug; ein Fahrstuhl	**Max et ses grands-parents prennent l'ascenseur.** Max und seine Großeltern nehmen den Aufzug.
	drôle [dʀol]	lustig	**Zoé ne trouve pas ça drôle.** Zoé findet das nicht lustig.
	une **vue** [ynvy]	eine Aussicht	**Regarde, la vue sur la ville!** Schau, die Aussicht über die Stadt!
A7 A173 🔊	un **touriste** / une **touriste** [ɛ̃tuʀist / yntuʀist]	ein Tourist / eine Touristin	→ **faire un tour** (eine Runde drehen)
A9	le **départ** [lədepaʀ]	die Abfahrt; der Aufbruch	**Où est le départ pour les sorties en mer?** Wo ist die Abfahrt für die Bootsfahrten?
Atelier **B1** A174 🔊	**intéressant** / **intéressante** [ɛ̃teʀesɑ̃ / ɛ̃teʀesɑ̃t]	interessant	⇔ Zwei Nasalvokale: int**é**ress**a**nt.
	grand / **grande** [gʀɑ̃ / gʀɑ̃d]	groß	**Nice est une grande ville.** Nizza ist eine große Stadt.
	joli / **jolie** [ʒɔli]	hübsch	**Elle est jolie.** Sie ist hübsch.
	petit / **petite** [pəti / pətit]	klein	**Il y a des petites rues avec des petits restaurants.** Es gibt kleine Straßen mit kleinen Restaurants.
	content / **contente** [kɔ̃tɑ̃ / kɔ̃tɑ̃t]	zufrieden; froh	**Zoé est contente.** Zoé ist zufrieden.
	gratuit / **gratuite** [gʀatɥi / gʀatɥit]	kostenlos	**La visite est gratuite.** Die Besichtigung ist kostenlos.
B3 A175 🔊	**bleu** / **bleue** [blø]	blau	**Il fait beau. La mer est bleue.** Es ist schönes Wetter. Das Meer ist blau.
	la **grande bleue** [lagʀɑ̃dblø]	das Mittelmeer (Name für das Mitelmeer. Wörtlich: die große Blaue)	**La grande bleue** (f.): Feminin wie auch **la mer**.
	voir qc [vwaʀ]	etw. sehen	**Tu vois quelque chose dans l'eau?** Siehst du etwas im Wasser? → **la vue** (die Aussicht)
❗	**voir**: je vois, tu vois, il / elle / on voit, nous vo**y**ons, vous vo**y**ez, ils / elles voient		
	un **dauphin** [ɛ̃dofɛ̃]	ein Delfin	**Je vois un dauphin!** Ich sehe einen Delphin!
	un peu [ɛ̃pø]	ein wenig	**Il fait froid? – Oui, un peu.** Ist es kalt? – Ja, ein bisschen. ↔ **beaucoup** (viel)
	long / **longue** [lɔ̃ / lɔ̃g]	lang	**Le temps est un peu long.** Die Zeit ist ein bisschen lang.
	un **moniteur** / une **monitrice** [ɛ̃mɔnitœʀ / ynmɔnitʀis]	ein Betreuer / eine Betreuerin	**Le moniteur parle à ses élèves.** Der Betreuer spricht zu seinen Schülern.
	noir / **noire** [nwaʀ]	schwarz	**un café noir** ein schwarzer Kaffee
	rouge / **rouge** [ʀuʒ]	rot	**un fruit rouge** eine rote Frucht

cent-quatre-vingt-neuf **189**

6

	expliquer qc à qn [εksplike]	jdm. etw. erklären	**Le moniteur explique un exercice à ses élèves.** Der Betreuer erklärt seinen Schülern eine Übung. englisch: **to explain**
	nager [naʒe]	schwimmen	**Nous nageons dans la mer.** Wir schwimmen im Meer. Achte auf das **-e-** bei **nous nageons** (wie bei **nous mangeons**)!
❗	**nager:** je nage, tu nages, il / elle / on nage, nous nag**e**ons, vous nagez, ils / elles nagent		
	un retour [ɛ̃ʀətuʀ]	eine Rückkehr; Rückfahrt	↔ **le départ** (die Abfahrt / der Aufbruch)
	un jeune / une jeune [ɛ̃ʒœn / ynʒœn]	ein Jugendlicher / eine Jugendliche	= **un adolescent / une adolescente** (eine Jugendlicher / eine Jugendliche)
	fatigué / fatiguée [fatige]	müde	**Après l'exercice, les jeunes sont fatigués.** Nach der Übung sind die Jugendlichen müde. 
	une fois [ynfwa]	ein Mal; einmal	**Encore une fois!** Noch einmal! → **parfois** (manchmal)
	bon / bonne [bɔ̃ / bɔn]	gut	**C'est une bonne équipe!** Das ist ein gutes Team (eine gute Mannschaft). ↔ **mauvais / mauvaise** (schlecht)
	un palmier [ɛ̃palmje]	eine Palme	**Un palmier est un joli arbre.** Eine Palme ist ein hübscher Baum.
	près de qn / qc [pʀɛdə]	nahe bei jdm. / etw.; neben jdm. / etw.	**Il y a des dauphins près du bateau.** Da sind Delphine nahe beim Boot.
	une blague [ynblag]	ein Scherz; ein Witz	**On peut manger les oursins. Ce n'est pas une blague, c'est une spécialité!** Seeigel kann man essen. Das ist kein Witz, das ist eine Spezialität!
B 5 A176 🔊	**une couleur** [ynkulœʀ]	eine Farbe	englisch: **colour**
	gris / grise [gʀi / gʀiz]	grau	**Il fait mauvais. La mer est grise.** Es ist schlechtes Wetter. Das Meer ist grau.
	jaune / jaune [ʒon / ʒon]	gelb	**L'orangina est une boisson jaune.** Orangina ist ein gelbes Getränk.
	blanc / blanche [blɑ̃ / blɑ̃ʃ]	weiß	**J'habite dans une maison blanche.** Ich wohne in einem weißen Haus.
	vert / verte [vɛʀ / vɛʀt]	grün	**J'ai une casquette verte.** Ich habe eine grüne Schirmmütze.

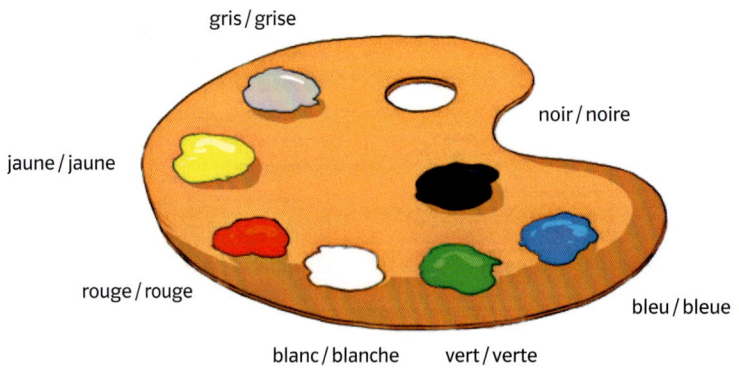

190 cent-quatre-vingt-dix

Vocabulaire 6

AUF EINEN BLICK

Les adjectifs männlich und weiblich

Singular *m. / f.*	Plural *m. / f.*	Singular *m. / f.*	Plural *m. / f.*
content/contente	contents/contentes	noir/noire	noirs/noires
intéressant/intéressante	intéressants/intéressantes	gratuit/gratuite	gratuits/gratuites
petit/petite	petits/petites	gris/grise	gris/grises
vert/verte	verts/vertes	mauvais/mauvaise	mauvais/mauvaises
froid/froide	froids/froides	bizarre	bizarres
chaud/chaude	chauds/chaudes	moderne	modernes
grand/grande	grands/grandes	drôle	drôles
bon/bonne	bons/bonnes	autre	autres
fatigué/fatiguée	fatigués/fatiguées	malade	malades
blanc/blanche	blancs/blanches	jaune	jaunes
long/longue	longs/longues	rouge	rouges
joli/jolie	jolis/jolies	sympa	sympas
bleu/bleue	bleus/bleues	**Unveränderlich:** super, cool	

B 6
A177

sous [su]	unter	**sous la table** (unter) ↔ **sur la table** (auf)
à côté de [akotedə]	neben	**Le restaurant est à coté de la librairie.** Das Restaurant ist neben der Buchhandlung.
à droite de [adʀwatdə]	rechts von	**C'est à droite de la boulangerie.** Es ist rechts von der Bäckerei.
à gauche de [agoʃdə]	links von	**C'est à gauche de la gare.** Es ist links vom Bahnhof.

AUF EINEN BLICK

C'est où? Wo ist das?

sur la colline **sous** l'eau **entre** les palmiers **devant** la maison **derrière** la maison **dans** l'ascenseur

à côté	du parc	neben dem Park
près	de la librairie	nahe bei der Buchhandlung
à gauche	de l' entrée	links vom Eingang
à droite	des toilettes	rechts von den Toiletten

de + Artikel siehe Seite 78!

cent-quatre-vingt-onze

SP 3

Mon dico personnel

Ma ville et ma région — Meine Stadt und meine Region

la ville	die Stadt	**un parc**	ein Park	**les rochers**	die Felsen
la vieille ville	die Altstadt	**un restaurant**	ein Restaurant	la forêt	der Wald
une rue	eine Straße	un village	ein Dorf	**la mer**	das Meer
un bâtiment	ein Gebäude	la nature	die Natur	**la plage**	der Strand
une maison	ein Haus	**la montagne**	der Berg; das Gebirge		

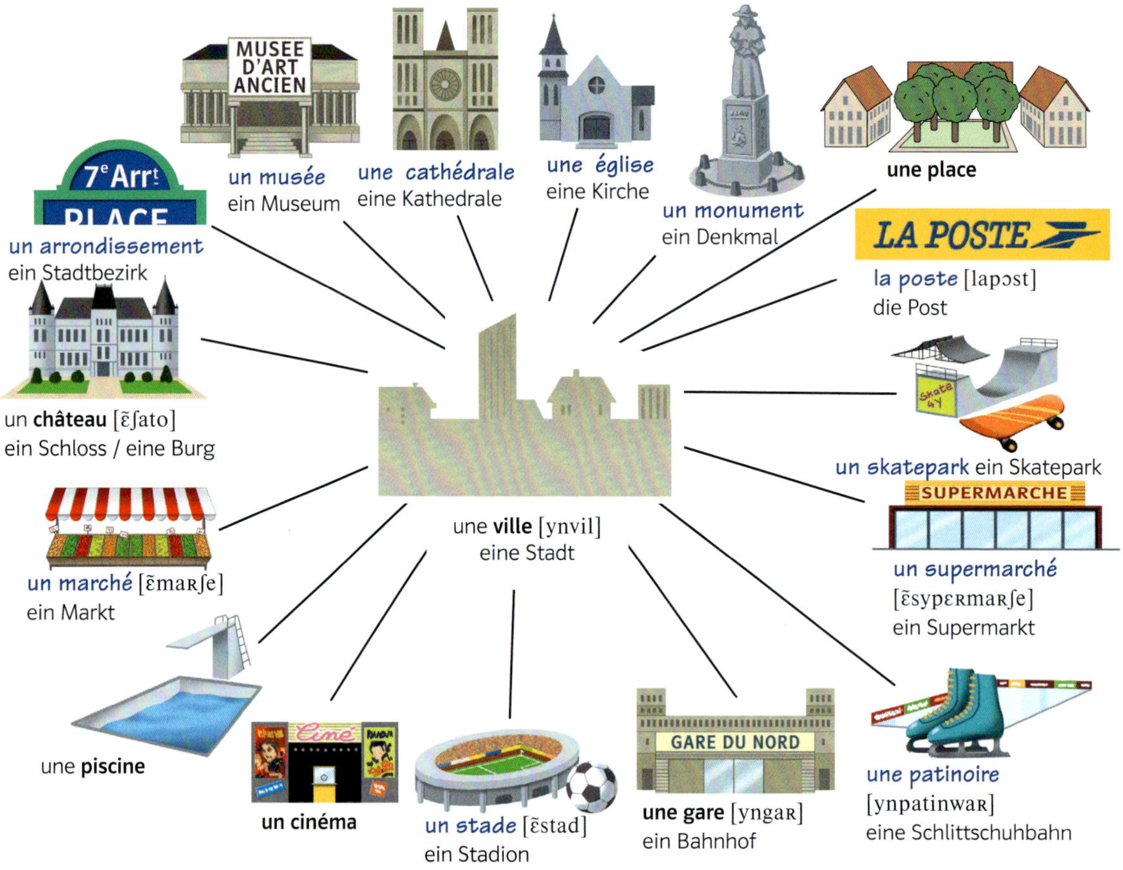

une ville [ynvil]
eine Stadt
un arrondissement
ein Stadtbezirk
7e Arrt
PLACE
un musée
ein Museum
MUSEE D'ART ANCIEN
une cathédrale
eine Kathedrale
une église
eine Kirche
un monument
ein Denkmal
une place
LA POSTE
la poste [lapɔst]
die Post
un skatepark ein Skatepark
SUPERMARCHE
un supermarché
[ɛ̃sypɛʀmaʀʃe]
ein Supermarkt
une patinoire
[ynpatinwaʀ]
eine Schlittschuhbahn
GARE DU NORD
une gare [yngaʀ]
ein Bahnhof
un stade [ɛ̃stad]
ein Stadion
Ciné
un cinéma
une piscine
un marché [ɛ̃maʀʃe]
ein Markt
un château [ɛ̃ʃato]
ein Schloss / eine Burg

Vocabulaire

Module À la découverte de Paris

TIPP
Schreibe besonders wichtige Wörter auf **Klebezettel**. Klebe den Zettel an einen gut sichtbaren Platz, an dem du regelmäßig vorbeikommst. So lernst du Wörter fast **im Vorübergehen**.

---- TU TE RAPPELLES? ----

passer qc	etwas verbringen	un bâtiment	ein Gebäude
une semaine	eine Woche	un endroit	ein Ort
un arrêt	ein Halt; eine Haltestelle	à gauche	links
une colline	ein Hügel	à droite	rechts

DE
A178

Atelier A1

une **découverte** [yndekuvɛʀt]	eine Entdeckung	On va à la découverte de Paris. Wir gehen auf eine Entdeckungstour durch Paris.
branché / branchée (fam.) [bʀɑ̃ʃe]	„in" (ugs.); „angesagt" (ugs.)	
les **loisirs** (m.) [lelwaziʀ]	die Freizeit; die Freizeitbeschäftigung	
beaucoup de [bokudə]	viel(e)	À Paris, il y a beaucoup de touristes. In Paris gibt es viele Touristen.
ne … pas de [nə padə]	kein / keine	Chez nous, il n'y a pas de touristes. Bei uns gibt es keine Touristen.
une **capitale** [ynkapital]	eine Hauptstadt	Paris est la capitale de la France. Paris ist die Hauptstadt Frankreichs.
un **arrondissement** [ɛ̃naʀɔ̃dismɑ̃]	ein Stadtbezirk	À Paris, il y a 20 arrondissements. In Paris gibt es 20 Stadtbezirke.
un **pont** [ɛ̃pɔ̃]	eine Brücke	Il y a 37 ponts sur la Seine. Es gibt 37 Brücken über die Seine.
une **voiture** [ynvwatyʀ]	ein Auto	À Paris, il y a beaucoup de voitures. In Paris gibt es viele Autos.
un **feu** / des **feux** [ɛ̃fø / defø]	ein Feuer / Feuer	Notre-Dame est en feu! Notre-Dame steht in Flammen!

Vis-à-vis **Notre-Dame de Paris** wurde bei einem Brand im Jahr 2019 in großen Teilen zerstört und kann nicht besichtigt werden. Der Wiederaufbau der berühmten Kathedrale wird lange Jahre dauern.

célèbre / célèbre [selɛbʀ]	berühmt	
une **cathédrale** [ynkatedʀal]	eine Kathedrale	Notre-Dame est une cathédrale très célèbre. Notre-Dame ist eine sehr berühmte Kathedrale.
différent / différente [difeʀɑ̃ / difeʀɑ̃t]	verschieden; unterschiedlich	Il y a beaucoup de styles de musique différents. Es gibt viele unterschiedliche Musikstile.
des **milliers de** [demiljedə]	tausende von	À Montmartre, il y a des milliers de touristes! In Montmartre gibt es tausende von Touristen.
un **sommet** [ɛ̃sɔmɛ]	ein Gipfel	au sommet de la colline auf dem Gipfel / oben auf dem Hügel
une **église** [ynegliz]	eine Kirche	
chaque [ʃak]	jeder; jede; jedes (+ Nomen)	chaque jour jeden Tag
une **ligne** [ynliɲ]	eine Linie	une ligne de métro eine Metrolinie
parisien / parisienne [paʀizjɛ̃ / paʀizjɛn]	Pariser (Adj.)	le métro parisien die Pariser Metro
un **symbole** [ɛ̃sɛ̃bɔl]	ein Symbol	La tour Eiffel est le symbole de Paris. Der Eiffelturm ist das Symbol von Paris.

un **monument** [ɛ̃mɔnymɑ̃]	ein Denkmal; ein Monument	L'Arc de triomphe est un monument célèbre. Der Triumphbogen ist ein berühmtes Monument.
en haut [ɑ̃o]	oben	En haut, on a une jolie vue sur l'avenue des Champs-Élysées. Oben hat man eine schöne Aussicht auf die Avenue des Champs-Élysées.
bouger [buʒe]	sich bewegen	On fait du sport? J'ai envie de bouger. Machen wir Sport? Ich habe Lust, mich zu bewegen.
un **Parisien** / une **Parisienne** [ɛ̃paʀizjɛ̃ / ynpaʀizjɛn]	ein Pariser / eine Pariserin	
les **transports** *Masc. (pl.)* [letʀɑ̃spɔʀ]	das Verkehrswesen	les transports parisiens das Pariser Verkehrswesen

AUF EINEN BLICK

Les moyens de transport Womit man an sein Ziel kommt

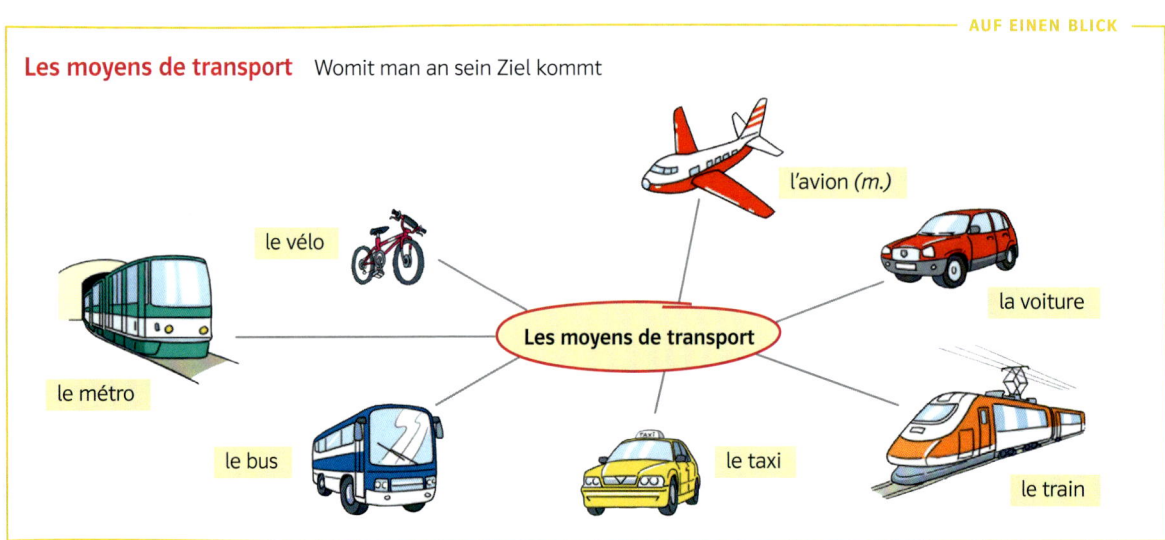

A2
A179

loin [lwɛ̃]	weit *(Adv.)*	C'est encore loin? Ist es noch weit?
un **cousin** / une **cousine** [ɛ̃kuzɛ̃ / ynkuzin]	ein Cousin / eine Cousine	Clément est le cousin de Lola. Clément ist Lolas Cousin.
être content(e) de faire qc [ɛtʀəkɔ̃tɑ̃ / kɔ̃tɑ̃t]	froh sein etw. zu tun	Il est content de visiter Paris. Er freut sich, Paris zu besichtigen.
tout [tu]	alles	Il a envie de tout voir. Er hat Lust, alles zu sehen.
aller chercher qn [aleʃɛʀʃe]	jdn. abholen	Lola va chercher son cousin à la station de métro. Lola holt ihren Cousin an der Metrostation ab.
à pied [apje]	zu Fuß	À pied, ça prend cinq minutes. Zu Fuß braucht man fünf Minuten.
un **chemin** [ɛ̃ʃəmɛ̃]	ein Weg	Tu trouves ton chemin? Findest du den Weg?
tout droit [tudʀwa]	geradeaus	Va tout droit. Geh geradeaus.
traverser qc [tʀavɛʀse]	etwas überqueren	Traverse la rue. Überquere die Straße.
tourner [tuʀne]	drehen; abbiegen	Tourne à droite. Biege rechts ab. englisch: **to turn**
continuer [kɔ̃tinɥe]	weitermachen; fortfahren	englisch: **to continue**

Vocabulaire

— AUF EINEN BLICK —

Pour aller à …? So kommt man von A nach B.

- Pardon, monsieur/madame, je cherche … — Pardon …, ich suche …
- Pardon, … , où est? — Pardon …, wo ist … ?
- Pardon, pour aller à …, s'il vous plaît? — Pardon …, wie komme ich zu … ?
- Tu vas / Vous allez tout droit. — Du gehst / Sie gehen geradeaus.
- À la rue …, tourne/tournez à gauche. — Biege/Biegen Sie an der rue … links ab.
- Au café, tourne/tournez à droite. — Biege / Biegen Sie am Café rechts ab.
- Traverse/Traversez le carrefour / la rue. — Überquere / Überqueren Sie die Kreuzung / die Straße.
- Merci beaucoup, monsieur/madame. — Vielen Dank.

A4
A180

un **site** [ɛ̃sit]	eine Website	**Lola et Clément regardent des sites Internet.** Lola und Clément sehen sich Websites an.
lire qc [liʀ]	etw. lesen	**Qu'est-ce que tu lis?** Was liest du?
! **lire:** je lis, tu lis, il / elle / on lit, nous lisons, vous lisez, ils / elles lisent		
une **promenade** [ynpʀɔmnad]	ein Spaziergang; ein Ausflug	une promenade = une sortie
une **liste** [ynlist]	eine Liste	
écrire qc [ekʀiʀ]	etw. schreiben	**Lola écrit une un e-mail.** Lola schreibt eine E-Mail.
! **écrire:** j'écris, tu écris, il / elle / on écrit, nous écrivons, vous écrivez, ils / elles écrivent		
la **science** [lasjɑ̃s]	die Wissenschaft	englisch: **science**

Mon dico personnel

Paris, j'aime … Das liebe ich in Paris.

les parcs **les musées** **les places** **les grands boulevards**

les ponts sur la Seine **les églises** **les vieux quartiers** **les quartiers modernes**

Liste des mots

Die *Liste des mots* enthält den Lernwortschatz aus den *Unités*. Wörter, die innerhalb von *Lire*-Aufgaben erschlossen werden sollen, grammatische Basiswörter wie z. B. die Subjektpronomen *je, tu* … sowie Zahlen werden in der folgenden Liste nicht aufgeführt.
Die Fundstellen verweisen auf das erstmalige Vorkommen der Wörter wie z. B.:

une **affaire** I3B, 3

Band **1**, Unité **3**, Atelier **B**, Nummer **3**.

Weitere Abkürzungen:
DE = Einstiegsseite *Découvertes*
A = Atelier A   **B** = Atelier B
C = Atelier C   **M** = Module
Grau gesetzte Wörter sind fakultativ und brauchen nicht gelernt zu werden.

A

à [a] in (Ort); nach (Ort); zu (einem Ort) I1DE
  à bientôt [abjɛto] bis bald I0, 5
  à plus [aplys] bis später I0, 5
  à quelle heure? [akɛlœʁ] um wie viel Uhr? I4A, 4
  au collège [okɔlɛʒ] im Collège I2B, 1
  à une heure um ein Uhr I4A, 3
un **accordéon** [ɛ̃nakɔʁdeɔ̃] eine Ziehharmonika ⟨I2SP, 3⟩
acheter qc [aʃte] etw. kaufen I5B, 6
un **acteur**/une **actrice** [ɛ̃naktœʁ/ynaktʁis] ein Schauspieler/eine Schauspielerin I5A, 1
une **activité** [ynaktivite] eine Aktivität; eine Freizeitbeschäftigung I2DE
un **adolescent**/une **adolescente** [ɛ̃nadɔlesɑ̃/ynadɔlesɑ̃t] ein Jugendlicher/eine Jugendliche I5B, 1
adorer qn/qc [adɔʁe] jdn./etw. sehr gern mögen I2A, 1
une **adresse** [ynadʁɛs] eine Adresse I4B, 1
un **adulte**/une **adulte** [ɛ̃nadylt/ynadylt] ein Erwachsener/eine Erwachsene ⟨I6A, 8⟩
une **affaire** [ynafɛʁ] eine Angelegenheit; eine Sache I3B, 3
une **affiche** [ynafiʃ] ein Plakat; ein Poster I2B, 1
l'**âge** *(m.)* [laʒ] das Alter I3A, 10
  Tu as quel **âge**? [tyakɛlaʒ] Wie alt bist du? I3A, 10
aider qn [ede] jdm. helfen I6A, 4
Aïe! [aj] Aua! I6A, 4

aimer qn/qc [eme] jdn./etw. lieben; jdn./etw. mögen I2A, 1
l'**allemand** *(m.)* [almɑ̃] Deutsch I4A, 1
aller [ale] fahren; gehen I4A, 5
Allez! [ale] Los! I1A, 4
  aller faire qc [alefɛʁ] etw. tun werden I5A, 1
  On y va! [ɔ̃niva] Auf geht's!; Gehen wir! I4A, 5
aller chercher qn [aleʃɛʁʃe] jdn. abholen ⟨IMA, 2⟩
Allô? [alo] Hallo? (am Telefon) I3B, 1
alors [alɔʁ] dann; jetzt; nun I1B, 1
une **ambiance** [ynɑ̃bjɑ̃s] eine Atmosphäre; eine Stimmung I5B, 6
un **ami**/une **amie** [ɛ̃nami/ynami] ein Freund/eine Freundin I1A, 1
un **an** [ɛ̃nɑ̃] ein Jahr I1B, 1
  Il/Elle a onze ans. [ilɛlaɔ̃zɑ̃] Er/sie ist 11 (Jahre alt). I1B, 1
  J'ai douze ans. [ʒeduzɑ̃] Ich bin zwölf (Jahre alt). I1B, 1
l'**anglais** *(m.)* [lɑ̃glɛ] Englisch I4B, 7
un **animal**/des **animaux** [ɛ̃nanimal/dezanimo] ein Tier/Tiere ⟨I2SP, 3⟩
une **année** [ynane] ein Jahr *im Verlauf* I3A, 9
un **anniversaire** [ɛ̃naniveʁsɛʁ] ein Geburtstag I3DE
  Joyeux **anniversaire**! [ʒwajøzaniveʁsɛʁ] Alles Gute …; Herzlichen Glückwunsch zum Geburtstag! I3DE
août *(m.)* [ut] August I3A, 9
appeler qn [aple] jdn. anrufen; jdn. rufen I5A, 3
  je m'**appelle** [ʒəmapɛl] ich heiße I0, 1
  il s'**appelle**/elle s'**appelle** [ilsapɛl/ɛlsapɛl] er heißt/sie heißt I3A, 1
  tu t'**appelles** [tytapɛl] du heißt I0, 1
après [apʁɛ] danach; nach I4A, 2
un **après-midi** [ɛ̃napʁɛmidi] ein Nachmittag I4A, 2
un **arbre** [ɛ̃naʁbʁ] ein Baum I3B, 3
un **arrêt** [ɛ̃naʁɛ] eine Haltestelle; ein Halt I4A, 1
  un **arrêt** de bus [ɛ̃naʁɛdəbys] eine Bushaltestelle I4A, 1
arriver [aʁive] ankommen; kommen I2B, 2
un **arrondissement** [ɛ̃naʁɔ̃dismɑ̃] ein Stadtbezirk ⟨IMA, 1⟩
les **arts plastiques** *(m.)* [lezaʁplastik] Kunst *als Schulfach* (I4B, 7)
un **ascenseur** [ɛ̃nasɑ̃sœʁ] ein Aufzug; ein Fahrstuhl I6A, 4
un **atelier** [ɛ̃natəlje] eine Werkstatt; ein Workshop ⟨I4SP, 1⟩
l'**athlétisme** *(m.)* [latletism] die Leichtathletik ⟨I2SP, 3⟩

Attention! [atɑ̃sjɔ̃] Achtung!; Vorsicht! I1A, 1
aujourd'hui [oʒuʁdɥi] heute I3A, 1
aussi [osi] auch I1B, 1
autre/autre [otʁ] anderer/andere/anderes I2B, 2
avant [avɑ̃] vor *(zeitlich)* I4A, 1
avec [avɛk] mit I1B, 1
un **avion** [ɛ̃navjɔ̃] ein Flugzeug ⟨IMA, 1⟩
avoir [avwaʁ] haben I3B, 1
  avoir **mal** [avwaʁmal] Schmerzen haben I6A, 4
  avoir soif [avwaʁswaf] Durst haben I5B, 6
  Il/Elle a onze ans. [ilɛlaɔ̃zɑ̃] Er/sie ist 11 (Jahre alt). I1B, 1
  J'ai douze ans. [ʒeduzɑ̃] Ich bin zwölf (Jahre alt). I1B, 1
avoir le temps [avwaʁlətɑ̃] Zeit haben I4A, 11
avril *(m.)* [avʁil] April I3A, 9

B

un **ballon** [ɛ̃balɔ̃] ein Ball I2B, 1
un **terrain de basket** [ɛ̃tɛʁɛ̃dəbaskɛt] ein Basketballplatz ⟨I4SP, 1⟩
le **basket-ball** [ləbaskɛtbol] Basketball ⟨I4B, 5⟩
un **bateau**/des **bateaux** [ɛ̃bato/debato] ein Boot/Boote; ein Schiff/Schiffe I6A, 1
un **bâtiment** [ɛ̃batimɑ̃] ein Bauwerk; ein Gebäude I6A, 4
une **batterie** [labatʁi] ein Schlagzeug ⟨I2SP, 3⟩
un **baudrier** [ɛ̃bodʁije] ein Klettergurt I3B, 3
une **BD** (Abkürzung von *une bande dessinée*) [ynbede] ein Comic I2B, 2
Il fait **beau**. [ilfɛbo] Es ist schönes Wetter. I6A, 1
beaucoup [boku] viel I5B, 9
  beaucoup de [bokudə] viel(e) ⟨IMA, 1⟩
un **beau-père** [ɛ̃bopɛʁ] ein Stiefvater ⟨I3A, 1⟩
une **belle-mère** [ynbɛlmɛʁ] eine Stiefmutter I3A, 1
une **bête** [ynbɛt] ein Tier I5B, 1
bien *adv.* [bjɛ̃] gut *(Adv.)* I0, 5
bien sûr [bjɛ̃syʁ] Na klar!; sicherlich I3A, 1
bientôt [bjɛ̃to] bald I0, 5
  À **bientôt!** [abjɛ̃to] bis bald I0, 5
Bienvenue! [bjɛ̃vny] Willkommen! I0, 1
un **billet** [ɛ̃bijɛ] eine Eintrittskarte; eine Fahrkarte I5A, 3
un **bip** [ɛ̃bip] ein Piepton ⟨I3A, 3⟩
un **bisou** [ɛ̃bizu] ein Küsschen I0, 2
bizarre/**bizarre** [bizaʁ] komisch; merkwürdig I5A, 3
une **blague** [ynblag] ein Scherz; ein Witz I6B, 3
blanc/**blanche** [blɑ̃/blɑ̃ʃ] weiß I6B, 5
bleu/**bleue** [blø] blau I6B, 3

Liste des mots

un **blog** [ɛ̃blɔg] ein Blog *(ein Tagebuch im Internet)* ⟨IMA, 4⟩
Bof! *(fam.)* [bɔf] Ach. *(ugs.)*; Na ja. *(ugs.)* I4A, 11
une **boisson** [ynbwasɔ̃] ein Getränk I5B, 6
bon/bonne [bɔ̃/bɔn] gut I6B, 3
  Ah, **bon**? [abɔ̃] Ach ja?; Wirklich? I2A, 2
  bonne idée [bɔnide] gute Idee I4A, 11
Bonjour. [bɔ̃ʒuʀ] Guten Tag! I0, 1
Bonjour les amis! [bɔ̃ʒuʀlezami] Guten Tag, Freunde! I0, 5
bouger [buʒe] sich bewegen ⟨IMA, 1⟩
une **bougie** [ynbuʒi] eine Kerze I3DE
une **boulangerie** [ynbulɑ̃ʒʀi] eine Bäckerei I4A, 1
branché/branchée *(fam.)* [bʀɑ̃ʃe] angesagt *(ugs.)*; «in» *(ugs.)* ⟨IM⟩
un **bus** [ɛ̃bys] ein Bus I4A, 1
un **but** [ɛ̃by(t)] ein Tor *(beim Ballspiel)*; ein Ziel I2A, 2
une **buvette** [ynbyvɛt] ein Getränkestand I5B, 6

C

ça *(Kurzform zu cela)* [sa] das I1B, 1
  comme **ça** [kɔmsa] auf diese Weise; so I3B, 3
  Ça fait … [safɛ] Das macht … I5B, 6
  Ça va? [sava] Wie geht's? I0, 2
  Ça va bien. [savabjɛ̃] Es geht (mir) gut. I0, 5
  Et avec **ça**? [eavɛksa] Sonst noch etwas?; Und außerdem? I5B, 9
un **cadeau/des cadeaux** [ɛ̃kado] ein Geschenk; Geschenke I3DE
le **café** [ləkafe] der Kaffee I5B, 8
un **café** [ɛ̃kafe] ein Café I1DE
un **cahier** [ɛ̃kaje] ein Heft I2B, 1
un **calendrier** [ɛ̃kalɑ̃dʀije] ein Kalender I3A, 10
une **caméra** [ynkameʀa] eine Filmkamera I5A, 1
une **cantine** [ynkɑ̃tin] eine Kantine I4A, 3
un/une **capitaine** [ɛ̃/ynkapitɛn] ein Kapitän/eine Kapitänin ⟨I5B, 1⟩
une **capitale** [ynkapital] eine Hauptstadt ⟨IMA, 1⟩
un **carnet** [ɛ̃kaʀnɛ] ein Notizbuch I4B, 1
un **casque** [ɛ̃kask] ein Kopfhörer I2A, 2
une **casquette** [ynkaskɛt] eine Kappe; eine Schirmmütze I3B, 3
une **cathédrale** [ynkatedʀal] eine Kathedrale ⟨IMA, 1⟩
un **cauchemar** [ɛ̃koʃmaʀ] ein Albtraum I4B, 9
un **CDI** *(un centre de documentation et d'information)* [ɛ̃sedei] ein CDI *(Dokumentations- und Informationsstelle einer Schule)* I4A, 3
ce/c' [sə] das I0, 1
  ce soir [səswaʀ] heute Abend I5A, 1
  ce sont [səsɔ̃] das sind I1B, 2
  c'est [sɛ] das ist I0, 1
célèbre/célèbre [selɛbʀ] berühmt ⟨IMA, 1⟩
un **centime** [ɛ̃sɑ̃tim] ein Cent I5B, 6
une **chambre** [ynʃɑ̃bʀ] ein (Schlaf-)Zimmer I2A, 2
la **chance** [laʃɑ̃s] das Glück; die Chance I3A, 3
  La **chance**! [laʃɑ̃s] Du Glückspilz!; Glück muss man haben! I3A, 3
une **chanson** [ynʃɑ̃sɔ̃] ein Lied I2A, 1
chanter [ʃɑ̃te] singen I2A, 4
chaque [ʃak] jede; jeder; jedes + Nomen ⟨IMA, 1⟩
un **chat** [ɛ̃ʃa] eine Katze I1A, 1
un **château/des châteaux** [ɛ̃ʃato/deʃato] ein Schloss I6A, 3
chaud/chaude [ʃo/ʃod] heiß; warm I6A, 2
  Il fait **chaud**. [ilfɛʃo] Es ist heiß.; Es ist warm/heiß. I6A, 2
un **chemin** [ɛ̃ʃəmɛ̃] ein Weg ⟨IMA, 2⟩
cher/chère [ʃɛʀ] teuer ⟨I4SP, 1⟩
chercher qn/qc [ʃɛʀʃe] jdn./etw. suchen I2A, 4
un **cheval/des chevaux** [ɛ̃ʃəval/deʃəvo] ein Pferd/Pferde ⟨I2SP, 3⟩
chez qn [ʃe] zu jdm. I2A, 2
un **chien** [ɛ̃ʃjɛ̃] ein Hund ⟨I2SP, 3⟩
la **chimie** [laʃimi] die Chemie ⟨I4B, 7⟩
des **chips** Fem. (pl.) [deʃips] Kartoffelchips ⟨I5B, 8⟩
un **choc** [ɛ̃ʃɔk] ein Schock I4A, 5
un **choix** [ɛ̃ʃwa] eine Auswahl; eine Wahl ⟨I6A, 8⟩
une **chose** [ynʃoz] ein Ding; eine Sache I3B, 1
  quelque **chose** [kɛlkəʃoz] etwas I2A, 1
Chut ! [ʃyt] Pst! I4A, 3
un **cinéma** [ɛ̃sinema] ein Kino I4A, 5
Vie de **classe** (f.) [vidəklas] Verfügungs-/Klassen(lehrer)stunde ⟨I4B, 7⟩
un **club** [ɛ̃klœb] eine AG *(in der Schule)*; ein Klub I2B, 2
un **coca** [ɛ̃kɔka] eine Cola ⟨I5B, 8⟩
un **collège** [ɛ̃kɔlɛʒ] ein Collège I2B, 1
  au **collège** [okɔlɛʒ] im Collège I2B, 1
une **colline** [ynkɔlin] ein Hügel I6A, 3
combien [kɔ̃bjɛ̃] wie viel I5B, 6
comme [kɔm] als; wie I2B, 2
  comme ça [kɔmsa] auf diese Weise; so I3B, 3
commencer [kɔmɑ̃se] anfangen I4A, 3
comment [kɔmɑ̃] wie *(Frage)* I0, 1

un **compagnon/une compagne** [ɛ̃kɔ̃paɲɔ̃/ynkɔ̃paɲ] ein Lebensgefährte/eine Lebensgefährtin ⟨I3A, 1⟩
comprendre qc [kɔ̃pʀɑ̃dʀ] etw. verstehen I5B, 1
compter qc [kɔ̃te] etw. zählen I3B, 3
une **comptine** [ynkɔ̃tin] ein Abzählvers ⟨I1B, 6⟩
un **concert** [ɛ̃kɔ̃sɛʀ] ein Konzert I4A, 5
contacter qn [kɔ̃takte] jdn. kontaktieren; mit jdm. in Verbindung treten I6A, 1
content/contente [kɔ̃tɑ̃/kɔ̃tɑ̃t] froh; zufrieden I6B, 1
  être **content(e)** de faire qc [ɛtʀəkɔ̃tɑ̃/kɔ̃tɑ̃t] froh sein etw. zu tun ⟨IMA, 2⟩
continuer [kɔ̃tinɥe] fortfahren; weitermachen ⟨IMA, 2⟩
contre [kɔ̃tʀ] gegen I5B, 1
cool *(fam.)* [kul] cool *(ugs.)* I1A, 1
un **copain/une copine** *(fam.)* [ɛ̃kɔpɛ̃/ynkɔpin] ein Freund/eine Freundin I1A, 4
une **corde** [ynkɔʀd] ein Seil I3B, 3
à **côté** de [akotedə] neben I6B, 6
Coucou! [kuku] Hallo!; Kuckuck! ⟨I1B, 6⟩
une **couleur** [ynkulœʀ] eine Farbe I6B, 5
une **cour** [ynkuʀ] ein (Schul-)Hof I2B, 1
un **cours** [ɛ̃kuʀ] eine Unterrichtsstunde I4A, 1
  avoir **cours** [avwaʀkuʀ] Unterricht haben I4A, 3
un **cousin/une cousine** [ɛ̃kuzɛ̃/ynkuzin] ein Cousin/eine Cousine ⟨I3A, 1⟩ ⟨IMA, 2⟩
coûter [kute] kosten I5B, 6
une **crêpe** [ynkʀɛp] eine Crêpe *(ein dünner Pfannkuchen)* I5B, 6
culturel/culturelle [kyltyʀɛl] Kultur- ⟨I4SP, 1⟩

D

d'abord [dabɔʀ] zuerst I4A, 5
d'accord [dakɔʀ] einverstanden; o.k. I1A, 1
une **dame** [yndam] eine Dame; eine Frau I1A, 4
dans [dɑ̃] in I1B, 1
la **danse** [ladɑ̃s] das Tanzen; der Tanz I2A, 1
danser [dɑ̃se] tanzen I2A, 2
une **date** [yndat] ein Datum I3A, 7
un **dauphin** [ɛ̃dofɛ̃] ein Delfin I6B, 3
de/d' [də] aus; von I1A, 1
  de … à [də □ a] von … bis I4A, 4
décembre *(m.)* [desɑ̃bʀ] Dezember I3A, 9
une **découverte** [yndekuvɛʀt] eine Entdeckung ⟨IM⟩
déjà [deʒa] schon I1B, 1
demain [dəmɛ̃] morgen I5A, 1
demander qc à qn [dəmɑ̃de] jdn. etwas fragen; jdn. um etw. bitten I6A, 4

cent-quatre-vingt-dix-sept **197**

demi/**demie** [dəmi] halb **I4A,** 3
  neuf heures et demie [nœvœʀədəmi] halb zehn **I4A,** 3
un **demi-frère** [ɛ̃dəmifʀɛʀ] ein Halbbruder ⟨**I3A,** 1⟩
une **demi-sœur** [yndə)misœʀ] eine Halbschwester ⟨**I3A,** 1⟩
le **départ** [ləpaʀ] der Aufbruch; die Abfahrt **I6A,** 9
derrière [dɛʀjɛʀ] hinter **I5B,** 1
désirer qc [deziʀe] etw. wünschen **I5B,** 9
(je suis) **désolé**/**désolée** [dezole] es tut mir leid **I2B,** 2
un **dessin** [ɛ̃desɛ̃] eine Zeichnung **I4B,** 1
détester qc [detɛste] etw. überhaupt nicht mögen; jdn./etw. verabscheuen **I2A,** 1
devant [dəvɑ̃] vor (örtlich) **I5B,** 1
deviner qc [dəvine] etw. erraten **I3B,** 3
différent/**différente** [difeʀɑ̃/difeʀɑ̃t] unterschiedlich; verschieden ⟨**IMA,** 1⟩
dimanche (m.) [dimɑ̃ʃ] am Sonntag; Sonntag **I3A1**
  le **dimanche** [lədimɑ̃ʃ] sonntags **I4B,** 7
discuter (de qc) [diskyte] diskutieren (über etw.); sich unterhalten (über etwas) **I5A,** 1
donner qc à qn [dɔne] jdm. etw. geben **I6A,** 4
à **droite** de [adʀwat] rechts von **I6B,** 6
drôle [dʀol] lustig **I6A,** 4

E

l'**E.P.S.** (Education physique et sportive) (f.) [ləpeɛs] Sport als Schulfach ⟨**I4B,** 7⟩
l'**eau** (f.) [lo] das Wasser **I5B,** 6
  une **eau** minérale [ynomineʀal] ein Mineralwasser **I5B,** 8
une **école** [ynekɔl] eine Schule; Grundschule ⟨**I4SP,** 1⟩
  une **école** de musique [ynekɔldəmyzik] eine Musikschule ⟨**I4SP,** 1⟩
écouter qn/qc [ekute] etw. anhören; jdm. zuhören **I2A,** 2
écrire qc [ekʀiʀ] etw. schreiben ⟨**IMA,** 4⟩
l'**éducation musicale** f. [ledykasjɔ̃mysikal] Musik als Schulfach ⟨**I4B,** 7⟩
une **église** [ynegliz] eine Kirche ⟨**I6SP,** 3⟩ ⟨**IMA,** 1⟩
l'**électro** (f.) [lelɛktʀo] die Elektro-Musik **I2A,** 10
un **élève**/une **élève** [ɛ̃nelɛv/ynelɛv] ein Schüler/eine Schülerin **I2B,** 1
embrasser qn [ɑ̃bʀase] jdn. küssen; jdn. umarmen **I3B,** 3
en [ɑ̃] (Präposition) verschiedene Bedeutungen **I2A,** 2
  en haut [ɑ̃o] oben ⟨**IMA,** 1⟩
  en plus [ɑ̃plys] außerdem; zusätzlich **I3A,** 3
  en famille [ɑ̃famij] mit der Familie **I3A,** 3
  en France [ɑ̃fʀɑ̃s] in Frankreich ⟨**I2SP,** 1⟩
  en janvier [ɑ̃ʒɑ̃vje] im Januar **I3A,** 9
  en silence [ɑ̃silɑ̃s] ohne Lärm zu machen; still **I2A,** 2
encore [ɑ̃kɔʀ] noch **I2B,** 1
un **endroit** [ɑ̃nɑ̃dʀwa] ein Ort **I6A,** 3
un **enfant** [ɑ̃nɑ̃fɑ̃] ein Kind **I3A,** 1
enfin [ɑ̃fɛ̃] endlich; schließlich **I4B,** 1
ensemble [ɑ̃sɑ̃bl] gemeinsam (Adv.); zusammen **I2A,** 2
entre [ɑ̃tʀ] zwischen **I6DE**
une **entrée** [ynɑ̃tʀe] ein Eingang; ein Eintritt **I5B,** 3
entrer [ɑ̃tʀe] eintreten; hereinkommen **I2A,** 2
avoir **envie** (de faire qc) [avwaʀɑ̃vi] Lust haben (etw. zu tun) **I4B,** 1
une **équipe** [ynekip] eine Mannschaft; ein Team **I5B,** 1
l'**escalade** (f.) [lɛskalad] das Klettern **I2A,** 1
un **escalier** [ɛ̃nɛskalje] eine Treppe **I6A,** 4
Est-ce qu'il est malade? [ɛskilɛmalad] Ist er krank. **I5A,** 3
Est-ce que …? [ɛskə] Frageformel **I5A,** 3
et [e] und **I0,** 1
  Et avec ça? [eavɛksa] Sonst noch etwas?; Und außerdem? **I5B,** 9
être [ɛtʀ] sein **I1B,** 1
un **euro**/des **euros** [ɛ̃nøʀo/dezøʀo] ein Euro/Euro **I5B,** 6
un **évènement** [ɛ̃nevɛnmɑ̃] ein Ereignis; eine Veranstaltung **I4A,** 5
un **exercice** [ɛ̃nɛgzɛʀsis] eine Übung **I5B,** 1
expliquer qc à qn [ɛksplike] jdm. etw. erklären **I6B,** 3
une **exposition** [ynɛkspozisjɔ̃] eine Ausstellung ⟨**I4SP,** 1⟩

F

la **faim** [lafɛ̃] der Hunger **I4A,** 3
  avoir **faim** [avwaʀfɛ̃] Hunger haben **I4A,** 3
faire qc [fɛʀ] etw. machen; etw. tun **I4B,** 1
  Il fait mauvais . [ilfɛmovɛ] Es ist schlechtes Wetter. **I6A,** 2
  on fait [ɔ̃fɛ] man macht; wir machen **I1A,** 1
  faire oui de la tête [fɛʀwidəlatɛt] nicken **I5B,** 1
  Il fait beau. [ilfɛbo] Es ist schönes Wetter. **I6A,** 1
  on **fait** un tour [ɔ̃fɛɛ̃tuʀ] wir drehen eine Runde **I1A,** 1
  Que fait …? [kəfɛ] Was macht …? **I2B,** 2
une **famille** [ynfamij] eine Familie **I3A,** 1
  en **famille** [ɑ̃famij] mit der Familie **I3A,** 3

fatigué/**fatiguée** [fatige] müde **I6B,** 3
une **fête** [ynfɛt] ein Fest **I3DE**
  une **fête** nationale [ynfɛtnasjɔnal] ein Nationalfeiertag ⟨**I3SP,** 1⟩
  la **fête** de la musique [lafɛtdəlamyzik] die „Fête de la musique" (Straßenfest am 21. Juni) ⟨**I3SP,** 1⟩
fêter qc [fete] etw. feiern **I3A,** 3
un **feu**/des **feux** [ɛ̃fø/defø] ein Feuer/Feuer ⟨**IMA,** 1⟩
février (m.) [fevʀije] Februar **I3A,** 8
une **fiche** [ynfiʃ] ein Blatt; ein Zettel ⟨**I1B,** 10⟩
une **fille** [ynfij] eine Tochter; ein Mädchen **I1A,** 4
un **film** [ɛ̃film] ein Film (Kino, Fernsehen) **I5A,** 1
filmer qc [filme] etw. filmen **I5A,** 1
un **fils** [ɛ̃fis] ein Sohn **I3A,** 1
la **fin** [lafɛ̃] das Ende; der Schluss **I5A,** 3
une **fois** [ynfwa] ein Mal; einmal **I6B,** 3
le **foot** [ləfut] der Fußball (als Sportart) **I2A,** 1
foutu (fam.) [futy] im Eimer (ugs.); kaputt (ugs.) **I5A,** 3
  C'est **foutu**. (fam.) [sɛfuty] Alles ist im Eimer. (ugs.) **I5A,** 3
le **français** [ləfʀɑ̃sɛ] Französisch **I4B,** 7
en **France** [ɑ̃fʀɑ̃s] in Frankreich ⟨**I2SP,** 1⟩
un **frère** [ɛ̃fʀɛʀ] ein Bruder **I1B,** 1
froid/**froide** [fʀwa/fʀwad] kalt **I6A,** 2
  Il fait **froid**. [ilfɛfʀwa] Es ist kalt. (Wetter) **I6A,** 2
un **fruit** [ɛ̃fʀɥi] eine Frucht **I5B,** 6

G

un **garçon** [ɛ̃gaʀsɔ̃] ein Junge **I1A,** 4
une **gare** [yngaʀ] ein Bahnhof **I3A,** 3
un **gâteau**/des **gâteaux** [ɛ̃gato/degato] ein Kuchen **I3DE**
à **gauche** de [agoʃ] links von **I6B,** 6
une **gaufre** [yngofʀ] eine Waffel **I5B,** 8
génial (fam.) [ʒenjal] genial; toll (ugs.) **I3A,** 3
les **gens** (m.) (pl.) [leʒɑ̃] die Leute **I5B,** 1
une **glace** [ynglas] ein Eis **I6A,** 4
un **graffeur**/une **graffeuse** [ɛ̃gʀafœʀ/yngʀafœz] ein Graffitisprayer/eine Graffitisprayerin **I4A,** 5
un **graffiti** (Abkürzung: un graff) [gʀafiti] ein Graffiti (n.) (mit Farbspray gesprühte Figur oder Schrift) **I4A,** 5
grand/**grande** [gʀɑ̃/gʀɑ̃d] groß **I6B,** 1
la **grande bleue** [lagʀɑ̃dblø] das Mittelmeer **I6B,** 3
une **grand-mère** [yngʀɑ̃mɛʀ] eine Großmutter **I3A,** 1
un **grand-père** [ɛ̃gʀɑ̃pɛʀ] ein Großvater **I3A,** 1

Liste des mots

des **grands-parents** (m., pl.) [dɛɡʀɑ̃paʀɑ̃] Großeltern **I3A**, 1
gratuit/gratuite [ɡʀatɥi/ɡʀatɥit] kostenlos **I6B**, 1
  c'est **gratuit** [sɛɡʀatɥi] es ist kostenlos **I4A**, 5
gris/grise [ɡʀi/ɡʀiz] grau **I6B**, 5
une **guitare** [lagitaʀ] eine Gitarre ⟨**I2SP**, 3⟩

H

habiter [abite] wohnen **I3A**, 1
en **haut** [ɑ̃o] oben ⟨**IMA**, 1⟩
… **hein**? (fam.) [ɛ̃] …, oder? **I3B**, 3
une **heure** [ynœʀ] eine Stunde; eine Uhrzeit **I4A**, 3
  à l'**heure** [alœʀ] pünktlich **I5A**, 3
  à quelle **heure**? [akɛlœʀ] um wie viel Uhr? **I4A**, 4
  à une **heure** um ein Uhr **I4A**, 3
  dix heures moins le quart [dizœʀmwɛ̃lkaʀ] Viertel vor zehn **I4A**, 3
  huit **heures** [ɥitœʀ] acht Uhr **I4A**, 3
  huit **heures** et quart [ɥitœʀekaʀ] Viertel nach acht **I4A**, 3
  neuf **heures** et demie [nœvœʀedəmi] halb zehn **I4A**, 3
  Quelle **heure** est-il? [kɛlœʀɛtil] Wie spät ist es?; Wie viel Uhr ist es? **I4A**, 4
le **hip-hop** [lə'ipɔp] der Hip-Hop **I2A**, 10
une **histoire** [ynistwaʀ] eine Geschichte **I4B**, 6
l'**histoire**-géo (f.) [listwaʀʒeo] Geschichte und Erdkunde als Schulfach ⟨**I4B**, 7⟩
C'est l'**horreur**! [sɛlɔʀœʀ] Das ist schrecklich! **I3A**, 3

I

ici [isi] hier; hierher **I1A**, 1
une **idée** [ynide] eine Idee; ein Gedanke **I2B**, 2
  bonne **idée** [bɔnide] gute Idee **I4A**, 11
il y a [ilja] es gibt; es ist; es sind **I2B**, 1
une **information** [ynɛ̃fɔʀmasjɔ̃] eine Information **I6A**, 3
c'est **interdit** [sɛtɛ̃tɛʀdi] das ist verboten **I4B**, 1
intéressant/intéressante [ɛ̃teʀesɑ̃/ɛ̃teʀesɑ̃t] interessant **I6B**, 1
  c'est **intéressant** [sɛtɛ̃teʀesɑ̃] das ist interessant **I4A**, 11
une **interrogation écrite** [ynɛ̃teʀɔgasjɔ̃ekʀit] eine Klassenarbeit **I4A**, 3
une **interview** [ynɛ̃tɛʀvju] ein Interview **I5A**, 1
inventer qc [ɛ̃vɑ̃te] etw. erfinden **I5B**, 1

un **invité**/une **invitée** [ɛ̃nɛ̃vite/ynɛ̃vite] ein Gast **I3B**, 1
inviter qn [ɛ̃vite] jdn. einladen **I3A**, 3

J

janvier (m.) [ʒɑ̃vje] Januar **I3A**, 9
  en **janvier** [ɑ̃ʒɑ̃vje] im Januar **I3A**, 9
un **jardin** [ɛ̃ʒaʀdɛ̃] ein Garten **I3B**, 3
jaune/jaune [ʒon/ʒon] gelb **I6B**, 5
un **jeu** vidéo/des **jeux** vidéo [ɛ̃ʒøvideo/deʒøvideo] ein Computerspiel/Computerspiele **I2A**, 1
jeudi (m.) [ʒødi] am Donnerstag; Donnerstag **I4B**, 7
  le **jeudi** [ləʒødi] donnerstags **I4B**, 7
un **jeune**/une **jeune** [ɛ̃ʒœn/ynʒœn] ein Jugendlicher/eine Jugendliche **I6B**, 3
joli/jolie [ʒɔli] hübsch **I6B**, 1
jouer [ʒwe] spielen **I2A**, 2
un **jour** [ɛ̃ʒuʀ] ein Tag **I3A**, 3
une **journée** [ynʒuʀne] ein Tag (im Verlauf); ein Tagesablauf **I4B**, 9
juillet (m.) [ʒɥijɛ] Juli **I3A**, 9
juin (m.) [ʒɥɛ̃] Juni **I3A**, 9
un **jus** de fruits [ɛ̃ʒydfʀɥi] ein Fruchtsaft **I5B**, 6

L

là [la] da; dort **I1A**, 1
là-bas [laba] da drüben; dort(hin) **I2B**, 1
une **librairie** [ynlibʀɛʀi] eine Buchhandlung **I5A**, 3
libre/libre [libʀ/libʀ] frei ⟨**I4A**, 11⟩
  Tu es **libre**? [tyɛlibʀ] Hast du Zeit? **I4A**, 11
une **ligne** [ynliɲ] eine Linie ⟨**IMA**, 1⟩
lire qc [liʀ] etw. lesen ⟨**IMA**, 4⟩
une **liste** [ynlist] eine Liste ⟨**IMA**, 4⟩
un **lit** [ɛ̃li] ein Bett **I4A**, 1
un **livre** [ɛ̃livʀ] ein Buch **I2A**, 1
loin [lwɛ̃] weit (Adv.) ⟨**IMA**, 2⟩
les **loisirs** (m.) [lelwaziʀ] die Freizeit; die Freizeitbeschäftigung ⟨**IM**⟩
long/longue [lɔ̃/lɔ̃ɡ] lang **I6B**, 3
lundi (m.) [lɛ̃di] am Montag; Montag **I4B**, 7
  le **lundi** [ləlɛ̃di] montags **I4B**, 7

M

un **macaron** [ɛ̃makaʀɔ̃] ein Macaron (süßes Gebäck) ⟨**I4SP**, 1⟩
madame … [madam] Frau … **I1A**, 1
un grand **magasin** [ɛ̃ɡʀɑ̃maɡazɛ̃] ein Kaufhaus ⟨**I4SP**, 3⟩
un **magasin** [ɛ̃maɡazɛ̃] ein Geschäft; ein Laden **I4A**, 5

mai (m.) [mɛ] Mai **I3A**, 9
un **maillot de bain** [ɛ̃majodbɛ̃] ein Badeanzug; eine Badehose ⟨**I4SP**, 3⟩
maintenant [mɛ̃tnɑ̃] jetzt **I3A**, 3
mais [mɛ] aber **I1B**, 1
une **maison** [ynmɛzɔ̃] ein Haus **I3A**, 3
  une **maison** des jeunes [ynmɛzɔ̃deʒœn] ein Jugendzentrum ⟨**I4SP**, 3⟩
avoir **mal** [avwaʀmal] Schmerzen haben **I6A**, 4
mal (adv.) [mal] schlecht (Adv.) **I4B**, 1
  pas **mal** (fam.) [pamal] ganz gut (ugs.); Nicht schlecht! **I4B**, 1
malade [malad] krank **I5A**, 3
maman (f.) [mamɑ̃] Mama; Mutti **I1A**, 1
mamie (fam.) [mami] Omi (ugs.) **I1B**, 1
manger qc [mɑ̃ʒe] etw. essen **I3B**, 3
mardi (m.) [maʀdi] am Dienstag; Dienstag **I4B**, 7
  le **mardi** [ləmaʀdi] dienstags **I4B**, 7
mars (m.) [maʀs] März **I3A**, 9
un **match** [ɛ̃matʃ] ein Spiel; ein Wettkampf **I2A**, 2
les **mathématiques** f. [lematematik] Mathematik **I4B**, 7
une **matière** [ynmatjɛʀ] ein (Schul)Fach ⟨**I4B**, 7⟩
un **matin** [ɛ̃matɛ̃] ein Morgen **I4A**, 1
  le **matin** [ləmatɛ̃] morgens **I4A**, 1
mauvais/mauvaise [movɛ/movɛz] schlecht **I6A**, 2
  Il fait **mauvais**. [ilfɛmovɛ] Es ist schlechtes Wetter. **I6A**, 2
une **médiathèque** [ynmedjatɛk] eine Mediathek ⟨**I4SP**, 3⟩
la **mer** [lamɛʀ] das Meer **I6DE**
merci [mɛʀsi] danke **I0**, 2
  Merci beaucoup! [mɛʀsiboku] Vielen Dank! **I5B**, 9
mercredi (m.) [mɛʀkʀədi] am Mittwoch; Mittwoch **I4DE**
  le **mercredi** [ləmɛʀkʀədi] mittwochs **I4B**, 7
Merde! (fam.) [mɛʀd] Scheiße! (ugs.) (im Theater auch: Viel Glück!) **I5B**, 1
une **mère** [ynmɛʀ] eine Mutter **I3A**, 1
un **message** [ɛ̃mesaʒ] eine Mitteilung; eine Nachricht **I3A**, 3
la **météo** [lameteo] die Wettervorhersage **I6A**, 2
le **métro** [ləmetʀo] die Metro; die U-Bahn **I1DE**
une **métropole** [ynmetʀɔpɔl] eine Metropole ⟨**I2SP**, 1⟩
midi [midi] zwölf Uhr mittags **I4A**, 3
des **milliers de** [demilje] tausende von ⟨**IMA**, 1⟩

mimer qn/qc jdn./etw. nachahmen; mimen **I5B**, 1
une **minute** [ynminyt] eine Minute **I4A**, 3
moderne [mɔdɛʁn] modern **I6A**, 4
moi [mwa] ich (betont) **I0**, 1
moins [mwɛ̃] weniger **I4A**, 3
   dix heures **moins** le quart [dizœʁmwɛ̃lkaʁ] Viertel vor zehn **I4A**, 3
un **mois** [mwa] ein Monat **I3A**, 9
un **moniteur**/une **monitrice** [mɔnitœʁ/ ynmɔnitʁis] ein Betreuer/eine Betreuerin **I6B**, 3
un **monsieur** [mɛ̃məsjø] ein Herr; ein Mann **I1A**, 4
une **montagne** [ynmɔ̃taɲ] ein Gebirge **I6DE**
monter [mɔ̃te] einsteigen; hinaufgehen **I3B**, 3
montrer qc à qn [mɔ̃tʁe] jdm. etw. zeigen **I6A**, 4
un **monument** [mɛ̃mɔnymɑ̃] ein Denkmal; ein Monument ⟨**I6SP**, 3⟩ ⟨**IMA**, 1⟩
la **musculation** [lamyskylasjɔ̃] das Krafttraining ⟨**I4B**, 5⟩
un **musée** [ɛ̃myze] ein Museum ⟨**I6SP**, 3⟩
un **musicien**/une **musicienne** [ɛ̃myzisjɛ̃/ ynmyzisjɛn] ein Musiker/eine Musikerin **I4A**, 5
la **musique** [lamyzik] die Musik **I2A**, 1
   une école de **musique** ⟨ynekɔldəmyzik⟩ eine Musikschule ⟨**I4SP**, 1⟩
   la **musique** classique [lamyzikklasik] die klassische Musik **I2A**, 10

N

nager [naʒe] schwimmen **I6B**, 3
la **natation** [lanatasjɔ̃] das Schwimmen **I2A**, 1
national/**nationale** [nasjɔnal/nasjɔno] national ⟨**I2SP**, 1⟩
la **nature** [lanatyʁ] die Natur ⟨**I2SP**, 3⟩
ne … **pas** [nə pa] nicht **I4A**, 5
ne … **pas de** [nə padə] kein/keine ⟨**IMA**, 1⟩
ne … **plus** [nə ply] nicht mehr **I5A**, 3
Noël (m.) [nɔɛl] Weihnachten ⟨**I3SP**, 1⟩
noir/**noire** [nwaʁ] schwarz **I6B**, 3
un **nom** [nɛ̃] ein Name ⟨**I1B**, 10⟩
   un **nom de famille** [ɛ̃nɔ̃dəfamij] ein Familienname ⟨**I1B**, 10⟩
un **nombre** [ɛ̃nɔ̃bʁ] eine Zahl ⟨**I1B**, 6⟩
non [nɔ̃] nein **I1A**, 1
normal/**normale** [nɔʁmal/nɔʁmal] normal ⟨**I4A**, 5⟩
   C'est **normal**. [sɛnɔʁmal] Das ist normal. **I4A**, 5
novembre (m.) [nɔvɑ̃bʁ] November **I3DE**
   le dix **novembre** [lədinɔvɑ̃bʁə] am zehnten November **I3DE**
C'est **nul**! (fam.) [sɛnyl] Das ist blöd! (ugs.) **I2A**, 1
un **numéro** [ɛ̃nymeʁo] eine Nummer **I4B**, 1
   un **numéro** de téléphone [ɛ̃nymeʁodətelefɔn] eine Telefonnummer **I4B**, 1

O

obligatoire [ɔbligatwaʁ] unvermeidlich; verpflichtend ⟨**I4SP**, 1⟩
octobre (m.) [ɔktɔbʁ] Oktober **I3A**, 9
un **oncle** [ɛ̃nɔ̃kl] ein Onkel ⟨**I3A**, 1⟩
On y va! [ɔ̃niva] Auf geht's!; Gehen wir! **I4A**, 5
un **orangina** [ɛ̃nɔʁɑ̃ʒina] eine Orangenlimonade; eine Orangina **I5B**, 8
un **ordinateur** [ɛ̃nɔʁdinatœʁ] ein Computer **I4B**, 5
où [u] wo; wohin **I1A**, 1
ou [u] oder **I2A**, 7
oublier qc [ublije] etw. vergessen **I5B**, 1
oui [wi] ja **I0**, 5
un **oursin** [ɛ̃nuʁsɛ̃] ein Seeigel ⟨**I6A**, 4⟩

P

un **palmier** [ɛ̃palmje] eine Palme **I6B**, 3
papa [papa] Papa **I1A**, 1
papi (m.) (fam.) [papi] Opa (ugs.) **I3A**, 3
Pâques (m.) (pl.) [pak] Ostern ⟨**I3SP**, 1⟩
un **parc** [ɛ̃paʁk] ein Park **I1DE**
parce que [paʁskə] weil **I5A**, 3
Pardon. [paʁdɔ̃] Entschuldigung.; Verzeihung. **I1A**, 1
les **parents** (m., pl.) [lepaʁɑ̃] die Eltern **I3A**, 1
parfois [paʁfwa] manchmal **I3B**, 1
parisien/**parisienne** [paʁizjɛ̃/paʁizjɛn] Pariser (Adj.) ⟨**IMA**, 1⟩
le **parkour** [ləpaʁkuʁ] Parkour (Sportart) ⟨**I2SP**, 1⟩
parler [paʁle] sprechen **I2A**, 4
passer [pase] vorbeigehen; vorübergehen **I6A**, 4
passer qc [pase] etw. verbringen **I6A**, 1
un **père** [ɛ̃pɛʁ] ein Vater **I3A**, 1
la **permanence** [lapɛʁmanɑ̃s] eine beaufsichtigte Freistunde ⟨**I4B**, 7⟩
un **perroquet** [ɛ̃pɛʁɔkɛ] ein Papagei **I1B**, 1
petit/**petite** [pəti/pətit] klein **I6B**, 1
un **petit gâteau** [ɛ̃ptigato] ein Keks; Kleingebäck ⟨**I3SP**, 3⟩
un **peu** [ɛ̃pø] ein wenig **I6B**, 3
la **peur** [lapœʁ] die Angst **I3B**, 3
   avoir **peur** [avwaʁpœʁ] Angst haben **I3B**, 3
on ne **peut** pas [ɔ̃nəpøpa] man kann nicht **I4B**, 1
on **peut** [ɔ̃pø] man kann **I4B**, 1
peut-être [pøtɛtʁ] vielleicht **I3B**, 3
une **photo** [ynfoto] ein Foto **I3A**, 3
la **physique** (f.) [lafizik] Physik (als Schulfach) ⟨**I4B**, 7⟩
un **piano** [ɛ̃pjano] ein Klavier; ein Piano ⟨**I2SP**, 3⟩
une **pièce** (de théâtre) [ynpjɛs] ein (Theater-)Stück **I2B**, 2
un **pied** [ɛ̃pje] ein Fuß **I6A**, 4
   à **pied** [apje] zu Fuß ⟨**IMA**, 2⟩
le **ping-pong** [ləpiŋpɔ̃g] (das) Tischtennis **I2A**, 1
un **pique-nique** [ɛ̃piknik] ein Picknick ⟨**I4SP**, 1⟩
une **piscine** [ynpisin] ein Schwimmbad **I4A**, 5
une **place** [ynplas] ein Platz **I1DE**
   prendre la **place** de qn [pʁɑ̃dʁəlaplasdəkɛlkɛ̃] jds. Platz einnehmen **I5B**, 1
une **plage** [ynplaʒ] ein Strand **I6A**, 3
Il **pleut**. [ilplø] Es regnet. **I6A**, 1
plus mehr (Grundbedeutung) ⟨**I2A**, 2⟩
   en **plus** [ɑ̃plys] außerdem; zusätzlich **I3A**, 3
   plus tard [plytaʁ] später **I2A**, 2
   à **plus** [aplys] bis später **I0**, 5
un **poisson d'avril** [ɛ̃pwasɔ̃davʁil] ein Aprilscherz ⟨**I3SP**, 1⟩
un **policier**/une **policière** [ɛ̃pɔlisje/ynpɔlisjɛʁ] ein Polizist/eine Polizistin **I4A**, 5
un **pont** [ɛ̃pɔ̃] eine Brücke ⟨**IMA**, 1⟩
la **pop** [lapɔp] der Pop **I2A**, 10
populaire [pɔpylɛʁ] beliebt; populär ⟨**I2SP**, 1⟩
un **portable** [ɛ̃pɔʁtabl] ein Handy; ein Mobiltelefon **I1B**, 1
poser qc [poze] etw. legen; etw. setzen; etw. stellen **I6A**, 4
pour [puʁ] für **I1B**, 1
   pour faire qc [puʁ] um etw. zu tun **I4A**, 5
pourquoi [puʁkwa] warum **I2B**, 2
   Pourquoi pas? [puʁkwapa] Warum nicht? **I2B**, 2
le **premier**/la **première** [ləpʁəmje] der erste/die erste **I3A**, 10
prendre qc [pʁɑ̃dʁ] etw. nehmen **I5B**, 1
un **prénom** [ɛ̃pʁenɔ̃] ein Vorname ⟨**I1B**, 10⟩
préparer qc [pʁepaʁe] etw. vorbereiten **I2B**, 2
près de qn/qc [pʁɛdə] nahe bei jdm. etw.; neben jdm. etw. **I6B**, 3
un **prix** [ɛ̃pʁi] ein Preis **I5B**, 6
un **problème** [ɛ̃pʁɔblɛm] ein Problem **I5A**, 3
un **professeur**/une **professeure** [ɛ̃pʁɔfesœʁ/ynpʁɔfesœʁ] ein Lehrer/eine Lehrerin **I2B**, 2

Liste des mots

un **programme** [ɛ̃pʀɔgʀam] ein Programm **I5A**, 1
une **promenade** [ynpʀɔmnad] ein Ausflug; ein Spaziergang ⟨**IMA**, 4⟩
proposer qc à qn [pʀɔpoze] jdm. etw. vorschlagen **I6A**, 4
puis [pɥi] dann **I3B**, 3

Q

quand (Konjunktion) [kɑ̃] als (zeitlich); wenn **I4B**, 1
quand (Fragewort) [kɑ̃] wann **I3A**, 3
un **quart** [ɛ̃kaʀ] ein Viertel **I4A**, 3
  dix heures moins le **quart** [dizœʀmwɛ̃lkaʀ] Viertel vor zehn **I4A**, 3
  huit heures et **quart** [ɥitœʀekaʀ] Viertel nach acht **I4A**, 3
un **quartier** [ɛ̃kaʀtje] ein (Stadt-)Viertel **I1DE**
Que fait …? [kəfɛ] Was macht …? **I2B**, 2
Quelle heure est-il? [kɛlœʀɛtil] Wie spät ist es?; Wie viel Uhr ist es? **I4A**, 4
Tu as **quel** âge? [tyakɛlaʒ] Wie alt bist du? **I3A**, 10
quelqu'un [kɛlkɛ̃] jemand **I2A**, 1
quelque chose [kɛlkəʃoz] etwas **I2A**, 1
une **question** [ynkɛstjɔ̃] eine Frage **I1A**, 2
qui (Fragepronomen) [ki] wer **I1B**, 1
  C'est qui? (fam.) [sɛki] Wer ist das? **I1B**, 1
une **quiche** [ynkiʃ] eine Quiche ⟨**I3SP**, 3⟩
quitter qc [kite] etw. verlassen **I4A**, 3
quoi (Fragepronomen) [kwa] was **I1B**, 1
  C'est quoi, ça? (fam.) [sɛkwa] Was ist (denn) das? **I1B**, 1
Qu'est-ce que c'est? [kɛskəsɛ] Was ist das? **I3B**, 3
Qu'est-ce que …? [kɛskə] Was …? **I2B**, 1
Qu'est-ce qu'il y a? [kɛskilja] Was gibt es? **I2B**, 1

R

raconter qc [ʀakɔ̃te] etw. erzählen **I5A**, 3
la **radio** [laʀadjo] das Radio **I5A**, 1
le **rap** [ləʀap] der Rap **I2A**, 10
un **rappeur**/une **rappeuse** [ɛ̃ʀapœʀ/ynʀapøz] ein Rapper/eine Rapperin ⟨**I2SP**, 1⟩
la **récréation** [laʀekʀeasjɔ̃] die Pause **I4A**, 3
Regarde! [ʀəgaʀd] schau; Sieh mal! **I1A**, 1
regarder qc [ʀəgaʀde] etw. betrachten; jdn./etw.ansehen **I2A**, 2
un **rendez-vous** [ɛ̃ʀɑ̃devu] eine Verabredung; ein Termin **I4A**, 10
rentrer [ʀɑ̃tʀe] heimgehen; zurückkommen **I4A**, 5

une **répétition** [ynʀepetisjɔ̃] eine Probe; eine Wiederholung **I5A**, 1
une **réponse** [ynʀepɔ̃s] eine Antwort **I1B**, 5
un **restaurant** [ɛ̃ʀɛstɔʀɑ̃] ein Restaurant **I6A**, 4
rester [ʀɛste] bleiben **I4A**, 5
un **retour** [ɛ̃ʀətuʀ] eine Rückfahrt; eine Rückkehr **I6B**, 3
retrouver qn/qc [ʀətʀuve] etw. wiederfinden; jdn. treffen **I2B**, 2
un **rêve** [ɛ̃ʀɛv] ein Traum **I4B**, 9
Au **revoir**! [ɔʀvwaʀ] Auf Wiedersehen! **I0**, 5
rigoler (fam.) [ʀigɔle] lachen (ugs.) **I6A**, 4
un **rocher** [ɛ̃ʀɔʃe] ein Fels **I3A**, 3
le **rock** [ləʀɔk] die Rockmusik **I2A**, 10
un **rôle** [ɛ̃ʀol] eine Rolle **I5A**, 3
le **roller** [ləʀɔlœʀ] das Rollerskaten; das Rollschuhlaufen ⟨**I4SP**, 1⟩
rouge/rouge [ʀuʒ] rot **I6B**, 3
une **rue** [ynʀy] eine Straße **I1DE**
le **rugby** [ləʀygbi] das Rugby (Ballspiel) ⟨**I2SP**, 1⟩
un **rythme** [ɛ̃ʀitm] ein Rhythmus **I4B**, 1

S

s'il te plaît [siltəplɛ] bitte (wenn man jemanden duzt) **I2A**, 2
s'il vous plaît [silvuplɛ] bitte (wenn man mehrere Personen anspricht oder jdn. siezt) **I2A**, 2
un **sac** [ɛ̃sak] eine Tasche **I2B**, 1
une **salle** [ynsal] ein Raum; ein Saal **I5B**, 1
Salut! (fam.) [saly] Grüß dich!; Hallo!; Tschüs! (ugs.) **I0**, 1
samedi (m.) [samdi] am Samstag; Samstag **I4B**, 7
  le **samedi** [ləsamdi] samstags **I4B**, 7
un **sandwich** [ɛ̃sɑ̃dwi(t)ʃ] ein Sandwich **I5B**, 8
sans [sɑ̃] ohne **I4A**, 5
sauter [sote] springen **I6A**, 4
un **sauvetage** [ɛ̃sotaʒ] eine Rettung; eine Rettungsaktion **I6A**, 1
Je ne **sais** pas. [ʒənəsepa] Ich weiß (es) nicht. **I2B**, 2
une **scène** [ynsɛn] eine Bühne; eine Szene **I2B**, 2
la **science** [lasjɑ̃s] die Wissenschaft ⟨**IMA**, 4⟩
une **semaine** [ynsəmɛn] eine Woche **I4B**, 7
septembre (m.) [sɛptɑ̃bʀ] September **I3A**, 9
si [si] doch **I4A**, 5
le **silence** [ləsilɑ̃s] die Ruhe; die Stille **I2A**, 2
  en **silence** [ɑ̃silɑ̃s] ohne Lärm zu machen; still **I2A**, 2
un **site** [ɛ̃sit] eine Website ⟨**IMA**, 4⟩

le **skate** [ləskɛt] das Skateboard; das Skaten ⟨**I2SP**, 3⟩
la **soif** [laswaf] der Durst **I5B**, 6
  avoir **soif** [avwaʀswaf] Durst haben **I5B**, 6
un **soir** [ɛ̃swaʀ] ein Abend **I4A**, 2
  ce **soir** [səswaʀ] heute Abend **I5A**, 1
une **soirée** [ynswaʀe] ein Abend (im Verlauf) ⟨**I6A**, 8⟩
le **soleil** [ləsɔlɛj] die Sonne **I6A**, 1
  Il fait soleil. [ilfɛsɔlɛj] Es ist sonnig. **I6A**, 2
une **solution** [ynsɔlysjɔ̃] eine Lösung **I5A**, 6
un **sommet** [ɛ̃sɔmɛ] ein Gipfel ⟨**IMA**, 1⟩
un **sondage** [ɛ̃sɔ̃daʒ] eine Umfrage **I4B**, 5
une **sortie** [ynsɔʀti] ein Ausflug; ein Ausgang **I6A**, 1
une **sœur** [ynsœʀ] eine Schwester **I1B**, 1
sous [su] unter **I6B**, 6
une **spécialité** [ynspesjalite] eine Besonderheit; eine Spezialität **I6A**, 3
un **spectacle** [ɛ̃spɛktakl] eine Darbietung; eine Vorstellung **I5DE**
un **spectateur**/une **spectatrice** [ɛ̃spɛktatœʀ/ynspɛktatʀis] ein Zuschauer/eine Zuschauerin **I5A**, 1
le **sport** [ləspɔʀ] der Sport **I2A**, 1
un **stage** [ɛ̃staʒ] ein Kurs; ein Praktikum **I6A**, 1
une **star** [ynstaʀ] ein Star **I5B**, 1
une **station** [ynstasjɔ̃] eine Haltestelle; eine Station **I1DE**
le **stress** [ləstʀɛs] der Stress **I5B**, 1
un **style** [ɛ̃stil] ein Stil **I4B**, 1
un **stylo** [ɛ̃stilo] ein Füller; ein Kuli **I2B**, 1
un **succès** [ɛ̃syksɛ] ein Erfolg **I5B**, 1
super (fam.) [sypɛʀ] super; toll (ugs.) **I1B**, 1
sur [syʀ] auf; über **I3A**, 3
  travailler **sur** [tʀavajesyʀ] arbeiten an etw. **I4B**, 1
une **surprise** [ynsyʀpʀiz] eine Überraschung **I3B**, 1
SVT [ɛsvete] Biologie (Schulfach); Naturkunde ⟨**I4B**, 7⟩
un **symbole** [ɛ̃sɛ̃bɔl] ein Symbol ⟨**IMA**, 1⟩
sympa (fam.) [sɛ̃pa] nett **I1A**, 1

T

une **table** [yntabl] ein Tisch **I2B**, 1
une **tablette** de chocolat [yntablɛtdəʃɔkɔla] eine Tafel Schokolade ⟨**I5B**, 8⟩
une **tante** [yntɑ̃t] eine Tante ⟨**I3A**, 1⟩
tard [taʀ] spät **I2A**, 2
  plus **tard** [plytaʀ] später **I2A**, 2
  trop **tard** [tʀotaʀ] zu spät **I2B**, 2
un **taxi** [ɛ̃taksi] ein Taxi ⟨**IMA**, 1⟩
la **technique** [latɛknik] die Technik ⟨**I2SP**, 3⟩

deux-cent-un **201**

la **technologie** [latɛknɔlɔʒi] die Technik ⟨I4B, 7⟩
le **temps** [lətɑ̃] die Zeit I4A, 11 das Wetter I6A, 1
   Il fait quel **temps**? *(fam.)* [ilfɛkɛltɑ̃] Wie ist das Wetter? I6A, 1
   Quel **temps** fait-il? [kɛltɑ̃fɛtil] Wie ist das Wetter? I6A, 2
un **terrain de jeu** [ɛ̃tɛʀɛ̃dəspɔʀ] ein Sportplatz ⟨I4SP, 3⟩
un **terrain de basket** [ɛ̃tɛʀɛ̃dəbaskɛt] ein Basketballplatz ⟨I4SP, 1⟩
une **tête** [yntɛt] ein Kopf I5B, 1
   faire oui de la **tête** [fɛʀwidəlatɛt] nicken I5B, 1
le **théâtre** [ləteatʀ] das Theater I2A, 1
Tiens ! [tjɛ̃] Sieh mal da! I1B, 1
toi [twa] du (betont) I0, 1
les **toilettes** (f.) [lɛtwalɛt] die Toilette I4A, 3
une **tombola** [yntɔ̃bɔla] eine Tombola ⟨I3SP, 1⟩
toujours [tuʒuʀ] immer I4A, 1
un **tour** [ɛ̃tuʀ] eine Tour; ein Rundgang I1A, 1
   un **tour à vélo** [ɛ̃tuʀavelo] eine Radtour I6SP, 3
   on fait un **tour** [ɔ̃fɛɛ̃tuʀ] wir drehen eine Runde I1A, 1
un **touriste**/une **touriste** [ɛ̃tuʀist/yntuʀist] ein Tourist/eine Touristin I6A, 7
tourner [tuʀne] abbiegen; drehen ⟨IMA, 2⟩
tout [tu] alles ⟨IMA, 2⟩
tout à coup [tutaku] plötzlich I4A, 5
tout droit [tudʀwa] geradeaus ⟨IMA, 2⟩
tout le monde [tulmɔ̃d] alle; jeder I5B, 1
le **trac** [lətʀak] das Lampenfieber ⟨I5B, 1⟩
un **train** [ɛ̃tʀɛ̃] ein Zug I3A, 3
les **transports** *Masc. (pl.)* [lɛtʀɑ̃spɔʀ] das Verkehrswesen ⟨IMA, 1⟩
travailler [tʀavaje] arbeiten I2A, 2
   travailler sur qc [tʀavajesyʀ] arbeiten an etw. I4B, 1
traverser qc [tʀavɛʀse] etw. überqueren ⟨IMA, 2⟩
très [tʀɛ] sehr I3B, 1
trop [tʀo] zu sehr; zu viel I2B, 2
   Trop bien! *(fam.)* [tʀobjɛ̃] Super! *(ugs.)* I4A, 5
   trop tard [ilɛtʀotaʀ] zu spät I2B, 2
trouver qn/qc [tʀuve] jdn./etw. finden I2A, 4
un **truc** *(fam.)* [ɛ̃tʀyk] ein Ding *(ugs.)* I4B, 1
un **t-shirt** [ɛ̃tiʃœʀt] ein T-Shirt I3B, 3

V

les **vacances** *(f.) (pl.)* [levakɑ̃s] der Urlaub; die Ferien I6A, 1

un **vélo** [ɛ̃velo] ein Fahrrad ⟨IMA, 1⟩
   un **tour à vélo** [ɛ̃tuʀavelo] eine Radtour I6SP, 3
un **vendeur**/une **vendeuse** [ɛ̃vɑ̃dœʀ/ynvɑ̃døz] ein Verkäufer/eine Verkäuferin I5B, 9
vendredi *(m.)* [vɑ̃dʀədi] am Freitag; Freitag I4B, 7
   le **vendredi** [ləvɑ̃dʀədi] freitags I4B, 7
Viens! [vjɛ̃] Komm! *(Aufforderung)* I1A, 1
le **vent** [ləvɑ̃] der Wind I6A, 2
   Il y a du vent. [iljadyvɑ̃] Es ist windig. I6A, 2
vert/**verte** [vɛʀ/vɛʀt] grün I6B, 5
une **ville** [ynvil] eine Stadt I6DE
   la vieille **ville** [lavjɛjvil] Altstadt I6A, 3
une **visite** [ynvizit] ein Besuch I6A, 4
visiter qc [vizite] etw. besichtigen I6A, 1
vite *(adv.)* [vit] schnell I4B, 1
voilà [vwala] da ist; da sind; das ist; das sind I0, 5
voir qc [vwaʀ] etw. sehen I6B, 3
un **voisin**/une **voisine** [ɛ̃vwazɛ̃/ynvwazin] ein Nachbar/eine Nachbarin I1A, 1
une **voiture** [ynvwatyʀ] ein Auto ⟨I2SP, 3⟩ ⟨IMA, 1⟩
la **voix** [lavwa] die Stimme I5A, 3
je voudrais [ʒəvudʀɛ] ich möchte gerne I3B, 1
vraiment [vʀɛmɑ̃] wirklich *(Adv.)* I5A, 3
une **vue** [ynvy] eine Aussicht I6A, 4

Prénoms masculins

Antoine [ɑ̃twan] I6A, 1
Armand [aʀmɑ̃] I6A, 4
Arthur [aʀtyʀ] I0, 5
Baptiste [batist] I5A, 1
Cédric [sedʀik] I0, 1
Clément [klemɑ̃] ⟨IMA, 2⟩
Damien [damjɛ̃]
Driss [dʀis] I1A, 6
Florian [flɔʀjɑ̃] I5A, 1
Grégoire [gʀegwaʀ] I0, 1
Hugo [ygo] I0, 1
Jules [ʒyl] I0, 5
Max [maks] I1A, 1
Merlin [mɛʀlɛ̃] *hier: Name einer Katze* I1A, 1
Olivier [ɔlivje] I3A, 1
Tom I0, 5
Yann [jan] I1A, 6

Prénoms féminins

Alice [alis] I3A, 1
Anita I3A, 1
Arona I0, 1
Célia [selja] I0, 1
Clara [klaʀa] I1A, 6

Elsa [ɛlza] I1A, 1
Josie [ʒɔzi] I6A, 4
Liane [ljan] I0, 1
Lola [lola] I0, 5
Marie [maʀi] I1A, 6
Nova [nɔva] *hier: Name eine Graffiti-Künstlerin* I4B, 1
Safia [safia] I1A, 1
Sophie [sofi] I3A, 1
Zoé [zɔe] I0, 5

Noms de famille

Bertucat [bɛʀtyka] I2A, 2
Leroy [ləʀwa] I3DE

Noms de villes

Bâle [bal] Basel *(Schweiz)* ⟨I1SP, 3⟩
Cologne [kɔlɔɲ] Köln ⟨I1SP, 3⟩
Dakar [dakaʀ] Hauptstadt des Senegal I0, 1
Dresde [dʀɛsd] Dresden ⟨I1SP, 3⟩
Fontainebleau [fɔ̃tɛnblo] *Stadt und Schloss südlich von Paris* I3A, 1
Fort-de-France [fɔʀdəfʀɑ̃s] Hauptstadt von Martinique I0, 1
Francfort [fʀɑ̃fɔʀ] Frankfurt ⟨I1SP, 3⟩
Genève [ʒɔnɛv] Genf *(französischsprachige Schweiz)* ⟨I1SP, 3⟩
Hambourg [ɑ̃buʀ] Hamburg ⟨I1SP, 3⟩
Hanoi [anɔi] *Hauptstadt von Vietnam* ⟨I0, 1⟩
Lausanne [lozan] *(französischsprachige Schweiz)* I1A, 6
Laval [laval] I0, 1
Liège [liɛʒ] Lüttich *(Belgien)* I0, 1
Lyon [ljɔ̃] I1A, 6
Nice [nis] Nizza I1A, 6
Nouméa [numea] Hauptstadt von Neukaledonien I0, 1
Paris [paʀi] Hauptstadt Frankreichs I0, 1
Salzbourg [saltsbuʀ] Salzburg *(Österreich)* ⟨I1SP, 3⟩
Toulouse [tuluz] I1A, 6
Vienne [vjɛn] Wien *(Österreich)* ⟨I1SP, 3⟩
Zurich [zyʀik] Zürich *(Schweiz)* ⟨I1SP, 3⟩

Noms géographiques

l'**Allemagne** *(f.)* [lalmaɲ] Deutschland ⟨I1SP, 3⟩
l'**Autriche** *(f.)* [lɔtʀiʃ] Österreich ⟨I1SP, 3⟩
la **Belgique** [labɛlʒik] Belgien ⟨I0, 1⟩
le **Canada** [ləkanada] Kanada ⟨I0, 1⟩
la **France** [lafʀɑ̃s] Frankreich I0, 1
la **Martinique** [lamaʀtinik] Insel in der Karibik ⟨I0, 1⟩

Liste des mots

la **Méditerranée** [lamediteʀane] das Mittelmeer **I6DE**
la **Nouvelle-Calédonie** [lanuvɛlkaledɔni] Neukaledonien *(Inselgruppe in Ozeanien)* ⟨**I0**, 1⟩
un **Parisien**/une **Parisienne** [ɛ̃paʀizjɛ̃/ ynpaʀizjɛn] ein Pariser/eine Pariserin ⟨**IMA**, 1⟩
la **Seine** [lasɛn] die Seine *(Fluss, der durch Paris fließt)* ⟨**IMA**, 1⟩
le **Sénégal** [ləsenegal] der Senegal *(Land in Westafrika)* ⟨**I0**, 1⟩
la **Suisse** [lasɥis] die Schweiz ⟨**I1SP**, 3⟩
le **Vietnam** [ləvjɛtnam] *Land in Südostasien* ⟨**I0**, 1⟩

Noms divers

l'**Arc de triomphe** [laʀkdətʀijɔ̃f] *der Triumphbogen in Paris* ⟨**IMA**, 1⟩
l'**avenue des Champs-Élysées** [lavənydeʃɑ̃zelize] *Straße in Paris* ⟨**IMA**, 1⟩
Batignolles [batiɲɔl] *Name eines Viertels in Paris* **I1DE**
le **Batobus** [ləbatobys] *Verkehrsmittel auf der Seine* ⟨**IMA**, 4⟩
la **bûche de Noël** [labyʃdənɔɛl] *gefüllte Biskuitrolle, die an Weihnachten gegessen wird* ⟨**I3SP**, 1⟩
la **Cité des sciences et de l'industrie** [lasitedesjɑ̃sedələ̃dystʀi] *Technik- und Wissenschaftsmuseum in Paris* ⟨**IMA**, 4⟩
la **colline du château** *Park mit Aussichtspunkt in Nizza* **I6A**, 3
la **Fête des rois** [lafɛtdeʀwa] *das Erscheinungsfest (erster Januarsonntag)* ⟨**I3SP**, 1⟩
la **Gare de Lyon** [lagaʀdəljɔ̃] *einer von sechs Bahnhöfen in Paris* **I3A**, 3
les **Halles** [leal] *Kultur- und Einkaufszentrum in Paris* **I4A**, 5
le **Louvre** [ləluvʀ] *berühmtes Kunstmuseum in Paris* ⟨**IMA**, 4⟩
Montmartre [mɔ̃maʀtʀə] *Stadtviertel in Paris* ⟨**IMA**, 1⟩
Notre-Dame [nɔtʀedam] *Kathedrale in Paris* ⟨**IMA**, 1⟩
OM *(m.)* (*Olympique Marseille*) [ɔɛm] *Fußballclub in Marseille* **I2A**, 2
Paris Plages [paʀiplaʒ] *Freizeiteinrichtung im Sommer am Seine-Ufer* ⟨**IMA**, 1⟩
la **place Masséna** [laplasmasena] *Platz in Nizza* **I6A**, 3
le **Pont des Arts** [ləpɔ̃dezaʀ] *Brücke in Paris* ⟨**IMA**, 1⟩
la **promenade des Anglais** [lapʀɔmənaddezɑ̃glɛ] *Strandpromenade in Nizza* **I6A**, 3
la **promenade du Paillon** [lapʀɔmənaddypajɔ̃] *Park in Nizza* **I6A**, 3
le **PSG** (*Paris Saint-Germain*) [ləpeɛsʒe] *Fußballclub in Paris* **I2A**, 2
le **Sacré-Cœur** [ləsakʀekœʀ] *Basilika in Montmartre* ⟨**IMA**, 1⟩
le **Santo-Sospir** [sɑ̃tosɔspiʀ] *Name eines Schiffes* **I6A**, 1
la **Seine musicale** [sɛnmyzikal] *Kulturzentrum auf einer Seine-Insel in Boulogne-Billancourt (Großraum Paris)* ⟨**IMA**, 1⟩
la **socca** [lasɔka] *Fladen aus Kichererbsenmehl, Spezialität aus Nizza* **I6A**, 3
SOS Grand bleu [ɛsoɛsgʀɑ̃blø] *frz. Umweltschutzorganisation (Mittelmeer)* **I6A**, 1
la **tour Eiffel** [latuʀɛfɛl] *der Eiffelturm* **I1DE**
vélib [velib] *Leihsystem für Fahrräder* ⟨**I1SP**, 1⟩

Noms de personnes connues

Balzac, Honoré de [hɔnɔʀedəbalzak] *Schriftsteller; 1799 – 1850*
Bigflo et Oli [bigfloeɔli] *Hip-hop-Musiker-Duo* **I4A**, 5
Chagall, Marc [maʀkʃagal] *Maler; 1887 – 1985*
Gims [gims] *Sänger* **I2A**, 10
Louane [luan] *Sängerin* **I2A**, 1
Mbappé, Kylian [kiljɑ̃bape] *Fußballspieler* **I2A**, 1

A

abbiegen tourner ⟨IMA, 2⟩
ein **Abend** un soir I4A, 2
 heute **Abend** ce soir I5A, 1
ein **Abend** *(im Verlauf)* une soirée ⟨I6A, 8⟩
aber mais I1B, 1
die **Abfahrt** le départ I6A, 9
jdn. **abholen** aller chercher qn ⟨IMA, 2⟩
ein **Abzählvers** une comptine ⟨I1B, 6⟩
Ach. *(ugs.)* Bof! *(fam.)* I4A, 11
Achtung! Attention! I1A, 1
eine **Adresse** une adresse I4B, 1
eine **AG** *(in der Schule)* un club I2B, 2
eine **Aktivität** une activité I2DE
ein **Albtraum** un cauchemar I4B, 9
alle tout le monde I5B, 1
alles tout ⟨IMA, 2⟩
Alles Gute … Joyeux anniversaire! I3DE
als comme I2B, 2
als *(zeitlich)* quand *(Konjunktion)* I4B, 1
Wie **alt** bist du? Tu as quel âge? I3A, 10
das **Alter** l'âge *(m.)* I3A, 10
Altstadt la vieille ville I6A, 3
am Mittwoch mercredi *(m.)* I4DE
am Sonntag dimanche *(m.)* I3DE
am zehnten November le dix novembre I3DE
arbeiten **an** travailler sur qc I4B, 1
anderer/**andere**/**anderes** autre/autre I2B, 2
anfangen commencer I4A, 3
eine **Angelegenheit** une affaire I3B, 3
angesagt *(ugs.)* branché/branchée *(fam.)* ⟨IM⟩
die **Angst** la peur I3B, 3
 Angst haben avoir peur I3B, 3
etw. **anhören** écouter qn/qc I2A, 2
ankommen arriver I2B, 2
jdn. **anrufen** appeler qn I5A, 3
jdn./etw.**ansehen** regarder qc I2A, 2
eine **Antwort** une réponse I1B, 5
April avril *(m.)* I3A, 9
ein **Aprilscherz** un poisson d'avril ⟨I3SP, 1⟩
arbeiten travailler I2A, 2
arbeiten an etw. travailler sur qc I4B, 1
eine **Atmosphäre** une ambiance I5B, 6
Aua! Aïe! I6A, 4
auch aussi I1B, 1
auf sur I3A, 3
auf diese Weise comme ça I3B, 3
der **Aufbruch** le départ I6A, 9
ein **Aufzug** un ascenseur I6A, 4
August août *(m.)* I3A, 9
aus de/d' I1A, 1
ein **Ausflug** une promenade ⟨IMA, 4⟩
ein **Ausflug** une sortie I6A, 1
ein **Ausgang** une sortie I6A, 1
außerdem en plus I3A, 3

Und **außerdem**? Et avec ça? I5B, 9
eine **Aussicht** une vue I6A, 4
eine **Ausstellung** une exposition ⟨I4SP, 1⟩
eine **Auswahl** un choix ⟨I6A, 8⟩
ein **Auto** une voiture ⟨I2SP, 3⟩ ⟨IMA, 1⟩

B

eine **Bäckerei** une boulangerie I4A, 1
ein **Badeanzug** un maillot de bain ⟨I4SP, 3⟩
eine **Badehose** un maillot de bain ⟨I4SP, 3⟩
ein **Bahnhof** une gare I3A, 3
bald bientôt I0, 5
 bis **bald** à bientôt I0, 5
ein **Ball** un ballon I2B, 1
Basketball le basket-ball ⟨I4B, 5⟩
ein **Basketballplatz** un terrain de basket ⟨I4SP, 1⟩
ein **Baum** un arbre I3B, 3
ein **Bauwerk** un bâtiment I6A, 4
bei jdm. chez qn I2A, 2
 nahe **bei** jdm. etw. près de qn/qc I6B, 3
beliebt populaire ⟨I2SP, 1⟩
berühmt célèbre/célèbre ⟨IMA, 1⟩
etw. **besichtigen** visiter qc I6A, 1
eine **Besonderheit** une spécialité I6A, 3
ein **Besuch** une visite I6A, 4
etw. **betrachten** regarder qc I2A, 2
ein **Betreuer**/eine **Betreuerin** un moniteur/une monitrice I6B, 3
ein **Bett** un lit I4A, 1
sich **bewegen** bouger ⟨IMA, 1⟩
Biologie *(Schulfach)* SVT ⟨I4B, 7⟩
bis später à plus I0, 5
bitte *(wenn man jemanden duzt)* s'il te plaît I2A, 2
bitte *(wenn man mehrere Personen anspricht oder jdn. siezt)* s'il vous plaît I2A, 2
jdn. um etw. **bitten** demander qc à qn I6A, 4
ein **Blatt** une fiche ⟨I1B, 10⟩
blau bleu/bleue I6B, 3
bleiben rester I4A, 5
Das ist **blöd**! *(ugs.)* C'est nul! *(fam.)* I2A, 1
ein **Blog** *(ein Tagebuch im Internet)* un blog ⟨IMA, 4⟩
ein **Boot**/**Boote** un bateau/des bateaux I6A, 1
eine **Brücke** un pont ⟨IMA, 1⟩
ein **Bruder** un frère I1B, 1 I3A, 1
ein **Buch** un livre I2A, 1
eine **Buchhandlung** une librairie I5A, 3
eine **Bühne** une scène I2B, 2
ein **Bus** un bus I4A, 1
eine **Bushaltestelle** un arrêt de bus I4A, 1

C

ein **Café** un café I1DE
die **Chance** la chance I3A, 3
die **Chemie** la chimie ⟨I4B, 7⟩
(Kartoffel-)**Chips** des chips *Fem. (pl.)* ⟨I5B, 8⟩
ein **Collège** un collège I2B, 1
 im **Collège** au collège I2B, 1
ein **Comic** une BD (Abkürzung von *une bande dessinée*) I2B, 2
ein **Computer** un ordinateur I4B, 5
ein **Computerspiel**/**Computerspiele** un jeu vidéo/des jeux vidéo I2A, 1
ein **Cousin**/eine **Cousine** un cousin/une cousine ⟨I3A, 1⟩ ⟨IMA, 2⟩

D

da drüben là-bas I2B, 1
da ist voilà I0, 5
eine **Dame** une dame I1A, 4
danach après I4A, 2
danke merci I0, 2
 Vielen **Dank**! Merci beaucoup! I5B, 9
dann puis I3B, 3
eine **Darbietung** un spectacle I5DE
das ça *(Kurzform zu cela)* I1B, 1
 das ist c'est I0, 1
das sind ce sont I1B, 2
da sind voilà I0, 5
das ist voilà I0, 5
das sind voilà I0, 5
ein **Datum** une date I3A, 7
ein **Delfin** un dauphin I6B, 3
ein **Denkmal** un monument ⟨I6SP, 3⟩ ⟨IMA, 1⟩
Deutsch l'allemand *(m.)* I4A, 1
Deutsch l'allemand *(m.)* I4B, 7
Dezember décembre *(m.)* I3A, 9
Dienstag mardi *(m.)* I4B, 7
 am **Dienstag** mardi *(m.)* I4B, 7
dienstags le mardi I4B, 7
auf **diese** Weise comme ça I3B, 3
ein **Ding** une chose I3B, 1
ein **Ding** *(ugs.)* un truc *(fam.)* I4B, 1
diskutieren (über etw.) discuter (de qc) I5A, 1
doch si I4A, 5
Donnerstag jeudi *(m.)* I4B, 7
 am **Donnerstag** jeudi *(m.)* I4B, 7
donnerstags le jeudi I4B, 7
dort là I1A, 1
dort(hin) là-bas I2B, 1
drehen tourner ⟨IMA, 2⟩
da **drüben** là-bas I2B, 1
du *(betont)* toi I0, 1
der **Durst** la soif I5B, 6
 Durst haben avoir soif I5B, 6

Wortliste

E

Alles ist im Eimer. (ugs.) C'est foutu. (fam.) **I5A**, 3
im Eimer (ugs.) foutu (fam.) **I5A**, 3
ein **Eingang** une entrée **I5A**, 3
jdn. **einladen** inviter qn **I3A**, 3
einmal une fois **I6B**, 3
einsteigen monter **I3B**, 3
eintreten entrer **I2A**, 2
ein **Eintritt** une entrée **I5A**, 3
eine **Eintrittskarte** un billet **I5A**, 3
einverstanden d'accord **I1A**, 1
ein **Eis** une glace **I6A**, 4
die **Elektro**-Musik l'électro (f.) **I2A**, 10
die **Eltern** les parents (m., pl.) **I3A**, 1
das **Ende** la fin **I5A**, 3
endlich enfin **I4B**, 1
Englisch l'anglais (m.) **I4B**, 7
eine **Entdeckung** une découverte ⟨IM⟩
Entschuldigung. Pardon. **I1A**, 1
Geschichte und **Erdkunde** als Schulfach l'histoire-géo (f.) ⟨**I4B**, 7⟩
ein **Ereignis** un évènement **I4A**, 5
etw. **erfinden** inventer qc **I5B**, 1
ein **Erfolg** un succès **I5B**, 1
jdm. etw. **erklären** expliquer qc à qn **I6B**, 3
etw. **erraten** deviner qc **I3B**, 3
der **erste**/die **erste** le premier/la première **I3A**, 10
ein **Erwachsener**/eine **Erwachsene** un adulte/une adulte ⟨**I6A**, 8⟩
etw. **erzählen** raconter qc **I5A**, 3
es gibt il y a **I2B**, 1
es ist il y a **I2B**, 1
etw. **essen** manger qc **I3B**, 3
es sind il y a **I2B**, 1
etwas quelque chose **I2A**, 1

F

ein (Schul)**Fach** une matière ⟨**I4B**, 7⟩
fahren aller **I4A**, 5
eine **Fahrkarte** un billet **I5A**, 3
ein **Fahrrad** un vélo ⟨IMA, 1⟩
ein **Fahrstuhl** un ascenseur **I6A**, 4
eine **Familie** une famille **I3A**, 1
 mit der **Familie** en famille **I3A**, 3
ein **Familienname** un nom de famille ⟨**I1B**, 10⟩
eine **Farbe** une couleur **I6B**, 5
Februar février (m.) **I3A**, 8
etw. **feiern** fêter qc **I3A**, 3
ein **Fels** un rocher **I3A**, 3
die **Ferien** les vacances (f.) (pl.) **I6A**, 1
ein **Fest** une fête **I3DE**
die „**Fête de la musique**" (Straßenfest am 21. Juni) la fête de la musique ⟨**I3SP**, 1⟩
ein **Feuer**/**Feuer** un feu/des feux ⟨IMA, 1⟩
ein **Film** (Kino, Fernsehen) un film **I5A**, 1
etw. **filmen** filmer qc **I5A**, 1
jdn./etw. **finden** trouver qn/qc **I2A**, 4
ein **Flugzeug** un avion ⟨IMA, 1⟩
fortfahren continuer ⟨IMA, 2⟩
ein **Foto** une photo **I3A**, 3
eine **Frage** une question **I1A**, 2
jdn. etwas **fragen** demander qc à qn **I6A**, 4
Französisch le français **I4B**, 7
eine **Frau** une dame **I1A**, 4
Frau ... madame ... **I1A**, 1
frei libre/libre ⟨**I4A**, 11⟩
eine beaufsichtigte **Freistunde** la permanence ⟨**I4B**, 7⟩
Freitag vendredi (m.) **I4B**, 7
 am **Freitag** vendredi (m.) **I4B**, 7
freitags le vendredi **I4B**, 7
die **Freizeit** les loisirs (m.) ⟨IM⟩
eine **Freizeitbeschäftigung** une activité **I2DE**
die **Freizeitbeschäftigung** les loisirs (m.) ⟨IM⟩
ein **Freund**/eine **Freundin** un ami/une amie **I1A**, 1 un copain/une copine (fam.) **I1A**, 4
froh content/contente **I6B**, 1
 froh sein etw. zu tun être content(e) de faire qc ⟨IMA, 2⟩
eine **Frucht** un fruit **I5B**, 6
ein **Fruchtsaft** un jus de fruits **I5B**, 6
ein **Füller** un stylo **I2B**, 1
für pour **I1B**, 1
ein **Fuß** un pied **I6A**, 4
 zu **Fuß** à pied ⟨IMA, 2⟩
der **Fußball** (als Sportart) le foot **I2A**, 1

G

ein **Garten** un jardin **I3B**, 3
ein **Gast** un invité/une invitée **I3B**, 1
ein **Gebäude** un bâtiment **I6A**, 4
jdm. etw. **geben** donner qc à qn **I6A**, 4
 es gibt il y a **I2B**, 1
ein **Gebirge** une montagne **I6DE**
ein **Geburtstag** un anniversaire **I3DE**
ein **Gedanke** une idée **I2B**, 2
gegen contre **I5B**, 1
gehen aller **I4A**, 5
 Auf **geht's**! On y va! **I4A**, 5
 Es geht (mir) gut. Ça va bien. **I0**, 5
 Gehen wir! On y va! **I4A**, 5
gelb jaune/jaune **I6B**, 5
gemeinsam (Adv.) ensemble **I2A**, 2
genial génial (fam.) **I3A**, 3
geradeaus tout droit ⟨IMA, 2⟩
ein **Geschäft** un magasin **I4A**, 5

ein **Geschenk** un cadeau/des cadeaux **I3DE**
Geschenke un cadeau/des cadeaux **I3DE**
eine **Geschichte** une histoire **I4B**, 6
Geschichte und Erdkunde als Schulfach l'histoire-géo (f.) ⟨**I4B**, 7⟩
ein **Getränk** une boisson **I5B**, 6
ein **Getränkestand** une buvette **I5B**, 6
ein **Gipfel** un sommet ⟨IMA, 1⟩
eine **Gitarre** une guitare ⟨**I2SP**, 3⟩
das **Glück** la chance **I3A**, 3
 Glück muss man haben! La chance! **I3A**, 3
Du **Glückspilz**! La chance! **I3A**, 3
ein **Graffiti** (n.) (mit Farbspray gesprühte Figur oder Schrift) un graffiti (Abkürzung: un graff) **I4A**, 5
ein **Graffitisprayer**/eine **Graffitisprayerin** un graffeur/une graffeuse **I4A**, 5
grau gris/grise **I6B**, 5
groß grand/grande **I6B**, 1
Großeltern des grands-parents (m., pl.) **I3A**, 1
eine **Großmutter** une grand-mère **I3A**, 1
ein **Großvater** un grand-père **I3A**, 1
grün vert/verte **I6B**, 5
Grundschule une école ⟨**I4SP**, 1⟩
Grüß dich! Salut! (fam.) **I0**, 1
gut bon/bonne **I6B**, 3
 ganz gut (ugs.) pas mal (fam.) **I4B**, 1
 gute Idee bonne idée **I4A**, 11
gut (Adv.) bien adv. **I0**, 5
Guten Tag, Freunde! Bonjour les amis! **I0**, 5

H

haben avoir **I3B**, 1
halb zehn neuf heures et demie **I4A**, 3
ein **Halbbruder** un demi-frère ⟨**I3A**, 1⟩
eine **Halbschwester** une demi-sœur ⟨**I3A**, 1⟩
Hallo! Salut! (fam.) **I0**, 1
Hallo! Coucou! ⟨**I1B**, 6⟩
Hallo? (am Telefon) Allô? **I3B**, 1
ein **Halt** un arrêt **I4A**, 1
eine **Haltestelle** une station **I1DE** un arrêt **I4A**, 1
ein **Handy** un portable **I1B**, 1
eine **Hauptstadt** une capitale ⟨IMA, 1⟩
ein **Haus** une maison **I3A**, 3
ein **Heft** un cahier **I2B**, 1
heimgehen rentrer **I4A**, 5
heiß chaud/chaude **I6A**, 2
 Es ist **heiß**. Il fait chaud. **I6A**, 2
ich **heiße** je m'appelle **I0**, 1
du **heißt** tu t'appelles **I0**, 1
er **heißt**/sie **heißt** il s'appelle/elle s'appelle **I3A**, 1
jdm. **helfen** aider qn **I6A**, 4
hereinkommen entrer **I2A**, 2

ein **Herr** un monsieur **I1A**, 4
Herzlichen Glückwunsch zum Geburtstag!
  Joyeux anniversaire! **I3DE**
heute aujourd'hui **I3A**, 1
  heute Abend ce soir **I5A**, 1
hier ici **I1A**, 1
hierher ici **I1A**, 1
hinaufgehen monter **I3B**, 3
hinter derrière **I5B**, 1
der **Hip-Hop** le hip-hop **I2A**, 10
ein (Schul-)**Hof** une cour **I2B**, 1
hübsch joli/jolie **I6B**, 1
ein **Hügel** une colline **I6A**, 3
ein **Hund** un chien ⟨**I2SP**, 3⟩
der **Hunger** la faim **I4A**, 3
  Hunger haben avoir faim **I4A**, 3

I

ich (betont) moi **I0**, 1
eine **Idee** une idée **I2B**, 2
  gute **Idee** bonne idée **I4A**, 11
immer toujours **I4A**, 1
in dans **I1B**, 1
  im Januar en janvier **I3A**, 9
  in Frankreich en France ⟨**I2SP**, 1⟩
in (Ort) à **I1DE**
eine **Information** une information **I6A**, 3
interessant intéressant/intéressante **I6B**, 1
  das ist **interessant** c'est intéressant **I4A**, 11
ein **Interview** une interview **I5A**, 1
es **ist** il y a **I2B**, 1

J

ja oui **I0**, 5
ein **Jahr** un an **I1B**, 1
  Er/sie ist 11 (Jahre alt). Il/Elle a onze ans. **I1B**, 1
  Ich bin zwölf (Jahre alt). J'ai douze ans. **I1B**, 1
ein **Jahr** *im Verlauf* une année **I3A**, 9
Januar janvier *(m.)* **I3A**, 9
  im **Januar** en janvier **I3A**, 9
jede chaque ⟨**IMA**, 1⟩
jeder tout le monde **I5B**, 1
jeder chaque ⟨**IMA**, 1⟩
jedes + *Nomen* chaque ⟨**IMA**, 1⟩
jemand quelqu'un **I2A**, 1
jetzt maintenant **I3A**, 3
ein **Jugendlicher**/eine **Jugendliche** un adolescent/une adolescente **I5B**, 1 un jeune/une jeune **I6B**, 3
ein **Jugendzentrum** une maison des jeunes ⟨**I4SP**, 3⟩
Juli juillet *(m.)* **I3A**, 9

ein **Junge** un garçon **I1A**, 4
Juni juin *(m.)* **I3A**, 9

K

der **Kaffee** le café **I5B**, 8
ein **Kalender** un calendrier **I3A**, 10
Es ist **kalt**. *(Wetter)* Il fait froid. **I6A**, 2
kalt froid/froide **I6A**, 2
man **kann** on peut **I4B**, 1
man **kann** nicht on ne peut pas **I4B**, 1
eine **Kantine** une cantine **I4A**, 3
ein **Kapitän**/eine **Kapitänin** un/une capitaine ⟨**I5B**, 1⟩
eine **Kappe** une casquette **I3B**, 3
kaputt *(ugs.)* foutu *(fam.)* **I5A**, 3
Kartoffelchips des chips *Fem. (pl.)* ⟨**I5B**, 8⟩
eine **Kathedrale** une cathédrale ⟨**IMA**, 1⟩
eine **Katze** un chat **I1A**, 1
etw. **kaufen** acheter qc **I5B**, 6
ein **Kaufhaus** un grand magasin ⟨**I4SP**, 3⟩
kein/**keine** ne ... pas de ⟨**IMA**, 1⟩
ein **Keks** un petit gâteau ⟨**I3SP**, 3⟩
eine **Kerze** une bougie **I3DE**
ein **Kind** un enfant **I3A**, 1
ein **Kino** un cinéma **I4A**, 5
eine **Kirche** une église ⟨**I6SP**, 3⟩ ⟨**IMA**, 1⟩
na **klar!** bien sûr **I3A**, 1
eine **Klassenarbeit** une interrogation écrite **I4A**, 3
die **klassische** Musik la musique classique **I2A**, 10
ein **Klavier** un piano ⟨**I2SP**, 3⟩
klein petit/petite **I6B**, 1
Kleingebäck un petit gâteau ⟨**I3SP**, 3⟩
ein **Klettergurt** un baudrier **I3B**, 3
das **Klettern** l'escalade *(f.)* **I2A**, 1
ein **Klub** un club **I2B**, 2
komisch bizarre/bizarre **I5A**, 3
kommen arriver **I2B**, 2
  Komm! *(Aufforderung)* Viens! **I1A**, 1
jdn. **kontaktieren** contacter qn **I6A**, 1
ein **Konzert** un concert **I4A**, 5
ein **Kopf** une tête **I5B**, 1
ein **Kopfhörer** un casque **I2A**, 2
kosten coûter **I5B**, 6
kostenlos gratuit/gratuite **I6B**, 1
  es ist **kostenlos** c'est gratuit **I4A**, 5
das **Krafttraining** la musculation ⟨**I4B**, 5⟩
krank malade **I5A**, 3
ein **Kuchen** un gâteau/des gâteaux **I3DE**
Kuckuck! Coucou! ⟨**I1B**, 6⟩
ein **Kuli** un stylo **I2B**, 1
Kultur- culturel/culturelle ⟨**I4SP**, 1⟩
Kunst *als Schulfach* les arts plastiques *(m.)* ⟨**I4B**, 7⟩

ein **Kurs** un stage **I6A**, 1
ein **Küsschen** un bisou **I0**, 2
jdn. **küssen** embrasser qn **I3B**, 3

L

lachen *(ugs.)* rigoler *(fam.)* **I6A**, 4
ein **Laden** un magasin **I4A**, 5
das **Lampenfieber** le trac ⟨**I5B**, 1⟩
lang long/longue **I6B**, 3
ohne **Lärm** zu machen en silence **I2A**, 2
ein **Lebensgefährte**/eine **Lebensgefährtin** un compagnon/une compagne ⟨**I3A**, 1⟩
etw. **legen** poser qc **I6A**, 4
ein **Lehrer**/eine **Lehrerin** un professeur/une professeure **I2B**, 2
die **Leichtathletik** l'athlétisme *(m.)* ⟨**I2SP**, 3⟩
es tut mir **leid** (je suis) désolé/désolée **I2B**, 2
etw. **lesen** lire qc ⟨**IMA**, 4⟩
die **Leute** les gens *(m.) (pl.)* **I5B**, 1
jdn./etw. **lieben** aimer qn/qc **I2A**, 1
ein **Lied** une chanson **I2A**, 1
eine **Linie** une ligne ⟨**IMA**, 1⟩
links von à gauche de **I6B**, 6
eine **Liste** une liste ⟨**IMA**, 4⟩
Los! Allez! **I1A**, 4
eine **Lösung** une solution **I5A**, 6
Lust haben (etw. zu tun) avoir envie (de faire qc) **I4B**, 1
lustig drôle **I6A**, 4

M

ein **Macaron** *(süßes Gebäck)* un macaron ⟨**I4SP**, 1⟩
etw. **machen** faire qc **I4B**, 1
  Das **macht** ... Ça fait ... **I5B**, 6
ein **Mädchen** une fille **I1A**, 4
Mai mai *(m.)* **I3A**, 9
ein **Mal** une fois **I6B**, 3
Mama maman *(f.)* **I1A**, 1
manchmal parfois **I3B**, 1
ein **Mann** un monsieur **I1A**, 4
eine **Mannschaft** une équipe **I5B**, 1
März mars *(m.)* **I3A**, 9
Mathematik les mathématiques *f.* **I4B**, 7
eine **Mediathek** une médiathèque ⟨**I4SP**, 3⟩
das **Meer** la mer **I6DE**
mehr *(Grundbedeutung)* plus ⟨**I2A**, 2⟩
merkwürdig bizarre/bizarre **I5A**, 3
eine **Metropole** une métropole ⟨**I2SP**, 1⟩
mimen mimer qn/qc **I5B**, 1
ein **Mineralwasser** une eau minérale **I5B**, 8
eine **Minute** une minute **I4A**, 3
mit avec **I1B**, 1
zwölf Uhr **mittags** midi **I4A**, 3

Wortliste

eine **Mitteilung** un message **I3A**, 3
das **Mittelmeer** la grande bleue **I6B**, 3
Mittwoch mercredi (m.) **I4DE**
    am **Mittwoch** mercredi (m.) **I4DE**
mittwochs le mercredi **I4B**, 7
ein **Mobiltelefon** un portable **I1B**, 1
ich **möchte** gerne je voudrais **I3B**, 1
modern moderne **I6A**, 4
etw. **überhaupt nicht mögen** détester qc **I2A**, 1
jdn./etw. **mögen** aimer qn/qc **I2A**, 1
jdn./etw. sehr gern **mögen** adorer qn/qc **I2A**, 1
ein **Monat** un mois **I3A**, 9
Montag lundi (m.) **I4B**, 7
    am **Montag** lundi (m.) **I4B**, 7
montags le lundi **I4B**, 7
ein **Monument** un monument ⟨**I6SP**, 3⟩ ⟨**IMA**, 1⟩
ein **Morgen** un matin **I4A**, 1
morgens le matin **I4A**, 1
morgen demain **I5A**, 1
müde fatigué/fatiguée **I6B**, 3
ein **Museum** un musée ⟨**I6SP**, 3⟩
die **Musik** la musique **I2A**, 1
Musik als Schulfach l'éducation musicale f. ⟨**I4B**, 7⟩
ein **Musiker**/eine **Musikerin** un musicien/une musicienne **I4A**, 5
eine **Musikschule** une école de musique ⟨**I4SP**, 1⟩
eine **Mutter** une mère **I3A**, 1
Mutti maman (f.) **I1A**, 1

N

nach après **I4A**, 2
    nach (Ort) à **I1DE**
jdn./etw. **nachahmen** mimer qn/qc **I5B**, 1
ein **Nachbar**/eine **Nachbarin** un voisin/une voisine **I1A**, 1
ein **Nachmittag** un après-midi **I4A**, 2
eine **Nachricht** un message **I3A**, 3
nahe bei jdm. etw. près de qn/qc **I6B**, 3
Na ja. (ugs.) Bof! (fam.) **I4A**, 11
Na klar! bien sûr **I3A**, 1
ein **Name** un nom ⟨**I1B**, 10⟩
ein **Nationalfeiertag** une fête nationale ⟨**I3SP**, 1⟩
die **Natur** la nature ⟨**I2SP**, 3⟩
neben à côté de **I6B**, 6
    neben jdm. etw. près de qn/qc **I6B**, 3
etw. **nehmen** prendre qc **I5B**, 1
nett sympa (fam.) **I1A**, 1
nicht ne ... pas **I4A**, 5
    nicht mehr ne ... plus **I5A**, 3

nicken faire oui de la tête **I5B**, 1
noch encore **I2B**, 1
normal normal/normale ⟨**I4A**, 5⟩
    Das ist **normal**. C'est normal. **I4A**, 5
ein **Notizbuch** un carnet **I4B**, 1
November novembre (m.) **I3DE I3A**, 9
    am zehnten **November** le dix novembre **I3DE**
eine **Nummer** un numéro **I4B**, 1

O

o.k. d'accord **I1A**, 1
oben en haut ⟨**IMA**, 1⟩
oder ou **I2A**, 7
..., **oder**? ... hein? (fam.) **I3B**, 3
ohne sans **I4A**, 5
Oktober octobre (m.) **I3A**, 9
Omi (ugs.) mamie (fam.) **I1B**, 1
ein **Onkel** un oncle ⟨**I3A**, 1⟩
Opa (ugs.) papi (m.) (fam.) **I3A**, 3
eine **Orangenlimonade** un orangina **I5B**, 8
eine **Orangina** un orangina **I5B**, 8
ein **Ort** un endroit **I6A**, 3
Ostern Pâques (m.) (pl.) ⟨**I3SP**, 1⟩

P

eine **Palme** un palmier **I6B**, 3
Papa papa **I1A**, 1
ein **Papagei** un perroquet **I1B**, 1
ein **Pariser**/eine **Pariserin** un Parisien/une Parisienne ⟨**IMA**, 1⟩
Pariser (Adj.) parisien/parisienne ⟨**IMA**, 1⟩
ein **Park** un parc **I1DE**
Parkour (Sportart) le parkour ⟨**I2SP**, 1⟩
die **Pause** la récréation **I4A**, 3
ein **Pferd**/**Pferde** un cheval/des chevaux ⟨**I2SP**, 3⟩
Physik (als Schulfach) la physique (f.) ⟨**I4B**, 7⟩
ein **Piano** un piano ⟨**I2SP**, 3⟩
ein **Picknick** un pique-nique ⟨**I4SP**, 1⟩
ein **Piepton** un bip ⟨**I3A**, 3⟩
ein **Plakat** une affiche **I2B**, 1
ein **Platz** une place **I1DE**
    jds. **Platz** einnehmen prendre la place de qn **I5B**, 1
plötzlich tout à coup **I4A**, 5
ein **Polizist**/eine **Polizistin** un policier/une policière **I4A**, 5
der **Pop** la pop **I2A**, 10
populär populaire ⟨**I2SP**, 1⟩
ein **Poster** une affiche **I2B**, 1
ein **Praktikum** un stage **I6A**, 1
ein **Preis** un prix **I5B**, 6

eine **Probe** une répétition **I5A**, 1
ein **Problem** un problème **I5A**, 3
ein **Programm** un programme **I5A**, 1
Pst! Chut! **I4A**, 3
pünktlich à l'heure **I5A**, 3

Q

eine **Quiche** une quiche ⟨**I3SP**, 3⟩

R

eine **Radtour** un tour à vélo **I6SP**, 3
der **Rap** le rap **I2A**, 10
ein **Rapper**/eine **Rapperin** un rappeur/une rappeuse ⟨**I2SP**, 1⟩
ein **Raum** une salle **I5B**, 1
rechts von à droite de **I6B**, 6
Es **regnet**. Il pleut. **I6A**, 1
ein **Restaurant** un restaurant **I6A**, 4
eine **Rettung** un sauvetage **I6A**, 1
eine **Rettungsaktion** un sauvetage **I6A**, 1
ein **Rhythmus** un rythme **I4B**, 1
die **Rockmusik** le rock **I2A**, 10
eine **Rolle** un rôle **I5A**, 3
das **Rollerskaten** le roller ⟨**I4SP**, 1⟩
rot rouge/rouge **I6B**, 3
eine **Rückfahrt** un retour **I6B**, 3
eine **Rückkehr** un retour **I6B**, 3
jdn. **rufen** appeler qn **I5A**, 3
die **Ruhe** le silence **I2A**, 2
wir drehen eine **Runde** on fait un tour **I1A**, 1
ein **Rundgang** un tour **I1A**, 1

S

ein **Saal** une salle **I5B**, 1
eine **Sache** une affaire **I3B**, 3 une chose **I3B**, 1
Samstag samedi (m.) **I4B**, 7
    am **Samstag** samedi (m.) **I4B**, 7
samstags le samedi **I4B**, 7
ein **Sandwich** un sandwich **I5B**, 8
schau Regarde! **I1A**, 1
ein **Schauspieler**/eine **Schauspielerin** un acteur/une actrice **I5A**, 1
Scheiße! (ugs.) (im Theater auch: Viel Glück!) Merde! (fam.) **I5B**, 1
ein **Scherz** une blague **I6B**, 3
ein **Schiff**/**Schiffe** un bateau/des bateaux **I6A**, 1
eine **Schirmmütze** une casquette **I3B**, 3
ein **Schlagzeug** une batterie ⟨**I2SP**, 3⟩
Es ist **schlechtes** Wetter. Il fait mauvais. **I6A**, 2
    Nicht **schlecht**! pas mal (fam.) **I4B**, 1
schlecht mauvais/mauvaise **I6A**, 2

deux-cent-sept **207**

schließlich enfin **I4B,** 1
ein **Schloss** un château/des châteaux **I6A,** 3
der **Schluss** la fin **I5A,** 3
Schmerzen haben avoir mal **I6A,** 4
schnell *(Adv.)* vite *(adv.)* **I4B,** 1
ein **Schock** un choc **I4A,** 5
Es ist **schönes** Wetter. Il fait beau. **I6A,** 1
schon déjà **I1B,** 1
Das ist **schrecklich!** C'est l'horreur! **I3A,** 3
etw. **schreiben** écrire qc ⟨IMA, 4⟩
eine **Schule** une école ⟨I4SP, 1⟩
ein **Schüler**/eine **Schülerin** un élève/une élève **I2B,** 1
schwarz noir/noire **I6B,** 3
eine **Schwester** une sœur **I1B,** 1 **I3A,** 1
ein **Schwimmbad** une piscine **I4A,** 5
das **Schwimmen** la natation **I2A,** 1
schwimmen nager **I6B,** 3
ein **Seeigel** un oursin ⟨I6A, 4⟩
etw. **sehen** voir qc **I6B,** 3
sehr très **I3B,** 1
ein **Seil** une corde **I3B,** 3
sein être **I1B,** 1
September septembre *(m.)* **I3A,** 9
etw. **setzen** poser qc **I6A,** 4
sicherlich bien sûr **I3A,** 1
sie elle **I1A,** 6
Sieh mal! Regarde! **I1A,** 1
Sieh mal da! Tiens! **I1B,** 1
singen chanter **I2A,** 4
das **Skateboard** le skate ⟨I2SP, 3⟩
das **Skaten** le skate ⟨I2SP, 3⟩
so comme ça **I3B,** 3
ein **Sohn** un fils **I3A,** 1
die **Sonne** le soleil **I6A,** 1
Es ist **sonnig.** Il fait soleil. **I6A,** 2
Sonntag dimanche *(m.)* **I3A1**
  am **Sonntag** dimanche *(m.)* **I3A1**
sonntags le dimanche **I4B,** 7
Sonst noch etwas? Et avec ça? **I5B,** 9
später plus tard **I2A,** 2
  zu **spät** trop tard **I2B,** 2
spät tard **I2A,** 2
ein **Spaziergang** une promenade ⟨IMA, 4⟩
eine **Spezialität** une spécialité **I6A,** 3
ein **Spiel** un match **I2A,** 2
spielen jouer **I2A,** 2
der **Sport** le sport **I2A,** 1
Sport als Schulfach l'E.P.S. (Education physique et sportive) *(f.)* ⟨I4B, 7⟩
ein **Sportplatz** un terrain de jeu ⟨I4SP, 3⟩
sprechen parler **I2A,** 4
springen sauter **I6A,** 4
eine **Stadt** une ville **I6DE**
ein **Stadtbezirk** un arrondissement ⟨IMA, 1⟩
ein **Star** une star **I5B,** 1

eine **Station** une station **I1DE**
etw. **stellen** poser qc **I6A,** 4
eine **Stiefmutter** une belle-mère **I3A,** 1
ein **Stiefvater** un beau-père ⟨I3A, 1⟩
ein **Stil** un style **I4B,** 1
still en silence **I2A,** 2
die **Stille** le silence **I2A,** 2
die **Stimme** la voix **I5A,** 3
eine **Stimmung** une ambiance **I5B,** 6
ein **Strand** une plage **I6A,** 3
eine **Straße** une rue **I1DE**
der **Stress** le stress **I5B,** 1
ein (Theater-)**Stück** une pièce (de théâtre) **I2B,** 2
eine **Stunde** une heure **I4A,** 3
jdn./etw. **suchen** chercher qn/qc **I2A,** 4
super super *(fam.)* **I1B,** 1
ein **Symbol** un symbole ⟨IMA, 1⟩
eine **Szene** une scène **I2B,** 2

T

eine **Tafel Schokolade** une tablette de chocolat ⟨I5B, 8⟩
ein **Tag** un jour **I3A,** 3
  Guten **Tag**! Bonjour. **I0,** 1
ein **Tag** *(im Verlauf)* une journée **I4B,** 9
ein **Tagesablauf** une journée **I4B,** 9
eine **Tante** une tante ⟨I3A, 1⟩
der **Tanz** la danse **I2A,** 1
das **Tanzen** la danse **I2A,** 1
tanzen danser **I2A,** 2
eine **Tasche** un sac **I2B,** 1
tausende von des milliers de ⟨IMA, 1⟩
ein **Taxi** un taxi ⟨IMA, 1⟩
ein **Team** une équipe **I5B,** 1
die **Technik** la technique ⟨I2SP, 3⟩ la technologie ⟨I4B, 7⟩
eine **Telefonnummer** un numéro de téléphone **I4B,** 1
ein **Termin** un rendez-vous **I4A,** 10
teuer cher/chère ⟨I4SP, 1⟩
das **Theater** le théâtre **I2A,** 1
ein **Tier** une bête **I5B,** 1
ein **Tier**/**Tiere** un animal/des animaux ⟨I2SP, 3⟩
ein **Tisch** une table **I2B,** 1
(das) **Tischtennis** le ping-pong **I2A,** 1
eine **Tochter** une fille **I1A,** 4 **I3A,** 1
die **Toilette** les toilettes (f.) **I4A,** 3
toll *(ugs.)* super *(fam.)* **I1B,** 1
eine **Tombola** une tombola ⟨I3SP, 3⟩
ein **Tor** *(beim Ballspiel)* un but **I2A,** 2
eine **Tour** un tour **I1A,** 1
ein **Tourist**/eine **Touristin** un touriste/une touriste **I6A,** 7

ein **Traum** un rêve **I4B,** 9
jdn. **treffen** retrouver qn/qc **I2B,** 2
eine **Treppe** un escalier **I6A,** 4
Tschüs! *(ugs.)* Salut! *(fam.)* **I0,** 1
ein **T-Shirt** un t-shirt **I3B,** 3
etw. **tun** faire qc **I4B,** 1

U

über sur **I3A,** 3
etw. **überqueren** traverser qc ⟨IMA, 2⟩
eine **Überraschung** une surprise **I3B,** 1
eine **Übung** un exercice **I5B,** 1
eine **Uhrzeit** une heure **I4A,** 3
  acht **Uhr** huit heures **I4A,** 3
  um ein **Uhr** à une heure **I4A,** 3
  um wie viel **Uhr**? à quelle heure? **I4A,** 4
  Viertel nach acht **Uhr** huit heures et quart **I4A,** 3
halb zehn **Uhr** neuf heures et demie **I4A,** 3
Wie viel **Uhr** ist es? Quelle heure est-il? **I4A,** 4
um etw. zu tun pour faire qc **I4A,** 5
jdn. **umarmen** embrasser qn **I3B,** 3
eine **Umfrage** un sondage **I4B,** 5
und et **I0,** 1
Und außerdem? Et avec ça? **I5B,** 9
unter sous **I6B,** 6
sich **unterhalten** (über etwas) discuter (de qc) **I5A,** 1
Unterricht haben avoir cours **I4A,** 3
eine **Unterrichtsstunde** un cours **I4A,** 1
unterschiedlich différent/différente ⟨IMA, 1⟩
der **Urlaub** les vacances *(f.) (pl.)* **I6A,** 1

V

ein **Vater** un père **I3A,** 1
eine **Verabredung** un rendez-vous **I4A,** 10
eine **Veranstaltung** un évènement **I4A,** 5
mit jdm. in **Verbindung** treten contacter qn **I6A,** 1
das ist **verboten** c'est interdit **I4B,** 1
etw. **verbringen** passer qc **I6A,** 1
etw. **vergessen** oublier qc **I5B,** 1
ein **Verkäufer**/eine **Verkäuferin** un vendeur/une vendeuse **I5B,** 9
das **Verkehrswesen** les transports *Masc. (pl.)* ⟨IMA, 1⟩
etw. **verlassen** quitter qc **I4A,** 3
verpflichtend obligatoire ⟨I4SP, 1⟩
verschieden différent/différente ⟨IMA, 1⟩
etw. **verstehen** comprendre qc **I5B,** 1
Verzeihung. Pardon. **I1A,** 1
viel beaucoup **I5B,** 9
  zu **viel** trop **I2B,** 2
viel(e) beaucoup de ⟨IMA, 1⟩

Wortliste

vielleicht peut-être **I3B**, 3
ein (Stadt-)**Viertel** un quartier **I1DE**
   Viertel nach acht huit heures et quart **I4A**, 3
   Viertel vor zehn dix heures moins le quart **I4A**, 3
ein **Viertel** un quart **I4A**, 3
von de/d' **I1A**, 1
   von … bis de … à **I4A**, 4
vor (örtlich) devant **I5B**, 1
vor (zeitlich) avant **I4A**, 1
vorbeigehen passer **I6A**, 4
etw. **vorbereiten** préparer qc **I2B**, 2
ein **Vorname** un prénom ⟨**I1B**, 10⟩
jdm. etw. **vorschlagen** proposer qc à qn **I6A**, 4
Vorsicht! Attention! **I1A**, 1
eine **Vorstellung** un spectacle **I5DE**
vorübergehen passer **I6A**, 4

W

eine **Waffel** une gaufre **I5B**, 8
eine **Wahl** un choix ⟨**I6A**, 8⟩
wann quand (Fragewort) **I3A**, 3
Es ist **warm**/heiß. Il fait chaud. **I6A**, 2
warm chaud/chaude **I6A**, 2
Warum nicht? Pourquoi pas? **I2B**, 2
warum pourquoi **I2B**, 2
Was …? Qu'est-ce que …? **I2B**, 1
   Was gibt es? Qu'est-ce qu'il y a? **I2B**, 1
   Was ist das? Qu'est-ce que c'est? **I3B**, 3
   Was macht …? Que fait …? **I2B**, 2
was quoi (Fragepronomen) **I1B**, 1
das **Wasser** l'eau (f.) **I5B**, 6
eine **Website** un site ⟨**IMA**, 4⟩
ein **Weg** un chemin ⟨**IMA**, 2⟩
Weihnachten Noël (m.) ⟨**I3SP**, 1⟩
weil parce que **I5A**, 3
auf diese **Weise** comme ça **I3B**, 3
weiß blanc/blanche **I6B**, 5
weit (Adv.) loin ⟨**IMA**, 2⟩
weitermachen continuer ⟨**IMA**, 2⟩
ein **wenig** un peu **I6B**, 3
weniger moins **I4A**, 3
wenn quand (Konjunktion) **I4B**, 1
wer qui (Fragepronomen) **I1B**, 1
   Wer ist das? C'est qui? (fam.) **I1B**, 1
eine **Werkstatt** un atelier ⟨**I4SP**, 1⟩
das **Wetter** le temps **I6A**, 1
   Wie ist das **Wetter**? Quel temps fait-il? **I6A**, 2
die **Wettervorhersage** la météo **I6A**, 2
ein **Wettkampf** un match **I2A**, 2
wie comme **I2B**, 2
   wie viel combien **I5B**, 6
   Wie geht's? Ça va? **I0**, 2
   Wie spät ist es? Quelle heure est-il? **I4A**, 4
wie (Frage) comment **I0**, 1
wieder encore **I2B**, 1
etw. **wiederfinden** retrouver qn/qc **I2B**, 2
eine **Wiederholung** une répétition **I5A**, 1
Auf **Wiedersehen**! Au revoir! **I0**, 5
Willkommen! Bienvenue! **I0**, 1
der **Wind** le vent **I6A**, 2
Es ist **windig**. Il y a du vent. **I6A**, 2
wirklich (Adv.) vraiment **I5A**, 3
Ich weiß (es) nicht. Je ne sais pas. **I2B**, 2
die **Wissenschaft** la science ⟨**IMA**, 4⟩
ein **Witz** une blague **I6B**, 3
wo où **I1A**, 1
eine **Woche** une semaine **I4B**, 7
wohin où **I1A**, 1
wohnen habiter **I3A**, 1
ein **Workshop** un atelier ⟨**I4SP**, 1⟩
etw. **wünschen** désirer qc **I5B**, 9

Z

eine **Zahl** un nombre ⟨**I1B**, 6⟩
etw. **zählen** compter qc **I3B**, 3
eine **Zeichnung** un dessin **I4B**, 1
jdm. etw. **zeigen** montrer qc à qn **I6A**, 4
die **Zeit** le temps **I4A**, 11
   Hast du **Zeit**? Tu es libre? **I4A**, 11
ein **Zettel** une fiche ⟨**I1B**, 10⟩
eine **Ziehharmonika** un accordéon ⟨**I2SP**, 3⟩
ein **Ziel** un but **I2A**, 2
ein (Schlaf-)**Zimmer** une chambre **I2A**, 2
zu sehr trop **I2B**, 2
zu (einem Ort) à **I1DE**
zu jdm. chez qn **I2A**, 2
zuerst d'abord **I4A**, 5
zufrieden content/contente **I6B**, 1
ein **Zug** un train **I3A**, 3
jdm. **zuhören** écouter qn/qc **I2A**, 2
zurückkommen rentrer **I4A**, 5
zusammen ensemble **I2A**, 2
zusätzlich en plus **I3A**, 3
ein **Zuschauer**/eine **Zuschauerin** un spectateur/une spectatrice **I5A**, 1
zwischen entre **I6DE**

En classe

L'alphabet – Das Alphabet

Die französischen Namen der Buchstaben brauchst du,
wenn du etwas **buchstabieren** musst, z.B. deinen Vornamen.

A [a]	**B** [be]	**C** [se]	**D** [de]	**E** [ə]	**F** [ɛf]	**G** [ʒe]	**H** [aʃ]	**I** [i]
J [ʒɪ]	**K** [ka]	**L** [ɛl]	**M** [ɛm]	**N** [ɛn]	**O** [o]	**P** [pe]	**Q** [ky]	**R** [ɛʀ]
S [ɛs]	**T** [te]	**U** [y]	**V** [ve]	**W** [dublǝve]	**X** [iks]	**Y** [igʀɛk]	**Z** [zɛd]	

Les signes orthographiques – Die orthographischen Zeichen

l'accent aigu *(m.)*	C'est g**é**nial!
l'accent grave *(m.)*	Le coll**è**ge
l'accent circonflexe *(m.)*	Tu as quel **â**ge?
le tréma	A**ï**e! Mon pied!
le «c»-cédille	un gar**ç**on
l'apostrophe *(f.)*	d**'**accord
OE entrelacés / OE collés	Voilà ma s**œ**ur.
la majuscule	**I**l s'appelle **J**ules.
la minuscule	Il a 12 **a**ns.

Les signes de la phrase – Die Satzzeichen

le point	On va au collège**.**
les deux points	Le collège est grand**:** il a deux mille élèves.
le point d'exclamation	Attention**!**
le point d'interrogation	C'est qui**?**
les points de suspension	Mais **...** c'est Jules!
la virgule	Au collège**,** on fait du théâtre.
les guillemets *(m.)*	Qui est **«**Scoubidou**»**?
les parenthèses *(f.)*	**(**C'est une devinette**)**.
le tiret	**–** Tu t'appelles comment? **–** Je m'appelle Lola.
le trait d'union	Grand**-**mère est à la maison?

210 deux-cent-dix

En classe

Des mots utiles – Nützliche Wörter

une **lettre** [ynlɛtʀə]	ein Buchstabe
un **mot** [ɛ̃mo]	ein Wort
une **expression** [ynɛkspʀɛsjɔ̃]	ein Ausdruck
une **phrase** [ynfʀaz]	ein Satz

les **devoirs** *(m.)* [ledəvwaʀ]	die Hausaufgaben
une **activité** [ynaktivite]	eine Aktivität
un **exercice** [ɛ̃nɛksɛʀsis]	eine Übung
un **dialogue** [ɛ̃djalɔg]	ein Dialog
un **exemple** [ɛ̃nɛgzɑ̃plə]	ein Beispiel
une **question** [ynkɛstjɔ̃]	eine Frage
une **réponse** [ynʀepɔ̃s]	eine Antwort
un **résultat** [ɛ̃ʀezylta]	ein Ergebnis
une **solution** [ynsɔlysjɔ̃]	eine Lösung

un **livre** [ɛ̃livʀə]	ein Buch
une **page** [ynpaʒ]	eine Seite
un **paragraphe** [ɛ̃paʀagʀaf]	ein Abschnitt
une **partie** [ynpaʀti]	ein Teil
une **ligne** [ynliɲ]	eine Zeile; eine Linie
un **cahier** [ɛ̃kaje]	ein Heft
un **tableau** [ɛ̃tablo]	eine Tafel; eine Tabelle

Des phrases utiles – Nützliche Sätze

Pardon, monsieur / madame, …	Entschuldigung, …
C'est à qui?	Wer ist dran?
C'est à toi.	Du bist dran.
Comment est-ce qu'on dit en français …?	Wie sagt man auf Französisch …?
Comment est-ce qu'on écrit ce mot?	Wie schreibt man dieses Wort?
Comment est-ce qu'on prononce ce mot?	Wie spricht man dieses Wort aus?
Est-ce que vous pouvez épeler, s'il vous plaît?	Können Sie bitte buchstabieren?
Est-ce que vous pouvez expliquer ce mot, s'il vous plaît?	Können Sie dieses Wort bitte erklären?
Est-ce que vous pouvez répéter, s'il vous plaît?	Können Sie bitte wiederholen?
J'ai oublié mes devoirs.	Ich habe meine Hausaufgaben vergessen.
J'ai oublié mon cahier à la maison.	Ich habe mein Heft zuhause vergessen.
Je ne comprends pas ce mot.	Ich verstehe dieses Wort nicht.
Je ne sais pas.	Ich weiß nicht.
Nous en sommes à quelle page?	Auf welcher Seite sind wir?
Nous en sommes où?	Wo sind wir?
Pardon, monsieur / madame, j'ai une question.	Entschuldigung, ich habe eine Frage.
Que veut dire le mot … / l'expression …?	Was bedeutet das Wort … / der Ausdruck …?

AUF EINEN BLICK

Consignes – Arbeitsanweisungen

Chantez ensemble.	Singt zusammen.
Cherchez …	Sucht …
Choisissez un personnage.	Wählt eine Persönlichkeit / eine Figur aus.
Commencez comme ça: …	Beginnt so: …
Comparez (avec) …	Vergleicht (mit) …
Complétez les phrases.	Vervollständigt die Sätze.
Comptez.	Zählt.
Continuez.	Macht weiter.
Copiez ….	Übertragt …
Corrigez …	Korrigiert …
Décrivez …	Beschreibt …
Dessinez …	Zeichnet …
Devinez.	Ratet.
Écoutez.	Hört zu.
Écrivez …	Schreibt …
Faites des devinettes.	Macht Rätsel …
Imaginez …	Stellt euch … vor.
Inventez …	Erfindet …
Jouez à deux.	Spielt zu zweit.
Jouez avec deux dés.	Spielt mit zwei Würfeln.
Jouez la scène.	Spielt die Szene.
Lisez le texte.	Lest den Text.
Mettez les phrases dans le bon ordre.	Bringt die Sätze in die richtige Reihenfolge.
Mettez les verbes à la bonne forme	Setzt die Verben in die richtige Form.
Mimez …	Stellt … als Pantomime dar.
Notez ….	Schreibt … auf.
Parlez de ….	Sprecht über ….
Posez des questions et répondez	Stellt Fragen und beantwortet sie.
Prenez des notes.	Macht Notizen.
Préparez …	Bereitet … vor.
Présentez …	Präsentiert … / Stellt … vor.
Quand vous entendez … levez les mains.	Wenn ihr … hört, hebt die Hände.
Quelle est la différence entre …?	Was ist der Unterschied zwischen …?
Quels mots vont ensemble?	Welche Wörter passen zusammen?
Qui dit quoi?	Wer sagt was?
Racontez …	Erzählt …
Remplacez …	Ersetzt …
Répétez.	Sprecht nach.
Répondez.	Antwortet.
Travaillez à deux.	Arbeitet zu zweit
Trouvez …	Findet …
Trouvez le bon ordre.	Findet die richtige Anordnung.
Utilisez …	Verwendet …
Utilisez les mots donnés.	Verwendet die angegebenen Wörter.
Vrai ou faux?	Richtig oder falsch?

En France

VIS-À-VIS

Küssen sich in Frankreich alle zur Begrüßung?
Stimmt es, dass das Croissant ursprünglich gar nicht aus Frankreich kommt?
Das und vieles mehr könnt ihr auf diesen Seiten entdecken.

Alltag

Die Begrüßung und *la bise* [labiz]
Wenn man sich gut kennt, gibt man sich in Frankreich zur Begrüßung die *bise*. Das ist ein angedeuteter Kuss auf beide Wangen. In manchen Gegenden von Frankreich sind auch drei oder gar vier *bises* üblich.
Die normale Begrüßung ist *Bonjour Madame./ Bonjour Monsieur*. Nur gute Bekannte begrüßen sich mit *Salut!*

Das Frühstück
Das französische **Frühstück** *(le petit déjeuner)* ist meistens nicht sehr umfangreich. Zuhause gibt es meistens zu einer Schale mit Milchkaffee oder Kakao Brot mit Butter und Marmelade *(une tartine)* oder seltener ein **Croissant**.

Le croissant [ləkRwasɑ̃]
Dieser typische Bestandteil eines französischen Frühstücks soll nach einem missglückten türkischen Angriff auf Wien im Jahr 1683 erfunden worden sein. Ein Bäcker hatte Croissants zur Feier des Tages gebacken und sich dabei von der Mondsichel der türkischen Flagge inspirieren lassen.

La baguette [labagɛt]
Die berühmteste aller französischen Brotsorten wird wegen ihrer länglichen Form *baguette*, also „Stäbchen" genannt. In Frankreich steht zu allen Mahlzeiten immer Brot auf dem Tisch.

„Essen wir heute kalt oder warm?"
Über diese Frage würde man sich in Frankreich wundern. Dort isst man in der Regel mittags und abends eine warme Mahlzeit. Meistens bestehen die Mahlzeiten aus mehreren Gängen *(les plats)*. Oft wird nach dem Hauptgang **Käse** gegessen, von dem es in Frankreich hunderte verschiedene Sorten gibt.

Cafés

In einem Café kann man etwas trinken und eine Kleinigkeit essen. Für viele Franzosen gehört ein Besuch im Café zum Alltag. Bei einem *café noir* (Espresso) oder einem *café crème* (Milchkaffee) werden Neuigkeiten ausgetauscht. Wenn man Torte oder Kuchen essen möchte, geht man in Frankreich nicht ins Café, sondern in einen *salon de thé*.

Les boissons [lɛbwasɔ̃]

Zum Essen trinkt man in Frankreich meistens Wasser ohne Kohlensäure *(de l'eau plate)*. Im Restaurant wird es oft kostenlos auf den Tisch gestellt. Für viele Erwachsene gehört zum Essen auch Wein *(du vin)*.
Kinder trinken in Frankreich gerne Sirup mit Wasser *(du sirop avec de l'eau)*. Sehr beliebt ist auch *diabolo menthe*, ein Mixgetränk aus Minzsirup und Zitronenlimonade *(limonade)*. Farbige Limonaden heißen in Frankreich *soda*.

L'école en France – Schule in Frankreich

Schule	Klasse	Abkürzung	entspricht
École élémentaire	Cours préparatoire	CP	1. Klasse
	Cours élémentaire première année	CE1	2. Klasse
	Cours élémentaire deuxième année	CE2	3. Klasse
	Cours moyen première année	CM1	4. Klasse
	Cours moyen deuxième année	CM2	5. Klasse
Collège	Sixième	6ᵉ	6. Klasse
	Cinquième	5ᵉ	7. Klasse
	Quatrième	4ᵉ	8. Klasse
	Troisième	3ᵉ	9. Klasse
Lycée	Seconde	2de	10. Klasse
	Première	1ère	11. Klasse
	Terminale	Terminale	12. Klasse

Nach 5 Jahren in der Grundschule *(école élémentaire)* gehen alle Kinder ins *Collège*. Abhängig von ihrem Notendurchnitt *(la moyenne)* können sie nach dem *Collège* das *Lycée* (gymnasiale Oberstufe) oder eine berufsbildende Schulart besuchen *(le lycée professionnel)*. Die Klassenstufen in *Collège* und *Lycée* werden rückwärts gezählt.

Les notes [lənɔt]

In Frankreich ist die beste Note 20 *(vingt sur vingt)*, die schlechteste 0 *(zéro)*. Ein Franzose, der das deutsche System nicht kennt, wird sich vermutlich wundern, wenn ihr stolz verkündet, dass ihr eine 1 oder eine 2 bekommen habt!

Les grandes vacances [legʀɑ̃dvakɑ̃s]

Insgesamt haben die Franzosen mehr Ferien. Dafür müssen sie aber auch jeden Tag länger in die Schule gehen. Die Sommerferien dauern in Frankreich ca. 2 Monate. Spätestens in der letzten Ferienwoche wird Material und Kleidung für das neue Schuljahr eingekauft. Der Schulbeginn *(la rentrée des classes)* ist ein Ereignis für die ganze Familie – und natürlich für die Geschäfte!

En France

Französisch in der Welt

Französisch wird nicht nur in Frankreich gesprochen. Mit 300 Millionen Frankophonen weltweit ist Französisch neben Englisch die einzige Sprache, die auf allen fünf Kontinenten gesprochen wird.

Französisch ist
- die zweithäufigste Sprache in den Medien und bei den Weltorganisationen wie z. B. den Vereinten Nationen (UN),
- die dritthäufigste Sprache in der Handelswelt,
- die vierthäufigste Sprache im Internet,
- die fünfthäufigst gesprochene Sprache der Welt.

Paris
Die Hauptstadt von Frankreich hat rund 2,2 Millionen Einwohner. Im Großraum Paris leben über 10 Millionen Menschen. Paris ist das wirtschaftliche und kulturelle Zentrum des Landes.
Die **Seine,** der Fluss, der durch Paris fließt, ist insgesamt 775 km lang und mündet bei Le Havre in den Ärmelkanal. Die weltberühmte Kathedrale **Notre-Dame de Paris** steht auf der *Île la Cité*, einer Seine-Insel. Der Bau dauerte fast 200 Jahre. Im April 2019 wurde das Bauwerk durch ein Feuer teilweise zerstört.

Louvre
Der Louvre war früher das Stadtschloss der französischen Könige. Heute kann man dort weltberühmte Kunstwerke besichtigen wie z. B. die Statue der Venus von Milo oder Leonardo da Vincis Gemälde Mona Lisa *(La Joconde)*. Der Louvre ist das meistbesuchte Museum der Welt. Der Haupteingang befindet sich in einer Glaspyramide.

La tour Eiffel
Der 324 m hohe Turm wurde bei der Weltausstellung 1889 eröffnet. Sein Erbauer **Gustave Eiffel** hieß eigentlich „Bönickhausen dit Eiffel". Seine Vorfahren stammten aus der Eifel. Gustave Eiffel verkürzte seinen Namen, weil das für die Franzosen leichter auszusprechen war.

L'Avenue des Champs-Élysées
Die schnurgerade Prachtstraße führt von der *Place de la Concorde* zum *Arc de triomphe*. Hier findet jedes Jahr am Nationalfeiertag (14. Juli) eine große Militärparade statt. Außerdem endet hier auch jedes Jahr die letzte Etappe der *Tour de France*, des berühmten Radrennens.

La Place de la Concorde
In der Mitte des größten Platzes von Paris steht seit dem Jahr 1836 der Obelisk von Luxor. Die über 2000 Jahre alte Steinsäule war ein Geschenk des Vize-Königs von Ägypten an den damaligen französischen König Louis Philippe.

La Place de la République
Auf diesem Platz finden viele politische Demonstrationen statt. Das Denkmal in der Mitte des Platzes zeigt eine Frau, *Marianne*. Sie ist das Symbol der französischen Republik. Die Leitideen der Republik sind „Freiheit, Gleichheit, Brüderlichkeit" *(liberté, égalité, fraternité)*. Diese Begriffe stehen auch auf den französischen Euromünzen.

Weitere große französische Städte

Marseille
Marseille ist die zweitgrößte Stadt Frankreichs und auch eine der ältesten Städte des Landes. Der neue Hafen von Marseille ist ein wichtiger Handelshafen und der größte Hafen Frankreichs.

Lyon
Lyon ist ein wichtiger Industriestandort und auch der Sitz der internationalen Kriminalpolizei *Interpol*. Die Stadt ist bei Feinschmeckern beliebt wegen ihrer guten Restaurants und Spezialitäten wie z. B. die Blätterteigpastete *(pâté en croûte)* oder die *Tarte praline* (Kuchen mit gebrannten Mandeln).

Toulouse
Viele Häuser in Toulouse sind aus rotem Backstein gebaut, deshalb wird die Stadt auch oft als *ville rose* bezeichnet. Die Stadt ist bekannt für die Herstellung von Luft- und Raumfahrtausrüstung. Hier ist auch der Hauptsitz von *Airbus Industrie*, einem europäischen Flugzeugbauer.

Nizza
Mit seinem 7,5 km langen Strand und seinen vielen Hotels zieht Nizza jährlich Millionen von Besuchern an. Die meisten Einwohner leben vom Tourismus und vom Handel. Nizza hat aber auch eine große Universität und das nahe gelegene *Sophia Antipolis* ist ein modernes Ausbildungs- und Forschungszentrum für Hochtechnologie.

Solutions: Lösungen und Lösungsvorschläge

Mit dem Lösungsteil kannst du dich selbst kontrollieren. Damit du eigene Fehler erkennst, musst du sehr genau hinsehen und deine Lösungen sorgfältig mit den hier abgedruckten vergleichen. Trage deine Fehler in dein „Fehlerprotokoll" ein. Wie du damit arbeiten kannst, steht auf Seite 147-148.

Unité 1, Bilan (S. 27)

1 Parler
1. Je m'appelle (Florian). 2. Je suis de (Cologne). 3. J'ai (12) ans. 4. Pardon! 5. Voilà Max. / C'est Max. 6. C'est qui? 7. C'est quoi? 8. On fait un tour?

2 Écouter
1. C'est Mathis. 2. C'est Lucie. 3. C'est Jérémy. 4. C'est Manon.

3 Grammaire
1. C'est Lola! C'est une fille super cool. 2. Elle a 12 ans. 3. Elle est de Nice. 4. Et voilà Max, le frère de Lola. 5. Il est sympa! C'est un garçon super. 6. Et ici, c'est la maman et le papa de Max et Lola. 7. Voilà Safia. C'est l'amie de la maman de Lola. / C'est une amie de la maman de Lola. 8. C'est une dame sympa.

4 Grammaire
1. Safia: Bonjour! Je suis Safia. Toi, tu es Zoé et toi, tu es Jules, c'est ça? 2. Zoé: Oui, et nous sommes des copains de Max et Lola 3. Jules: On fait un tour dans le parc? Il est cool. Vous êtes d'accord? 4. Max et Lola: Oui. Mais où sont papa et maman? 5. Safia: Ils sont à la tour Eiffel, avec un ami. Allez, à bientôt!

Unité 2, Bilan (S. 41–42)

1 Parler
1. Qu'est-ce que tu aimes? 2. J'adore les chansons de Louane. 3. Je déteste les chansons de Tal. 4. Silence, s'il te plaît! 5. Allez viens, on regarde un match de foot. 6. Qu'est-ce qu'il y a là-bas? 7. Je ne sais pas. 8. Désolé(e)!

2 Vocabulaire
(z. B.) Au collège, il y a des **livres**, des **cahiers**, des **tables**, des **stylos**, une **cour**, un **ballon** / des **ballons**, des **sacs**, des **élèves**, un **professeur** / des **professeurs**, une **affiche** / des **affiches**.

3 Écouter
1. Faux. (Théo regarde un match de tennis.) 2. Vrai. 3. Faux. (Elle chante.) 4. Faux. (Il aime le rap.) 5. Vrai. 6. Vrai. 7. Faux. (Il aime le ping-pong).

4 Grammaire
1. Zoé: Écoute, Luc! C'est Gims, tu aimes? 2. Jules: Non, je déteste. Mais j'adore le rock. Zoé, tu cherches une musique cool? 3. Zoé: Oui, je cherche … Ah, voilà une chanson super! 4. Lola: Eh, les garçons, vous adorez danser … Alors vous dansez? 5. Tom: Pourquoi pas? D'accord, nous dansons. Vous dansez avec nous, les filles? 6. Zoé: Non, nous, on regarde! 7. Jules: Les filles regardent, je trouve ça nul!

5 Grammaire
1. Zoé est dans la chambre de Lola. Les deux filles écoutent des chansons ensemble. 2. Zoé regarde aussi les livres et les affiches de Lola. 3. Zoé aime les affiches de la chambre. 4. Elle trouve aussi les livres super: ici, il y a aussi des BD. 5. Tiens, le chat Merlin arrive. Zoé adore les chats. 6. Plus tard. Les filles cherchent des idées pour l'activité théâtre. 7. Pour chercher des idées, c'est cool, ici!

Plateau 1 – Révisions (S. 45–46)

1 Un cahier, un stylo … et quoi encore?
a Toulouse: Paris, Nice, Lyon
le sac: un livre, un cahier, un stylo

L

le théâtre: une scène, une pièce
le sport: le foot, la natation, le ping-pong, l'escalade

b 1. Sur ma table, au collège, il y a un cahier, des stylos et un livre. **2.** Dans la cour, au collège, il y a trois professeurs et des élèves. **3.** J'aime le foot et la natation, j'adore le théâtre et la musique, mais je déteste l'escalade.

2 On cherche Damien.
1. Lola et Max sont dans la chambre de Lola.
2. Ils écoutent une chanson. 3. Mme Bertucat entre. 4. Mme Bertucat: Je cherche Damien. Il est où? 5. Oh, qu'est-ce que vous écoutez? 6. Max: On écoute une chanson de Soprano. Tu aimes? 7. Mme Bertucat: Oui. Allez, nous préparons le sac. 8. On fait un tour ensemble. Vous êtes d'accord? 9. Lola: Nous sommes d'accord. Tu es super, maman!

3 Bonjour. Je m'appelle Jules.
1. Bonjour! Moi, c'est Jules. Et toi, tu t'appelles comment? 2. Tu es de Paris? Moi aussi! 3. Et voilà Zoé! Nous sommes frère et sœur. 4. On fait un tour dans le quartier? 5. Je cherche un jeu vidéo pour un copain. 6. Tu cherches avec moi? Non? 7. Alors à bientôt!

4 Questions et réponses
a 1./b: Bonjour! Je m'appelle Zoé. 2./c: Je regarde une BD. 3./d: Oui, elle est dans la cour. 4./a Elle joue avec Jules. 5./f: Là-bas, il y a une table de ping-pong. 6./e: D'accord. Merci!
b Individuelle Lösungen

5 Des activités pour les copains
a (z.B.): entrer avec la professeure; chanter une chanson; regarder les autres; regarder un match de foot; retrouver les autres; parler avec la professeure; chercher des idées; chercher les autres; chercher une chanson
b (z.B.) J'entre dans la chambre d'Issa. Il regarde un match de foot. Je déteste le foot. Alors je retrouve les autres chez Fleur. Ils parlent. Ils cherchent aussi des idées pour un jeu. Puis nous chantons des chansons de Soprano. C'est cool!

6 Dans un camping
(…) (z.B.) 3. (zu Jan) Er heißt Romain. Er fragt, ob du Fußball magst. 4. (zu Romain) Non, mais il aime la natation. 5. Et toi, qu'est-ce que tu aimes? 6. (zu Jan) Er mag Tischtennis. 7. Er fragt, ob du aus Berlin kommst. 8. (zu Romain) Il est de Leipzig. Tu es de Paris? 9. (zu Jan) Er ist aus Nizza. 10. (zu Romain) Nice? Very nice! 11. (zu Jan) Er findet dich in Ordnung! Tschüss! 12. (zu Romain) Tu es sympa aussi. Salut!

Unité 3, Bilan (S. 60–61)

1 Parler
1. C'est ma mère et voilà mon père. 2. Ton anniversaire, c'est quand? 3. Mon anniversaire, c'est le (1er avril / 2 mars). 4. Nous avons une idée. 5. J'ai une suprise pour toi. 6. Qu'est-ce que c'est? 7. Joyeux anniversaire!

2 Écouter
1./d 2./a 3./c 4./b 5./c 6./b+d

3 Vocabulaire
2. L'anniversaire de Stella, c'est le vingt-trois juillet. 3. Le théâtre, c'est le premier avril. 4. Le match de ping-pong, c'est le 14 février. 5. L'anniversaire de Clara, c'est le 19 janvier. 6. Le tour à Fontainebleau, c'est le vingt-sept mai.

4 Grammaire et vocabulaire
2. C'est leur fille. 3. Ce sont leurs grands-parents. 4. Ce sont ses parents. 5. C'est son fils. 6. C'est son père. 7. C'est sa mère.

5 Lire et écrire
(…) Parfois, nous avons des invités. L'anniversaire de ma mère, c'est une super fête. Mes parents invitent leurs amis dans notre jardin. Bien sûr, il y a aussi des enfants. Je trouve ça cool. Mon père prépare un gâteau. Les invités arrivent, ils ont des cadeaux pour ma mère. Les amis parlent de leurs activités et regardent des photos. Parfois, ils dansent.
Plus tard, les autres enfants et moi jouons dans ma chambre. Nous écoutons aussi des chansons. J'adore ça! Et vous? C'est comment, les fêtes chez vous? Au revoir!

Unité 4, Bilan (S. 76–77)

1 Parler
1. Quelle heure est-il? 2. Mes cours commencent à (8 heures). 3. Aujourd'hui, j'ai (une) interro. 4. Je vais

à la boulangerie. 5. Tu as envie d'aller au cinéma? 6. Rendez-vous à quelle heure? 7. Désolé(e), je n'ai pas le temps. 8. Le mardi, je fais du sport. 9. Qu'est-ce que tu fais, comme activités?

2 Vocabulaire
1. Le matin, les cours commencent toujours à 8 heures. 2. Mercredi après-midi, les professeurs ne sont pas là. 3. Les amis vont aux Halles sans leurs parents. 4. Aux Halles, il y a un évènement. 5. Avant le concert, les amis regardent les graffitis. 6. Tout à coup, la mère de Lola arrive. 7. Pour Lola, c'est le choc.

3 Grammaire
a 1. Lola: Hé, Tom, tu vas où? 2. Tom: Je vais à la cantine. Et toi? 3. Lola: Zoé et moi, nous allons au CDI. 4. Tom: Vous allez au club théâtre, après? 5. Lola: Oui, et toi, tu vas aux Halles après le club de foot? 6. Tom: Non, je vais chez Jules pour travailler. 7. Tiens, ce sont Luc et Louis, ils vont à l'arrêt de bus. Mais on a foot à 13h30! 8. Lola: Oui, Luc rentre. Il va au lit. Il ne va pas bien. Tom: Oh!

b 1. Lou: Qu'est-ce que vous faites comme activités? Zoé: Nous faisons du théâtre. 2. Lou: Et vous, les autres? Tom: Mes copains font du foot et moi aussi! 3. Lou: Et toi, Jules, qu'est-ce que tu fais? Jules: Je fais de l'escalade. J'aime bien ça! 4. Et qui fait de la natation? Lola: Mon frère Max, mais il n'est pas là.

4 Grammaire
2. – Non, je ne regarde pas le match. 3. – Non, je ne joue pas. 4. – Non, je ne suis pas au lit.

5 Écrire
… (z.B.) Je prépare un dialogue avec Karim. Mardi, je n'ai pas maths (à huit heures). Je commence / Les cours commencent à 9 heures! C'est cool! Mercredi à une heure et demie, je vais au club théâtre. Jeudi, je n'ai pas cours. Vendredi, j'ai une interro d'allemand. Et à quatre heures et demie, j'ai rendez-vous avec Max et Lola. On va au parc. Samedi après-midi, je fais un gâteau pour Louis et à 7 heures moins le quart, je vais à la fête de Louis. Dimanche, je suis libre! Et toi, mamie, ça va? Qu'est-ce que tu fais? À bientôt! Zoé.

Plateau 2, Révisions (S. 79 – 80)

1 On invite mon copain et sa sœur.
(…) On invite ma copine Lola avec son frère Max, notre voisin Daniel et sa femme Françoise avec leur fils Alix, mon copain Sylvain avec sa copine, nos voisins Serge et Amélie avec leurs enfants.

2 Les anniversaires
(…) Le 15 mars, c'est l'anniversaire de Valentin, le frère d'Océane. Le 10 avril: l'anniversaire de Valérie, sa grand-mère. Le 21 juin, l'anniversaire d'Anne, sa mère. Le 14 juillet, c'est Malik, son père. Et le 5 août: Solène, sa sœur.

3 Qui cherche trouve.
a 1. faire 2. avoir 3. aller 4. être

b (z.B.) Aujourd'hui, j'ai rendez-vous avec mon voisin Louis. Il a 12 ans et il est très intéressant. Et puis, il aime faire des gâteaux! On fait parfois du sport ensemble. J'ai envie de faire du skate avec Louis. Mais d'abord, j'ai faim. Je vais à la boulangerie pour avoir des chouquettes. Après, on va au parc.

4 Où est-ce qu'ils vont? Qu'est-ce qu'ils font?
1. Parfois, je vais à la piscine et je fais de la natation ou alors je vais chez une copine et nous faisons des jeux. 2. Avec mes copines, nous allons au cinéma ou nous faisons des tours dans le quartier. 3. Mes copines vont au club de danse et elles font de la danse hip-hop. 4. Mon frère va au parc et fait de l'escalade ou avec ses copains, ils font du foot. 5. Puis ils vont chez un ami et ils font de la musique ensemble et … des gâteaux.

5 Un message de Manon
Qui: Manon (et ses parents); Où: à Strasbourg / à la gare; Quand: vendredi à 6 heures moins le quart
Kilian kann seiner Schwester Merle ausrichten, dass Manon und ihre Eltern sich beim Abholen von Merle am Freitag ein wenig verspäten werden. Sie werden erst um Viertel vor 6 da sein.

6 Rendez-vous quand?
(z.B.) – Le mercredi, je mange à une heure chez papi et mamie. De deux heures à trois heures, je fais de la musique à l'école. De quatre heures et demie à cinq heures et demie, je suis au club de cinéma du quartier et de sept heures et quart à huit heures et quart, je suis à la piscine.

– Alors on peut faire quelque chose ensemble le matin ou alors l'après-midi après le cours de musique et avant le club de cinéma ou après le film et avant la piscine. Et je suis libre le soir, bien sûr.
– Bon, alors rendez-vous mercredi 12 chez moi à 10 heures?
– Tu es libre? Tu es d'accord?

Unité 5, Activités au choix (S. 93 – 96)

1 Que prend Mme Garnier?
1. Mme Garnier prend son sac et quitte la maison. 2. Mme Garnier et une amie prennent le bus. 3. – Tu prends la salle 118? – Non, nous prenons la salle 117. 4. Attention, je prends une photo. 5. – Qu'est-ce que vous prenez? – Je prends (une eau minérale), s'il te plaît. 6. Nous prenons (un orangina et une crêpe), s'il te plaît.

2 Prépare toujours ton rôle.
a 2. Cherche des idées pour ton rôle. 3. Écoute ta professeure. 4. Arrive à l'heure aux répétitions. 5. Fais attention à ta voix.

b 2. Regardez bien les autres acteurs. 3. Faites attention aux autres. 4. N'écoutez pas les gens dans la salle. 5. N'oubliez pas votre texte.

3 Pour faire du foot, tu vas où?
(z. B.) – Pour faire de la danse, tu vas où? – Je vais au club de danse. Pour faire de l'escalade, tu vas où? – Je vais aux rochers de Fontainebleau. – Pour faire des jeux vidéo, tu vas où? – Je vais / reste à la maison. – Pour faire des interviews, tu vas où? – Je vais à la radio du collège. – Pour faire du sport, tu vas où? – Je vais au parc – Pour faire des tours en bus, tu vas où? – Je vais à l'arrêt de bus.

4 On va aller au théâtre
a Écoute, nous allons faire quelque chose ensemble pour fêter notre succès. – Ah bon? Vous allez faire encore quelque chose avec nous? Qu'est-ce qu'on va faire? – Je vais aller au théâtre avec vous. Ils vont jouer une pièce avec Dany Boon. Vous allez aimer le spectacle! – Dany Boon? Génial! Les autres vont adorer aussi! Et quand est-ce qu'on va faire ça? – Dans une semaine. Nous allons prendre le métro ensemble. Tu vas parler de ça avec les autres? – Oui, bien sûr. Ça va être une super surprise! Tout le monde va trouver ça cool, madame! – Alors rendez-vous mardi à 11 heures devant la salle des professeurs. Arrivez à l'heure! Tu ne vas pas oublier, hein? – Non, bien sûr! À bientôt! Merci, madame!

b (z. B.) Écoute, je vais aller au cinéma, samedi. Il y a un film super. – Qu'est-ce qu'il y a, au cinéma? – Le film: «…». – Cool! Alors je vais peut-être aller au cinéma avec toi. C'est à quelle heure? – Je ne sais pas. Je vais regarder le programme. – Qu'est-ce qu'on va faire, après? – On va manger une glace avec les autres. Ils vont peut-être aller aussi au cinéma avec nous. – Génial! Je vais parler de ça à Sven, Tim et Nora. Ils vont trouver ça cool! – D'accord!

5 Qui est Dany Boon?
a 1. Qu'est-ce que Dany Boon aime faire sur scène? 2. Est-ce qu'il chante aussi? 3. Est-ce qu'il fait aussi des films? 4. Pourquoi est-ce qu'il est une star? 5. Comment est-ce que tu trouves Dany Boon? 6. Où est-ce qu'il habite? 7. Est-ce qu'il a des enfants? 8. (z. B.) Est-ce qu'il va bientôt faire un autre film?

c (z. B.) (…) Il chante aussi et il fait des films. Il est une star parce qu'il joue dans le film: «Les Cht'is». Les gens adorent. Moi, j'aime bien / je n'aime pas trop Dany Boon. Il habite à Londres et il a 5 enfants. Il prépare peut-être un autre film, mais je ne sais pas. À bientôt! Ahmed

6 Le théâtre, c'est nous!
(z. B.) – Qu'est-ce que c'est? C'est une affiche pour une pièce de théâtre? – Non, pour une fête du théâtre avec 18 pièces et 75 acteurs. – Ah bon! Cool! Et c'est quand? – C'est du 20 au 23 mai au théâtre Casa Maxima, dans la rue Erfurter Straße. Le spectacle commence à 19 heures. – On fait comment pour acheter les billets? – On peut acheter les billets avant la fête ou quand on va à la fête. On peut aussi téléphoner ou acheter les billets sur Internet. – Avant la fête, les billets coûtent 6, 50 € pour nous. Le soir de la fête, ils coûtent pour nous 8 €.

7 Nous achetons ici …
(z. B.) 1. Dans une librairie, j'achète des livres et des mangas / des BD. 2. Dans un cinéma, nous achetons des places de cinéma, des oranginas, des cocas et des glaces. 3. Dans un magasin de sport, les gens achètent des ballons, des t-shirts et des casquettes.

Unité 5, Bilan (S. 97)

1 Parler
1. Samedi, je vais rencontrer des amis. 2. Est-ce que le prof(esseur) est malade? 3. Pourquoi est-ce que Tom n'appelle pas? 4. Parce qu'il est déjà tard. 5. Tu as raison. 6. Arrive à l'heure, s'il te plaît! 7. J'ai soif. 8. Ça coûte combien, un orangina?

2 Grammaire
(…) 2. Non! Comment est-ce que je vais aller à la piscine? – Prends le bus! 3. Le bus? Mais quand est-ce que je vais arriver là-bas? – Regarde sur Internet! 4. Les autres vont commencer sans moi? – Mais non! Fais un message à tes amis!

3 Vocabulaire
À 17 heures, Florian est dans son lit. «Ce soir, à 19 heures, le spectacle commence. Les acteurs du club théâtre vont jouer la pièce devant les spectateurs. Et moi, je suis dans mon lit parce que je suis malade. C'est vraiment nul!» 20 heures. Au collège, c'est la fin du spectacle: les gens font «bravo!». Puis, tout le monde a soif, alors les gens achètent des boissons à la buvette. Les spectateurs prennent aussi des crêpes parce qu'ils ont faim.
À 21 heure, le portable de Florian fait: Bip! Bip! Bip! «Allô? Jules, c'est toi! Alors raconte! … C'est un succès? Quoi? La prof nous invite au théâtre? Moi aussi? Super! Merci, Jules. C'est sympa, tu n'oublies pas ton copain Florian!» Maintenant, Florian comprend: Jules est un copain super.

Unité 6, Bilan (S. 114–115)

1 Parler
1. Quel temps fait-il, aujourd'hui? 2. Il fait beau / Il ne fait pas beau = Il fait mauvais. Il pleut. 3. Il a très mal. 4. Où est le départ? 5. Combien de temps dure le tour en bateau? 6. Combien coûte le billet d'entrée? 7. Encore quatre fois! 8. La place est derrière la place du marché.

2 Vocabulaire
2. Cool, on n'a plus de cours, c'est les vacances! 3. Nice est une ville entre la mer et la montagne. 4. Oh, les jolies couleurs: la mer, les palmiers, les maisons sont bleus, verts, jaunes, rouges … 5. On fait un petit ou un grand tour en mer? 6. Sur le bateau, il ne fait pas chaud: il y a du vent. 7. Aïe, mon pied! Un oursin! J'ai mal!

3 Grammaire et écrire
2. Max et Lola donnent un billet pour le bateau à l'amie de Lola. 3. Antoine demande une glace au vendeur. 4. Les grands-parents proposent un tour en bateau aux enfants. 5. Un moniteur montre les exercices aux adolescents. 6. Max raconte son stage aux filles.

4 Lire et écrire
Max et Lola montrent Nice à Zoe. Zoé aime beaucoup la vieille ville avec ses petites rues. Avec ses amis, elle va sur la promenade des Anglais. De la, elle voit enfin la mer et sa couleur de rêve. Zoé prend des photos.
Zoé: Je voudrais aller dans l'eau. Demain, on va nager?
Lola: Tu sais, la mer est encore froide.
Antoine: L'eau n'est pas chaude, mais moi, je vais sur les rochers et je saute dans l'eau, pas de problème.
Max: Mais d'abord, on va manger une glace, OK?
Zoé: Super idée!

Plateau 3, Révisions, (S. 124–125)

1. Pourquoi est-ce que tu vas là-bas?
– 2. Qu'est-ce que tu vas faire là-bas? – Je vais aller à des cours avec d'autres policiers.
– 3. Quand est-ce que vous allez aller là-bas? – On va aller là-bas au mois d'août.
– 4. Combien de temps est-ce que vous allez rester là-bas? – Nous allons rester là-bas 5 jours.
– 5. Comment est-ce que tu vas aller à Lyon? – Je vais aller à Lyon en train.
– 6 Où est-ce que tu vas habiter? – Je vais habiter chez des copains de Lyon.

2. Antoine montre Nice à des touristes.
1. Antoine propose une visite de Nice à une famille de Rostock. 2. D'abord il montre la vieille ville aux touristes. 3. Puis il montre d'autres endroits intéressants à la famille allemande. 4. Antoine aime aider les gens. 5. Plus tard, les gens donnent leur adresse à Antoine. 6. Ils proposent à l'adolescent de passer des vacances à Rostock.

3. Qu'est-ce que tu fais quand il pleut?
(z.B.) 2. Quand il pleut, je vais au cinéma ou je vais à la piscine. Parfois, je joue chez moi avec des copains. 3. Quand il fait soleil / beau, je vais faire un tour avec des copains ou je fais une promenade avec ma famille. 4. Quand il fait chaud, je vais à la piscine / je vais nager et je mange une glace.
5. Quand il y a du vent, je fais un tour, je vais au cinéma ou je reste à la maison.

4 Il passe quand, le film?
a Le garçon demande des informations sur les heures et le prix des places pour le film «À haute voix».

b 1. Vrai. 2. Faux. Il téléphone un mardi. («… donc de demain à lundi.») 3. Faux. Il a envie de voir le film samedi ou dimanche. 4. Vrai. 5. Faux. Le samedi, la place coûte 6, 70 €. 6. Faux. Les deux places vont coûter 10 €.

5 Une tombola
(z.B.) (2, 5) Moi, j'ai un grand t-shirt noir et blanc;
(3, 1) Moi, j'ai un joli perroquet bleu et rouge;
(6, 2) Moi, j'ai un bon portable gris et vert.

6 Passez des vacances à Nice!
(z.B.) Passez des vacances de rêve! Visitez une ville géniale! Passez vos journées sous les palmiers! Nagez dans une mer bleue et chaude! Oubliez votre stress! Prenez le temps d'être bien!

Quellennachweis

Action Press GmbH, Hamburg (SADAKA EDMOND/SIPA), **39.5**; (SEBASTIEN SALOM-GOMIS/NRJ/SIPA/1507101419), **67.1**; (Sipa Press), **132.1**; akg-images, Berlin, **215.4**; Alamy stock photo, Abingdon, Oxon (Art Kowalsky), **216.5**; (chrisstockphotography), **118.4**; (Helmut Corneli), **111.1**; **146.1**; (Hercules Milas), **121.5**; (Paul Preece), **47.2**; (Paul Quayle), **58.2**; (Peter Schickert), **102.5**; (Rawpixel), **215.1**; (Stephane ROUSSEL), **47.4**; (Steve Skjold), **139.4**; (tony french), **57.3**; (Zoonar/Ade Zech), **103.5**; Avenue Images GmbH, Hamburg (Ingram Publishing), **37.5**; **44.7**; (StockDisc), **18.2**; Bétotè, Bill Akwa, Bagnolet, **7.2**; Clicsouris [CC BY-SA 3.0 (https://creativecommons.org/licenses/by-sa/3.0)], siehe *3, **15.4**; Corbis RF, Berlin (Image Source RF), **40.6**; creativ collection Verlag GmbH, Freiburg, **44.9**; ddp media GmbH, Hamburg (Roland Krivec/Fox-Images), **81.1**; dfi - deutsch-französisches Institut Erlangen, **7.4**; dreamstime.com, Brentwood, TN (Claude Coquilleau), **119.3**; (Gregphotoman), **30.7**; Ernst Klett Verlag, Kamera Stefan Zaiser, Tevau GmbH, Regie: Uli Fritz, **7.1**; **7.3**; **26.1**; **59.1**; **75.1**; **113.1**; EZB, Frankfurt, **33.2**; Fotolia.com, New York (andreyfire), **168.2**; (Claude Coquilleau), **195.6**; (davis), **2.1**; **14.1**; (Iakov Kalinin), **187.3**; (James Thew), **187.4**; (Laurent Renault), **33.1**; (Maceo), **184.2**; (seen), **44.4**; (Unclesam), **37.2**; (Vit Kovalcik), **195.1**; (Vladimir Voronin), **18.1**; Fotosearch Stock Photography, Waukesha, WI (Brand X Pictures), **58.5**; (PhotoDisc), **40.2**; **216.3**; F1online digitale Bildagentur, Frankfurt, **39.2**; Getty Images, München (Bertrand Rindoff Petroff), **94.1**; (JARRY-TRIPELON/Gamma-Rapho), **74.5**; (Marc Piasecki/WireImage), **95.1**; (Sergione Infuso/Corbis Entertainment), **42.1**; Getty Images Plus, München (BargotiPhotography), **152.2**; (blackred), **126.1**; (calvindexter), **10.9**; (Diversity Studio), **10.4**; (hadynyah), **10.7**; (HRAUN), **144.1**; (hulya-erkisi), **137.4**; (iStock/Getty Images Plus/imtmphoto), **162.1**; (MerveKarahan), **37.6**; (mgkaya E+), **44.8**; (mtreasure), **30.4**; (photomaru/iStock), **185.1**; (SolStock), **128.2**; **144.2**; (toeytoey2530), **37.12**; (TVP Inc), **40.5**; (Wavebreakmedia iStock), **177.2**; Getty Images RF, München (Photo Disc), **30.6**; (© 2011 Mary Gaudin/Moment), **Cover hinten.1**; Ingram Publishing, Tattenhall Chester, **40.8**; iStockphoto, Calgary, Alberta (Andrei Badau), **109.9**; (Bet_Noire), **168.5**; (Bisual Photo), **159.1**; (Dmitry Kutlayev), **44.5**; (DonatellaTandelli), **58.3**; (monica-photo), **185.3**; (Nikolay Titov), **40.4**; Klett-Archiv, Stuttgart, **40.9**; (Christelle Souvras), **6.1**; **45.1**; **123.1**; laif, Köln (Bertrand Gardel/hemis), **15.2**; (Bertrand Rieger/hemis.fr), **101.1**; **108.1**; (DENIS ALLARD/REA), **71.1**; (Dominik Butzmann), **30.3**; (Le Figaro Magazine), **10.8**; (Michel GAILLARD/REA/laif), **213.1**; (Romain GAILLARD/REA), **25.1**; Martaguet, Priska, **Vorsatz vorn.1**; **Cover vorne.1**; **Cover.1**; **Vorsatz vorn.2**; **Vorsatz vorn.3**; **Vorsatz vorn.4**; **Vorsatz vorn.5**; **Vorsatz vorn.6**; **Vorsatz vorn.7**; **Vorsatz vorn.8**; **Vorsatz vorn.9**; **Vorsatz vorn.10**; **Vorsatz vorn.11**; **Vorsatz vorn.12**; **2.2**; **3.1**; **4.2**; **11.1**; **12.3**; **13.1**; **13.2**; **13.3**; **13.4**; **15.3**; **15.5**; **16.1**; **16.2**; **16.3**; **16.4**; **17.1**; **17.2**; **19.1**; **19.2**; **19.3**; **19.4**; **20.1**; **20.2**; **20.3**; **20.5**; **21.2**; **21.2**; **23.1**; **24.1**; **24.2**; **24.3**; **24.4**; **24.5**; **25.3**; **25.5**; **25.6**; **26.5**; **29.1**; **30.1**; **31.1**; **31.2**; **31.3**; **32.1**; **32.2**; **32.3**; **32.4**; **32.5**; **32.6**; **32.7**; **32.8**; **36.1**; **36.2**; **36.3**; **36.4**; **37.1**; **38.4**; **38.5**; **38.6**; **45.2**; **48.1**; **49.1**; **49.2**; **49.3**; **49.4**; **49.5**; **49.6**; **49.7**; **49.8**; **49.9**; **50.2**; **51.1**; **51.2**; **51.3**; **51.4**; **51.5**; **51.6**; **51.7**; **52.1**; **53.1**; **53.2**; **53.3**; **53.4**; **54.1**; **54.2**; **54.3**; **54.4**; **55.1**; **55.2**; **64.1**; **64.2**; **64.3**; **64.4**; **64.5**; **66.2**; **67.2**; **74.6**; **74.7**; **76.1**; **84.1**; **85.1**; **86.1**; **86.2**; **87.1**; **88.1**; **89.1**; **89.2**; **89.3**; **89.4**; **91.1**; **97.1**; **103.2**; **108.4**; **117.1**; **120.1**; **121.1**; **121.2**; **121.4**; **125.1**; **128.4**; **129.1**; **132.2**; **132.3**; **132.4**; **133.1**; **133.2**; **134.1**; **134.2**; **137.2**; **137.6**; **138.1**; **139.2**; **139.3**; **139.6**; **140.1**; **141.1**; Mauritius Images, Mittenwald (Arctic-Images), **80.1**; (Thilda Lindholm), **121.3**; MEV Verlag GmbH, Augsburg, **109.1**; Modular Agentur für integrierte Kommunikation oHG Michael Steinle, Stuttgart, **213.2**; M. Betrand Naudin Agence Marco Polo, Paris, **40.1**; Patrick Dembski - Auftragsfotograf, Stuttgart, **22.2**; **38.2**; **151.1**; Picture-Alliance, Frankfurt (dpa/BELGA PHOTO NICOLAS MAETERLINCK), **34.1**; (dpa/Gero Breloer), **215.5**; (Jens Büttner/dpa/dpa-Zentralbild), **30.5**; (REUTERS/Carl Recine), **126.4**; ShutterStock.com RF, New York, NY (Africa Studio), **19.5**; (Alexander Chaikin), **Cover hinten.2**; **Cover.4**; **159.2**; (Alexander Demyanenko), **216.2**; (A_Lesik), **74.2**; (A.RICARDO), **39.1**; **183.1**; (Bedrin), **37.8**; **44.2**; (bellena), **143.7**; (bensliman hassan), **57.2**; (carballo), **39.6**; (cobalt88), **37.13**; (cristiano barni), **112.6**; (Denis Kuvaev), **40.3**; **58.4**; (Dennis van de Water), **108.3**; (Efired), **119.4**; (EQRoy), **47.1**; **112.4**; **170.1**; (GagliardiImages), **195.7**; (Gimas), **112.3**; (givaga), **Cover vorne.2**; **Cover.2**; (haraldmuc), **152.1**; (Irina Bg), **142.2**; (Kiev.Victor), **195.2**; **215.2**; (Kit Leong), **66.1**; (kristian sekulic), **189.2**; (Leonid Andronov), **57.1**; (Ludvig Wiberg), **74.3**; (marilyn barbone), **58.6**; (mas66), **109.8**; (matsabe), **12.1**; **12.2**; (Maxisport), **108.2**; (Michael Stokes), **215.3**; (Mikhail Markovskiy), **162.2**; (Monkey Business Images), **142.1**; **142.4**; (morrowlight), **128.3**; (muratart), **119.1**; (Nikolay Dimitrov - ecobo), **213.3**; (Oleksandr Vasylenko), **112.2**; (OLya_L), **128.1**; (Paolo Gallo), **119.2**; (Pascal Bonnecaze), **112.5**; (Radu Bercan), **39.4**; (Rido), **22.1**; (Robert J. Beyers II), **183.1**; (Rohappy), **69.2**; (Savvapanf Photo), **47.3**; (Sergey Nivens), **30.8**; (stockcreations), **185.4**; (sunfun), **162.3**; (sylv1rob1), **142.3**; (TonyV3112), **152.3**; (VanoVasaio), **112.1**; (vichie81), **188.1**; (Vlad1988), **30.10**; **34.2**; (Volodymyr Plysiuk), **69.1**; (yexelA), **101.2**; **101.3**; **101.4**; **101.5**; **101.6**; **101.7**; **143.2**; **143.3**; **143.4**; **143.5**; **143.6**; Smovengo, Paris La Défense cedex, **25.4**; SOS Grand Bleu, Saint-Jean-Cap-Ferrat, **106.1**; Souvras, Christelle, Stuttgart, **44.1**; **120.2**; **130.1**; **134.3**; **134.4**; **137.3**; **137.5**; **137.8**; **139.7**; **139.8**; stock.adobe.com, Dublin (Alekss), **37.4**; (Alexander Demyanenko), **15.1**; (andersphoto), **195.5**; (Andrii), **126.3**; (An-T), **171.1**; (Artem), **5.1**; **100.1**; (Aurélien Antoine), **118.1**; (Beboy), **118.2**; (Bernd Knigge), **168.3**; (Christian Schwier), **22.3**; (Darren Baker), **10.5**; (david_franklin), **195.3**; (DragonImages), **122.1**; (EdNurg), **195.4**; (fergregory), **184.1**; (fotokitas), **177.1**; (Gamut), **4.1**; **63.1**; (globetrotter1), **162.4**; (Guido Amrein), **187.1**; (Guillaume), **118.3**; **193.1**; (illustrez-vous), **184.3**; (iuliia_n), **216.4**; (Jonathan Stutz), **216.6**; (konstantant), **213.4**;

(Leslie C Saber), **109.2**; (lostproject), **109.7**; (Lsantilli), **30.2**; (Maciej Czekajewski), **20.4**; (Maridav), **40.7**; (Martin Vrlik), **24.6**; (Pakhnyushchyy), **168.4**; (Patryssia), **24.7**; **129.2**; (Peredniankina), **10.3**; (Picturereflex), **216.1**; (plprod), **104.2**; (PUNTO STUDIO FOTO AG), **195.8**; (Restyler), **37.10**; (rukxstockphoto), **126.2**; (Salvatore), **102.2**; (Sébastien Garcia), **58.1**; (Valerii Honcharuk), **10.1**; (ver0nicka), **103.1**; (VIKTORIIA), **109.5**; (W. Zikas), **10.6**; (YummyBuum), **37.7**; Tevau, Mannheim, **999.1**; Thinkstock, München (David De Lossy), **46.1**; (iStock/Cybermama), **168.1**; URW, Hamburg, **194.1**; Zörlein, Stefan, Stuttgart, **11.2**; **11.3**; **30.9**; **37.3**; **37.11**; **38.1**; **42.2**; **74.1**; **102.1**; **102.3**; **102.4**; **102.6**; **103.3**; **103.4**; **103.6**; **104.1**; **109.3**; **109.4**; **109.6**; **120.3**; **137.1**; **137.7**; **139.1**; **139.5**; **151.2**; **214.1**; **214.2**; 123rf Germany, c/o Inmagine GmbH, Nidderau (sportgraphic), **39.3**; (Yury Dmitrienko), **37.9**

*3 Lizenzbestimmungen zu CC-BY-SA-4.0 siehe: http://creativecommons.org/licenses/by-sa/4.0/legalcode

Sollte es in einem Einzelfall nicht gelungen sein, den korrekten Rechteinhaber ausfindig zu machen, so werden berechtigte Ansprüche selbstverständlich im Rahmen der üblichen Regelungen abgegolten.